Tamtam und Tabu

DANIELA DAHN
RAINER MAUSFELD

TAM TAM UND TABU

WESTEND

Meinungsmanipulation
von der Wendezeit
bis zur Zeitenwende

ZUR EINSTIMMUNG

Das Jahr 1990 kann als einer der wichtigsten Momente der Nachkriegsgeschichte angesehen werden, da es einzigartige Chancen bot – sowohl für eine internationale Friedensordnung wie auch für eine erneuerte Demokratie, die dann diesen Namen verdiente. Heute wissen wir, dass diese Chancen aus geopolitischen Interessen und denen der Kapitaleigner gezielt blockiert und somit verspielt wurden. Warum war dies, entgegen den großen Hoffnungen der Bevölkerung, so leicht?

Die Leichtigkeit, mit der eine kleine Minderheit von Besitzenden Macht über eine große Mehrheit von Nichtbesitzenden ausüben kann, gleiche einem »Wunderwerk«, bemerkte zur Zeit der Aufklärung der große schottische Philosoph David Hume. Diese Leichtigkeit der Machtausübung ist seit der Antike eines der großen Rätsel der politischen Philosophie, eines, das in einer Demokratie in noch größerem Maße erklärungsbedürftig ist.

Hume erkannte auch, wohin man den Blick zu richten hat, wenn man dieses Rätsel entschlüsseln will, nämlich nicht lediglich auf die rein physische Macht, die es auf den Körper abgesehen hat, sondern auf die Formen der Macht, die auf die Psyche zielen. Wer über Mittel verfügt, mit denen sich auf der Klaviatur des menschlichen Geistes so spielen lässt, dass Meinungen und Affekte in geeigneter Weise gesteuert werden können, verfügt über einen Einfluss, der kaum noch als Macht erkennbar ist und gerade darum eine besondere Wirksamkeit entfalten kann.

In diesem Buch geht es also zunächst erneut darum, wie sich Menschen in ihrer gesellschaftlichen Willensbildung beeinflussen lassen. Ein uraltes Problem, doch im Zeitalter der Massenmedien gravierender denn je. Zumal es historische Situationen wie den Beitritt der DDR zur Bundesrepublik gibt, in denen diese Probleme besonders grell aufleuchten und so weitere aufschlussreiche Details über die Machttechniken erkennbar werden, durch die sich »die verwirrte Herde auf

Kurs halten lässt«. Mit diesen Worten beschrieb schon vor einem Jahrhundert der einflussreiche politische Intellektuelle Walter Lippmann die zentrale Herausforderung für die Eliten in einer – von ihm angestrebten – sogenannten »Elitendemokratie«. Heute ist die Elitendemokratie das Standardmodell kapitalistischer Demokratien.

Im Verlauf der Ereignisse von 1989/90 gelang es, die Stimmung eines Großteils der DDR-Bevölkerung in wenigen Wochen in die vom Westen gewünschte Richtung zu lenken. Diese Monate bieten also ein paradigmatisches Studienfeld zu den sozialtechnologischen Mitteln, mit denen Einstellungen und Verhalten einer ganzen Bevölkerung auf den Kopf gestellt wurden. Es geht in diesem Band folglich um die Rolle von Medien und deren Techniken der Affekt- und Meinungsmanipulation – Techniken, die sich heute gern hinter so harmlosen Begriffen wie »Perception Management« oder »Soft Power« verbergen. Es geht auch um eine partielle Rekonstruktion und Entschleierung des damaligen medialen Tamtams, mit dem sich eine freie Urteilsbildung behindern und Affekte lenken ließen. Und es geht schließlich darum, wie man emanzipatorische Alternativen, die die Stabilität der herrschenden Machtordnung zu gefährden drohten, aus dem öffentlichen Denkraum verbannen konnte. Kurz: Es geht um das Markieren von politischen Tabus. Diese Denkblockaden sind anhaltend wirksam. Immer wieder wurde festgestellt, dass sich heute die meisten Menschen eher das Ende der Welt als das Ende das Kapitalismus vorstellen können. Die politischen Tabus, wie sie vor allem in der Nachkriegszeit in kapitalistischen Demokratien errichtet wurden, blockieren die Entwicklung von angemessenen gesellschaftlichen Lösungen für die immer bedrohlicher werdenden ökologischen, gesellschaftlichen und zivilisatorischen Notlagen, die unsere gegenwärtige Wirtschaftsordnung hervorbringt. Die Bewältigung der damit verbundenen gewaltigen Probleme, die auch durch die Corona-Krise noch einmal scharf konturiert hervortreten, werden durch *Tamtam und Tabu*, also durch das Arsenal hochentwickelter Techniken des Meinungs- und Affektmanagements, der Indoktrination und Ablenkung, der Angsterzeugung und der Ächtung emanzipatorischer Alternativen, massiv erschwert. Gerade deshalb gilt es, diese Waffen immer wieder durch öffentliche Demontage ihres Zündmechanismus zu entschärfen – was hier am Exempel versucht werden soll. Der Leser wird dabei nicht, wie bei Bombenentschärfungen üblich, aus Sicherheitsgründen auf Distanz gebracht, sondern mit voller Absicht dem Risiko des Dabeiseins ausgesetzt.

Die Vorgänge um die Einheit bieten – vor allem in der Distanz – wie in einem Zeitraffer verdichtet Einsichten in strukturelle Probleme, deren gesellschaftliche Bedeutung weit über den damaligen historischen Kontext hinausgeht. Auch zeigen sie nach nunmehr dreißig Jahren, welcher gesellschaftliche Preis dafür zu entrichten ist, dass emanzipatorische Alternativen gesellschaftlich geächtet werden.

Eine der grundsätzlichen Fragen, um die es dabei geht, lautet: Wie lässt sich gewährleisten, dass »freie Wahlen« nicht nur formal frei sind, sondern dass sie auch psychologisch frei sind, also auf rationalen Urteilen basieren, die ungetrübt von Desinformation, Panikmache oder Heilsversprechen sind? Kann es in einer Gesellschaft, deren große Medien von parteipolitischen Repräsentanten ökonomischer Machtgruppen kontrolliert werden oder mehrheitlich im Besitz von Privateigentümern sind, die Geld sehen wollen, überhaupt psychologisch freie Wahlen geben? Und was bedeutet dieser Zweifel für die Demokratie?

Zwei sehr unterschiedliche Zugangsweisen verbinden sich in den Texten dieses Bandes. Der Beitrag von Daniela Dahn geht noch einmal – unter der Perspektive von *Tamtam und Tabu* –

ganz nah an die damaligen Vorgänge heran. Er bettet sie in den großen Kontext von Manipulation, angeblicher Alternativlosigkeit zu organisierter Verantwortungslosigkeit ein und mündet folgerichtig bei der Aussicht auf einen Systemwechsel in Richtung des Gemeinwohls. Im Zentrum steht dabei eine punktuelle Quellenanalyse damaliger medialer Darstellungen, die in hoher Auflösung zeigt, wie der öffentliche Debattenraum, der die Basis der Meinungsbildung für die dann folgenden Wahlentscheidungen darstellte, verzerrt wurde – mit der Intention, westliche Macht- und Kapitalinteressen durchzusetzen. Eine solche Mikroanalyse medialer Darstellungen der Vorgänge um die deutsche Einheit ist in ihrer am historischen Quellenmaterial gewonnenen Konkretheit, ergänzt durch investigativ gewonnene Hintergründe, Neuland. Sie steht im Kontext der kritischen Analysen zur Vereinigung, die Daniela Dahn in ihren früheren Büchern und Beiträgen gegeben hat, und soll diese fortführend ergänzen und abrunden. Ihre Betrachtungen führen zu der Frage, wie sich der Denkraum emanzipatorischer Alternativen wieder so weiten lässt, dass der apokalyptischen Zerstörungswucht des Kapitalismus Einhalt geboten werden kann.

Der Beitrag von Rainer Mausfeld richtet aus abstrakterer Perspektive einen kritischen Blick auf die illusionserzeugende Kraft der westlichen Ideologie und damit auf das versprochene Paradies einer kapitalistischen Demokratie, zu deren Herrschaftsmethoden es gehört, die Gesellschaft zu spalten und mit Techniken der Indoktrination fundamentalen Dissens zu zersetzen. Er bringt die in der Zeit der Aufklärung gewonnene zivilisatorische Leitidee von Demokratie in Erinnerung, die auf eine radikale Vergesellschaftung von Herrschaft durch ungeteilte gesetzgebende Souveränität der Machtunterworfenen zielt. Diese egalitäre Leitidee entstand aus dem Bemühen, zivilisatorische Schutzbalken gegen ein Recht des Stärkeren zu errichten. Kapitalistische Elitendemokratien haben sie in ihr Gegenteil verkehrt. Heute werden die zerstörerischen Folgen einer auf dem Recht des Stärkeren basierenden kapitalistischen Weltordnung, wie sie der Westen unter Führung der USA zu errichten sucht, immer deutlicher erkennbar und spürbar. Das führt zu der Frage, wie sich die Idee einer radikalen Demokratisierung wieder gesellschaftlich wirksam machen lässt.

Der Beitrag ist eine Rede, die Rainer Mausfeld im Rahmen des Dresdner Palais Sommers zum dreißigsten Jahrestag der Einheit am 9. Oktober 2019 in der Kreuzkirche gehalten hat.

Die Initiative, beide Beiträge in einem Buch zusammenzubringen und durch ein verbindendes und vertiefendes Gespräch zu ergänzen, ist dem Westend Verlag zu verdanken. Ebenso die Anregung, die Taschenbuchausgabe mit einem Gespräch über den Krieg in der Ukraine zu ergänzen.

Daniela Dahn und Rainer Mausfeld,
August 2022

DANIELA DAHN
RAINER MAUSFELD

Über die »Zeitenwende« seit Beginn des Ukraine-Krieges

Gespräch

RM Die anderen Gespräche, die in diesem Buch abgedruckt wurden, liegen mittlerweile zwei Jahre zurück. Die Geschehnisse in der Ukraine und der durch die militärischen Angriffe Russlands ausgelöste Krieg haben zu einem zivilisatorischen Regress geführt, dessen Dimensionen wohl erst in den kommenden Jahren sichtbar werden. Die EU hat bei der Bewältigung der Ukraine-Krise in einem historischen Ausmaß versagt, und sie wird zu den großen Verlierern dieser Krise zählen. Sie hat die Krisenregie vollständig an die USA abgetreten und die europäische Stabilität und Friedensordnung sowie den Wohlstand ihrer Bürger den imperialen geopolitischen Zielen der USA untergeordnet. Damit hat sie es ermöglicht, dass die US-Kontrolle über Europa in den nächsten Jahrzehnten erheblich ausgeweitet und verfestigt werden kann. De facto sind damit die EU-Staaten zu Satellitenstaaten der USA geworden, also zu deren Befehlsempfängern.

Institutionell hat die EU auf der Weltbühne als eigenständiger Akteur abgedankt und ist, mit allen ökonomischen und politischen Folgen, zu einer Art zivilem Arm der US-dominierten NATO geworden. Geopolitisch hat sich damit ein neuer Kalter Krieg entfaltet, der das Potenzial hat, jederzeit in einen militärischen Weltkrieg umzuschlagen. Friedenspolitische Errungenschaften liegen in Scherben, durch eine neue Aufrüstungsspirale wird dem Kampf gegen die zu erwartende Klimakatastrophe eine nachrangige Rolle zugewiesen, die umfassendsten Sanktionen der Geschichte werden den bereits strukturell erzeugten Hunger in der Welt vergrößern und bislang kaum vorstellbare Migrationswellen auslösen.

DD Für das Versagen der Politik werden jetzt weltweit Bürger sanktioniert. Das Versprechen von Freiheit und Demokratie soll uns genügen, den Gürtel enger zu schnallen, weniger mobil zu sein, zu frieren, bescheidener zu essen, in den armen Ländern noch mehr zu hungern – ja, zu verhungern. Diese nie für möglich gehaltene Erfahrung ist nach den verpassten historischen Chancen für einen gemeinsamen demokratischen Aufbruch Anfang der 90er Jahre besonders bitter. Aber unsere für die damalige Wendezeit angewandte Betrachtungsmethode von *Tamtam und Tabu* bleibt tauglich: Was wird auch jetzt aufgebauscht, was verschwiegen? Deutschland nutzt die Gelegenheit und befreit sich von seinen einstigen Befreiern. Der Wille, alle Bedenken fallen zu lassen, ist atemberaubend.

RM Diese Situation eines massiven Zivilisationsbruches hat Bundeskanzler Olaf Scholz euphemistisch als »Zeitenwende« bezeichnet. Besonders erschreckend ist die in dieser »Zeitenwende« zum Ausdruck kommende große Bereitschaft der politischen Entscheidungsträger in Deutschland, dem von der US-Regierung vorgegebenen Ziel, »Russland zu ruinieren«, bedingungslos zu folgen, bis hin zu dem Preis einer US-geleiteten Selbstverstümmlung der deutschen Wirtschaft. Die Folgen werden wachsende politische Instabilitäten sein. Gesellschaftliche Verwerfungen werden zunehmen und die soziale Kluft wird sich massiv vergrößern.

Wieder waren es weder Naturgesetzlichkeiten noch Zufälligkeiten der Geschichte, die uns in eine solche Situation gebracht haben, sondern bewusst getroffene (Fehl)-Entscheidungen der politischen Eliten. Um diese angemessen zu verstehen, bedarf es natürlich einer gewissen geistigen Distanz. Insofern befinden wir uns jetzt doch in einer anderen Situation als bei unseren anderen Gesprächen, die sich aus einem Abstand von drei Jahrzehnten mit dem Übergang vom Ende der Herrschaft der SED zu einer Eingliederung der DDR in die Bundesrepublik beschäftigt haben. Heute befinden wir uns mitten in einem Krieg, in einem ökonomischen Weltkrieg, in einem militärischen Stellvertreterkrieg, in dem – wie auch die *New York Times* am 25.06.2022 darlegte – die USA und die NATO längst zentrale aktive Kriegsteilnehmer sind, und in einem bis ins Totalitäre gehenden ideologischen Informationskrieg. Wie in jedem Krieg stehen unvermeidbar Einschätzungen und Urteile im Banne der konkreten Erfahrungen des Augenblicks. Das verkürzt zwangsläufig die Perspektiven und erschwert den nüchternen Blick auf die Kontinuitäten und Determinanten, die dieser »Zeitenwende« zugrunde liegen.

DD Auf dieses Risiko muss sich einlassen, wer nicht wie ein Historiker erstmal abwarten will, wie die Sache ausgeht. Vielleicht sollten wir, bevor wir über die größere Landkarte historischer Kontinuitäten sprechen, zunächst mit der sich aufdrängenden Frage beginnen: Warum hat Russland, entgegen seiner anderslautenden Beteuerungen, diesen völkerrechtlich, moralisch wie politisch so eindeutig zu verurteilenden Schritt getan, mit all seinen menschlich wie politisch desaströsen Folgen? Selbst wenn man zugesteht, dass Russland vom Westen in den vorhergehenden Jahren, wenn nicht Jahrzehnten, immer wieder hemmungslos provoziert und in seinen Sicherheitsbedürfnissen verletzt worden ist, wenn auf seine Vorschläge keine Antworten kamen, kann man den Angriffskrieg keinesfalls als alternativlos ansehen.

Der Kreml hätte die verfügbaren internationalen Instrumente einer Konfliktlösung ausreizen müssen, bevor er militärische Gewalt einsetzt. Russland hätte dann, auch zu seinem eigenen Nutzen, der Welt ein Modell ziviler Konfliktlösung vor Augen führen können. Darauf hatten viele gehofft, auch ich. Diese Chance ist mit dem im wahrsten Wortsinn unerklärten Krieg gegen die Ukraine vertan worden. All diejenigen, die eine europäische Friedensordnung unter Einschluss Russlands erstrebten, müssen sich nun von diesem Vorgehen zutiefst düpiert fühlen. Sie werden von transatlantischen Kriegstreibern und all denjenigen, die immer schon zu wissen glaubten, wo alles Böse in der Welt zu verorten ist, als »Lumpenpazifisten« verspottet und werden selbst als Mitverursacher dieser Krise diffamiert. Warum stellt der Kreml eigene Sicherheitsinteressen – wie berechtigt diese auch sein mögen – über tausendfach ausgelöschtes menschliches Leben und nimmt in Kauf, große Teile des historisch und kulturell eng verbündeten Nachbarn in Schutt und Asche zu bomben?

RM Diese Frage lässt sich nicht losgelöst von der Vorgeschichte beantworten. Die letzte Chance wäre gewesen, über Putins Vorschlag für einen Vertrag zwischen der russischen Föderation und den USA zu reden, der seit Mitte Dezember 2021 auf der Seite des russischen Außenministeriums für alle einsehbar war. Neutralität der Ukraine, Autonomie für den Donbass, das Krim-Referendum bleibt gültig und die NATO zieht ihre Atomwaffen aus den einstigen Sowjetrepubliken zurück. Damit hätte die Welt leben können, selbst die Ukraine.

DD Ja, aber die Biden-Administration ließ wissen, dass Neutralität, die Kernforderung, nicht verhandelbar sei. Sie liebäugelte offensichtlich mit Krieg und wischte das Angebot als Maximalforderung vom Tisch. Also aussichtslos für Moskau. Dennoch erscheinen mir die Folgen des russischen Schritts so gewaltig, dass keine Form der Vorgeschichte mit geradezu deterministischer Konsequenz andere Möglichkeiten ziviler Konfliktlösung ausgeschlossen hätte. Es gab – und gibt – stets einen Spielraum für Handlungsoptionen. Putin und seine Leute hatten, davon gehe ich aus, trotz allem eine Wahl. Und sie haben die falsche getroffen.

Als politische Schriftstellerin muss ich eine andere Perspektive einnehmen, als nur die Logik der Realpolitik zu analysieren. Daher mein Unbehagen, die ganze Last der Verantwortung nun der Vorgeschichte aufzuerlegen. Was immer der Westen falsch gemacht hat (nämlich so ziemlich alles), es rechtfertigt nichts diesen fatalen Angriffskrieg. Er bringt den Ukrainern in den betroffenen Gebieten ein Inferno und verstößt offensichtlich selbst gegen russische Interessen. Im Völkerrecht ist dies die gravierendste Verletzung, die die UN-Charta kennt, das schlimmste Verbrechen. Und da wir das Völkerrecht hochhalten, gibt es da nichts zu deuteln.

RM Dass »wir« das Völkerrecht wirklich hochhalten, bezweifle ich. Denn die gesamte Nachkriegsgeschichte zeigt, dass dieses »schlimmste Verbrechen« ohne allzu große Empörung der Öffentlichkeit wieder und wieder begangen werden konnte, solange es nur von den »Richtigen« begangen wurde. Klar ist aber: Jede Form der Gewalt gegen die Zivilbevölkerung, sei es militärische oder wirtschaftliche, ist von allen, denen elementare moralische Kategorien nicht abhandengekommen sind, ohne Wenn und Aber entschieden zu verurteilen. Hier gibt es nicht den geringsten Spielraum für eine moralische Billigung. Es beinhaltet aber keinerlei Billigung, rational nachvollziehen zu wollen, wie es zu einer militärischen Form der Auseinandersetzung gekommen ist. Nur wenn wir dies besser verstehen, haben wir für zukünftige Situationen eine Chance, andere Wege der Konfliktlösung zu finden.

Im Nachhinein und im Konjunktiv lässt sich ja immer vieles bedenken, was als bessere Option hätte möglich sein können. Es gab vage Bemühungen eine diplomatische Lösung zu finden, vor allem durch Macron, doch war Frankreich innerhalb der EU damit weitgehend isoliert. Fest stand, spätestens seit den letzten Jahren der Clinton-Regierung, dass die USA diesen Stellvertreterkrieg gegen Russland unbedingt wollten. Die Fülle historischer Belege dafür ist überwältigend. Das lässt sich im Detail belegen, von der berüchtigten Wolfowitz-Doktrin des Pentagon von 1992, die ausdrücklich – sachlich kontrafaktisch – Russland als Sicherheitsrisiko für die beanspruchte globale Hegemonie der USA ansah, bis hin zum Januar 2022. Beispielsweise wurde das militärische Lend-Lease-Programm, mit dem Kiew 15 Milliarden Dollar in Form amerikanischer Militärausrüstung zur Verfügung gestellt wurde, bereits am 19.01.2022 in das Senatsverfahren eingebracht, also einen Monat vor dem russischen Angriff. Obwohl all diese historischen Belege gut dokumentiert sind, sind sie im öffentlichen Bewusstsein weitgehend nicht verfügbar – eine höchst bemerkenswerte Leistung einer tiefgehenden Narrativkontrolle, deren Erklärung in einer Demokratie und für die Möglichkeit von Demokratie überhaupt von entscheidender Bedeutung ist.

Sicher, die Ukraine ist in den letzten Jahren wie ein de facto **DD**
NATO-Mitglied aufgerüstet worden, so wie kein anderes Land. Beispielsweise ist in Otschakiw, westlich der Krim, seit 2017 ein Marinehafen mit großer Start- und Landepiste gebaut worden – wozu? NATO-Manöver auf ukrainischem Territorium haben die Truppen ausgebildet und trainiert – ein Novum für ein Nichtmitglied. Aber selbst die ukrainischen Verhandlungsangebote vom März kamen den russischen Vorstellungen entgegen. Nämlich Neutralität mit Sicherheitsgarantien, der nicht-nukleare Status der Ukraine, Verhandlungen über die Anerkennung der Krim und ein Referendum über künftigen Status der Donbass-Republiken. Doch da stoppten die NATO-Verbündeten, keine Zugeständnisse, mit unseren Waffen werdet ihr einen vollständigen Sieg erkämpfen.

In Deutschland haben die großen Medien die Regierung in **RM**
einem Kampagnenjournalismus vor sich hergetrieben, diplomatische Lösungen kategorisch ausgeschlossen und auf Ausweitung einer militärischen Unterstützung gedrungen. In den westdeutschen Leitmedien ist der Antirussismus tief

verwurzelt. Schon 2009 stellte Michail Gorbatschow hinsichtlich der Russland-Berichterstattung im Deutschlandfunk fest: »Die deutsche Presse ist die bösartigste überhaupt.« Das ist nicht überraschend, da sich die deutschen Leitmedien hemmungslos in den Dienst transatlantischer Eliten gestellt haben. Darüber hatte »Die Anstalt« 2014, als sie noch eine Sendung des mutigen und unerschrocken investigativen Kabaretts war, ausführlich berichtet. In der gegenwärtigen Ukraine-Krise hat der ideologische Furor, mit der alle großen Medien gegen Russland hetzen, einen neuen Höhepunkt erreicht.

Welche politisch möglicherweise realisierbaren Alternativen hätte es also vor diesem Hintergrund der allgemeinen politischen Stimmungslage in Europa, die weitgehend von den USA orchestriert wurde, de facto noch gegeben? Natürlich hätte Russland nicht in diese Variante einer Brzezinski-Falle zu laufen brauchen, den ersten militärischen Angriffsschritt zu machen. In den Augen der Weltöffentlichkeit hätte dies sicherlich einen gravierenden Unterschied bedeutet. Doch gibt es wenig Grund zu der Annahme, dass die Zahl der menschlichen Opfer und das Ausmaß an Zerstörungen geringer ausgefallen wären, wenn Russland auf militärische Provokationen nur reaktiv gehandelt hätte.

DD Nach Angaben der OSZE in den *SMM Daily Reports* haben sich die Angriffe ukrainischer Einheiten auf die Bevölkerung im Donbass in der letzten Woche vor dem russischen Angriff bereits mehr als verzehnfacht, es gab dort massive ukrainische Truppenkonzentrationen, die eine größere Offensive vermuten ließen. Auch deshalb spricht die russische Seite von Verteidigung durch Demilitarisierung der Ukraine. Aber mit dieser Reaktion haben sie der politischen Elite und dem militärisch-industriellen Komplex der USA einen innigen Wunsch erfüllt.

Zweifellos, denn der Krieg war, wie vielfach belegt ist, von den USA seit Langem gewünscht, und sie haben ihn systematisch vorbereitet. Schon kurz nach dem Angriff Russlands auf die Ukraine stellte die *New York Times* selbstzufrieden fest: »Die Vereinigten Staaten haben eine Führungsrolle zurückerobert, von der einige befürchteten, sie sei im Irak und in Afghanistan verloren gegangen.« Für die geopolitischen und wirtschaftlichen Interessen bietet der Stellvertreterkrieg in der Ukraine eine Gelegenheit, wie sie für die USA besser nicht sein könnte. Sie haben, ohne auch nur einen einzigen eigenen Schuss abzufeuern und ohne einen einzigen eigenen Soldaten zu verlieren, zwei Fliegen mit einer Klappe geschlagen, nämlich Russland und Europa gleichermaßen wirtschaftlich und politisch geschwächt und damit ihren globalen hegemonialen Anspruch gefestigt. Vor diesem Hintergrund eines unbedingten Willens zur Konfrontation und zur Eskalation wird es immer schwieriger, über Hoffnungen zu sprechen, die im Konjunktiv hätten realisierbar sein können. **RM**

Das ist ein berechtigter Einwand – der mir dennoch zu fatalistisch scheint. Wie lange noch wollen wir die Welt auf Realpolitik reduzieren, also auf die Logik von Machtverhältnissen zwischen Staaten? Natürlich ist es wichtig, diese Funktionslogik von Interessen nicht zu ignorieren. Machtanalysen, wie die von dem US-Politologen John Mearsheimer, der aufgrund vieler Fakten dem Westen die Hauptschuld für den Krieg in der Ukraine gibt, sind sehr erhellend. Er beruft sich unter anderem auf das *Wall Street Journal*, nach dem das Geheimnis des Erfolges der ukrainischen Truppen jahrelanges Training durch die NATO sei. Es sei eine »Obsession« der USA, die Ukraine zu einem westlichen Bollwerk an der russischen Grenze zu machen, was für den Kreml nicht anders als eine existentielle Bedrohung anzusehen sei. Schließlich verpflichtet die Europäische **DD**

Sicherheitscharta die OSZE-Staaten, ihre Sicherheit nicht auf Kosten derer anderer Staaten zu stärken.

RM Auch die Einwände durch eine Vielzahl hochrangiger US-Diplomaten und renommierter politischer Fachleute, die seit Mitte der 90er Jahre Washington davor gewarnt haben, die Sicherheitsbedenken Russlands und insbesondere seine roten Linien in provokanter und oft aggressiver Weise zu ignorieren, sind gut dokumentiert.

Was die von russischer Seite verpassten Gelegenheiten angeht: Besonders erklärungsbedürftig bleibt die Frage, warum Gorbatschow 1990 bei den Verhandlungen über die deutsche Wiedervereinigung dem Abzug der sowjetischen Armee aus Ostdeutschland zugestimmt hat, jedoch nicht darauf bestanden hat, dass die USA und die NATO gleiche Schritte in Westdeutschland tun und so die Neutralität des neuen deutschen Staates außerhalb der NATO sicherstellen. Eine solche Möglichkeit hat damals durchaus im Bereich des Realisierbaren gelegen. Die USA haben diesen großen und folgenreichen Fehler gerne für ihre strategischen Interessen genutzt: 2018 öffentlich gewordene Regierungsdokumente belegen, dass die Pläne für eine massive Ostausdehnung der NATO bereits 1993 im Detail formuliert waren und es letztlich darum ging, dass sich Russland dem US-dominierten liberal-kapitalistischen Wirtschaftssystem unterzuordnen habe.

DD Der Keim für den Krieg war von den USA also lange vor der Präsidentschaft von Putin gelegt worden. 2004 nannte dann Zbigniew Brzezinski im *Wall Street Journal* Putin »Moskaus Mussolini« und verglich ihn 2008 mit Hitler, weshalb Russland ökonomisch zu schwächen und zu einem Pariastaat zu machen sei. Für ein Russland, das sich einer solchen Bestimmung zu entziehen sucht, gab es in dieser Konzeption keinen Platz. Das war also lange vor der Rücknahme der Krim – die zweifellos der Wunsch fast der gesamten dort lebenden Bevölkerung war, was schon 1991, also noch am Ende der Sowjetunion, ein Referendum belegte. Im Zerfallsprozess hatte nur niemand die Kraft, das durchzusetzen. Stärker geworden, wollten Putin und seine Administration nicht abwarten, bis auch die russische Schwarzmeerflotte in Sewastopol von der NATO in Besitz genommen wird. Das war zweifellos ein Verstoß gegen das Budapester Abkommen, das allerdings auch nicht einen Staatsstreich in der Ukraine vorgesehen hatte. Da sind wir wieder bei der Frage, ob der Kreml eine Chance hatte, aus dem von Washington geschriebenen Szenario auszubrechen und eine eigene Rolle zu spielen? Doch bleibt bei mir ein tiefes Unbehagen angesichts dieser Alternativlosigkeit. Ist das Bestehen auf emanzipatorischem Fortschritt zur Schimäre verkommen?

RM Das wäre fatal. Zu allen Zeiten haben sich bestehende Machtverhältnisse samt ihrer Funktionslogik als alternativlos erklärt und sich damit gegen Fortschritte zu immunisieren versucht. Insofern lag und liegt das Ziel emanzipatorischer Bestrebungen stets gerade darin, die jeweiligen Machtverhältnisse zu hinterfragen und aufzubrechen. Bei dieser Aufgabe ist eine rationale Analyse von Kerndeterminanten zwischenstaatlicher Konflikte, nämlich von Macht- und Sicherheitsinteressen, notwendig und nützlich. Umgekehrt aber können durch bloße Moralisierung erzeugte Affekte den Weg zu einer rationalen Verstehbarkeit einer Krise verstellen. Und genau das kennzeichnet die gegenwärtige öffentliche und mediale Diskussion dieser Krise – mit einem Schüren von kollektiven Ressentiments, wie man es eigentlich nicht mehr für vorstellbar hielt. Die politischen Entscheidungsträger und die meinungsbildenden Medien haben sich seit Jahrzehnten eigene gedankliche Realitäten erschaffen, die den Kontakt mit den gesellschaftlichen, wirtschaftlichen und geopolitischen Wirklichkeiten in einem solchen Maße verloren haben, dass sie nun den von ihnen erschaffenen Phantasiewelten selbst zum Opfer fallen – mit allen bedrohlichen Folgen für den Rest der Bevölkerung. Der Krieg in der Ukraine bringt dieses Elitenversagen in voller Schärfe zum Ausdruck. Ebenso wie er die schweren und seit Jahrzehnten nur mühsam verdeckten ökonomischen und politischen inneren Widersprüche des Westens aufdeckt.

DD Natürlich gehört zu einer angemessenen Kontextualisierung auch ein Seitenblick darauf, welche moralische Qualifikation diejenigen haben, welche jetzt am lautesten schreien, nämlich die USA und die Regierungen der NATO-Staaten. Denn es gehört vor allem zu unserer Zuständigkeit, die eigene politische Kultur ohne Nachsicht, also ohne doppelten Standard, zu betrachten. Um an den da herrschenden Völkerrechtsnihilismus zu erinnern, müsste man wohl die gesamte Zeit seit der Existenz der UNO ins Visier nehmen. Angefangen in den 50er Jahren mit den illegalen US-Stellvertreter- oder Direkt-Kriegen gegen Korea, Iran, Guatemala, Ägypten, Kuba und den demozidalen US-Flächenbombardements in Vietnam, Laos und Kambodscha, über den ersten NATO-Angriffskrieg gegen Serbien, bis zu all den initiierten Putschen, Invasionen, Farbrevolutionen, »humanitären Interventionen« und »präventiven« Kriegen. Studien wie die des kanadischen Autors James A. Lucas gehen davon aus, dass die USA in diesen »Nachkriegskriegen« von 1945 bis heute mehr als 20 Millionen Tote zu verantworten haben, außerdem bis zu 300 Millionen Verletzte, Verstümmelte und Behinderte so wie zahllose Flüchtlinge. Es gibt mehrere ähnliche Schätzungen – mit absoluter Sicherheit kann man davon ausgehen, dass viele Millionen Menschen durch völkerrechtwidrige Gewalt der USA ihr Leben verloren haben. Ein Hegemon wird für solche Vorwürfe natürlich vor keinem Gericht zur Verantwortung gezogen.

Da wir hier aber kein historisches Oberseminar abhalten wollen, kann auch die Frage der moralischen Qualifikation nur im Zeitraffer gestreift werden.

RM Warum sind trotz dieser monströsen Taten eigentlich niemals Sanktionen gegen die USA und ihre Satellitenstaaten gefordert, geschweige denn verhängt worden? Zugleich wirkt die Art und Weise, wie nun in nie gekanntem Ausmaß Sanktionen gegen Russland verhängt werden, wie eine intensivierte Affektentladung, als könnte endlich ein lang aufgestautes Bestrafungsbedürfnis ausgelebt werden. Das gebrochene Verhältnis der USA zum Völkerrecht lässt sich ja bis zu ihren historischen Anfängen zurückverfolgen. Dabei wird eine Konstante sichtbar, die man auch ohne historisches Oberseminar illustrieren kann: Die USA betrachten ein Recht, das nicht von ihnen selbst gesetzt worden ist, als unzulässige Einschränkung ihrer Handlungsmöglichkeiten. Das zeigt sich auch in Vorgängen, die mit dem jetzigen Krieg in der Ukraine zu tun haben: 2001 kündigte George W. Bush einseitig den ABM-Vertrag, um freie Hand für den Aufbau eines weltumspannenden Raketenabwehrsystems, insbesondere an den Außengrenzen Russlands zu erhalten. Noch größere Bedeutung für russische Sicherheitsinteressen hatte 2019 die einseitigen Aufkündigung des INF-Vertrags durch die USA unter Trump.

DD Diese Grundhaltung hat weitreichende Konsequenzen. Militärangehörige der USA genießen für Kriegsverbrechen, die sie begangen haben, praktisch Immunität, da die USA die Zuständigkeit der Gerichte anderer Staaten grundsätzlich nicht anerkennen. Leider haben auch China, Russland, die Ukraine und andere den IGH nicht anerkannt. Aber die USA sind das einzige Land, das ein Urteil des Internationalen Strafgerichtshofs abgelehnt hat, nämlich 1986, als die USA wegen »unrechtmäßiger

Gewaltanwendung«, also wegen internationalem Terrorismus gegen Nicaragua, zur Einstellung der Aggression und zur Zahlung von erheblichen Reparationen verurteilt worden sind. Sie haben damals die Gerichtsentscheidung einfach für irrelevant erklärt, weil das Gericht ein feindliches Forum sei.

RM Man braucht keine besonderen historischen und juristischen Vorkenntnisse, um zu erkennen, dass es seit etwa 1990 verstärkte Bemühungen gibt, das Völkerrecht so »fortzuentwickeln«, dass sich damit den militärischen Interventionen der USA in aller Welt der Anstrich einer Legitimität geben lässt. Insbesondere der strenge Selbstverteidigungs-Artikel 51 der UN-Charta musste in geeigneter Weise so aufgeweicht werden, dass er von den USA für gefühlte Gefährdungen geltend gemacht werden kann, für deren Abwehr sie dann ein Recht auf Selbstverteidigung oder auf »friedensstiftende Maßnahmen« und »humanitäre Interventionen« beanspruchen. Die renommierte Völkerrechtlerin Anne Orford hat in ihrem 2021 erschienenen Buch *International Law and the Politics of History* diese Deformierung des Völkerrechts historisch aufgezeigt.

DD Völlig aus dem Bewusstsein ist die Tatsache geraten, dass die UN-Charta vor die Anwendung von Gewalt viel mehr setzt als ein Mandat des Sicherheitsrates nach Artikel 42. So müssen alle friedlichen Mittel ausgeschöpft sein: Verhandlung, Untersuchung, Vergleich, gerichtliche Entscheidung. Die Streitparteien müssen sich dem IGH unterwerfen – wer das nicht macht, darf gar kein Gewehr in die Hand nehmen. Damit sollte verhindert werden, dass die Kämpfe zu Kriegsverbrechen ausarten. Außerdem sollen die Streitkräfte von der UNO befehligt werden, nicht von Militärbündnissen wie der NATO. Auch sie dürfen nicht nach Belieben vorgehen, dem Sicherheitsrat sind Pläne für die Anwendung von Waffengewalt vorzulegen. All das ist nie eingehalten worden. Ein

Hegemon hat offensichtlich auch die Souveränität, die internationale Rechtsprechung seinen Bedürfnissen anzupassen.

RM Das Jahr 1990 markiert in dieser Hinsicht eine besondere Wende. Mit dem Zusammenbruch der Sowjetunion verblieben die USA als einzige Supermacht und begannen, eine neue neoliberale Weltordnung nach ihrem eigenen Bild zu gestalten. Die schon genannte Wolfowitz-Doktrin des Pentagon von 1992 besagte, dass die USA das Recht hätten, militärisch zu intervenieren, wann und wo sie es für notwendig hielten. Diese Doktrin steht, in verschiedenen Einkleidungen, bis heute im Zentrum des außenpolitischen Denkens der Neokonservativen, die in der Biden-Regierung wieder die Fäden ziehen.

DD Diese fabelhafte Doktrin wurde dann gleich 1993 mit einem Raketenangriff auf Bagdad zur Bestrafung des Irak, als Akt der Selbstverteidigung ausprobiert. Anlass war ein angebliches Attentat auf Präsident George H.W. Bush. Und die Welt nahm diese Form von Selbstjustiz hin.

Als einen Akt der Selbstverteidigung (wegen Anschlägen in Tansania und Kenia) bezeichneten die USA auch die 1998 von US-Präsident Clinton angeordneten Marschflugkörperangriffe auf die asch-Schifa-Arzneimittelfabrik im völlig unbeteiligten Sudan. Sie wurde dabei vollständig zerstört, obwohl es keinen einzigen Beweis für die Produktion chemischer Waffen gab. Die Fabrik war vielmehr der größte Hersteller lebenswichtiger Medikamente wie Antibiotika, Infusionsflüssigkeiten und Mittel gegen Malaria oder Durchfall. Deren langanhaltendes Fehlen hatte nach Angaben regionaler Kräfte oder auch des damaligen deutschen Botschafters im Sudan, Werner Daum, zehntausende Tote in der sudanesischen Bevölkerung zur Folge. Und wieder nahm die Weltöffentlichkeit diesen US-Terrorismus ungerührt hin. Das dürfte die NATO ermutigt haben, im Jahr darauf Russlands Verbündeten Serbien zu bombardieren, ohne Genehmigung des Sicherheitsrates.

RM Ja, und willige Völkerrechtler sowie Kanzler Schröder argumentierten damals, dass die NATO-Aktion zwar »illegal, aber legitim« sei. Eine solche ins Belieben des Angreifers gestellte Interpretation des Selbstverteidigungsrechts lässt sich trotz aller juristischen Spitzfindigkeiten durch Artikel 51 der UN-Charta nicht rechtfertigen. In der Fortschreibung der NATO-Strategie wurde 2002 die auch als »Bush-Doktrin« bezeichnete berüchtigte National Security Strategy erlassen, die den USA bei lediglich vermuteter, diffuser Sicherheitsgefährdung präventive Angriffe auf souveräne Staaten ermöglicht. Das war eine Generalermächtigung zur Gewaltanwendung, aber natürlich nur für die USA. Aus ihrer Sicht versteht es sich von selbst, dass dieses Privileg nicht von anderen Nationen geltend gemacht werden kann, sondern nur von der »Kraft des Guten«. Und die USA sind nun einmal, wie alle ihre Präsidenten in unterschiedlichen Worten immer wieder zum Ausdruck gebracht haben, die größte Kraft für Frieden und Freiheit in der Welt. Ihre »roten Linien« erstrecken sich über den ganzen Globus, bis direkt vor die Haustüren von Russland und China. Russland hingegen wird jedes Recht abgesprochen, »rote Linien« für seine Sicherheitsbelange in der Nähe seiner eigenen Grenzen geltend zu machen.

DD Diese Beispiele zeigen vor allem, wie wichtig es ist, der Entmachtung der UN und ihrer Charta nicht weiter zuzusehen. Wir müssen darauf beharren, dass auch die systematische Verletzung einer mühsam gewonnenen völkerrechtlichen Norm nichts an ihrer universellen Gültigkeit ändert. Nur mit einer solchen Grundlage können wir darauf beharren, dass all die genannten Verstöße aus einer Vielzahl anderer nichts an der moralischen Verurteilung von Russlands Krieg gegen die Ukraine ändern.

Wenn wir schon beim Beharren auf historisch mühsam gewonnenen zivilisatorischen Normen sind: Das gilt natürlich auch und besonders für die Rolle von Medien in einer Demokratie – ein Kernthema dieses Buches und unserer Gespräche vor zwei Jahren. Demokratie kann nur funktionieren, wenn die Medien ihre normative Funktion erfüllen, ein unverzerrtes und zuverlässiges Bild der gesellschaftlichen Realität bereitzustellen. Nur so schaffen sie einen öffentlichen Debattenraum, der die Basis einer gesellschaftlichen Meinungs- und Urteilsbildung bildet. *Tamtam und Tabu* zeigt ja an reichem Material auf, wie es den Medien damals gelang, die öffentliche Meinung in der DDR in atemberaubend kurzer Zeit in eine Richtung zu wenden, die den wirtschaftlichen und geopolitischen Interessen des Westens entsprach. Auch beim Krieg in der Ukraine spielen geopolitische Interessen des »Westens« – de facto ein euphemistischer Deckname für die USA – wieder eine dominierende Rolle. Nur steht diesmal für die USA sehr viel mehr auf dem Spiel als bei der »Wiedervereinigung«. Daher überrascht es nicht, dass die großen Medien, private wie öffentlich-rechtliche, nun die Maske einer neutralen demokratischen Informationsvermittlung vollends haben fallen lassen und sich selbst als zentrale eigenständige Akteure im Kriegsgeschehen sehen. Das, was für halbwegs unvoreingenommene Beobachter eigentlich offensichtlich ist, im Einzelnen zu dokumentieren, würde ein eigenständiges Buch verlangen – wir können nur ein paar Beispiele ansprechen. Wichtig ist in jedem Fall, sich klarzumachen, dass ein so an die Wurzeln der Demokratie gehendes Medienversagen wie im Fall des Kriegs in der Ukraine für die Gesellschaft als Ganzes Folgen hat, welche weit über den gegenwärtigen konkreten Anlass hinausgehen. **RM**

Dieses Versagen ist dadurch gekennzeichnet, dass Medien weitgehend von Kontrollorganen der Regierung zu PR-Organen **DD** der Regierung geworden sind. Gerade in Kriegen hat sich das immer wieder bewährt – im Irak, in Syrien und Afghanistan. Was das Verhältnis zu Russland betrifft, so lag ein hartes Stück Arbeit vor den Propagandisten. Man müsste dazu auch einmal eine so genaue Presseanalyse erstellen, wie sie hier im Buch für die Wendezeit vorliegt, wo in kürzester Zeit die Einstellungen der Leute auf den Kopf gestellt wurde, meist mit tendenziös erfundenen Fakten. Auch die Einstellung gegenüber Russland hat sich mehrheitlich in kürzester Zeit verändert, wobei man einräumen muss, dass Putin und seine Administration durch den Krieg zuletzt heftig nachgeholfen haben.

Zuvor sah das ganz anders aus. Über all die Jahre, zuletzt im April 2018, ermittelte Forsa, dass 94 Prozent der Deutschen gute Beziehungen zu Russland für wichtig halten. 94 Prozent – das klingt nach einer DDR-Zahl. Aber hier war es geradezu ein demokratischer Auftrag an die Politik. Und der wurde lange vor dem Krieg unterlaufen, von Politik und Medien.

RM Solche Vorstellungen der gesellschaftlichen Basis dürfen natürlich in kapitalistischen Demokratien keineswegs als demokratischer Auftrag betrachtet werden. Sie bezeugen vielmehr, dass die Bevölkerung keinerlei Verständnis für die tatsächlichen Komplexitäten der Realität hat und daher intensiver medialer Betreuung bedarf. Zumal die USA traditionell über solche Irrwege der deutschen Bevölkerung höchst besorgt sind, da sie Russland in nahezu ungebrochener Kontinuität zu einem Hauptfeind erklärt haben.

DD Russland als Chefteufel taugt auch gut im Konkurrenzkampf der einheimischen Eliten. Im Wahlkampf 2016 wollte Donald Trump Details der wahrlich skandalösen Geschichte um Hunter Biden nutzen, dem Sohn von Joe Biden, der damals Vizepräsident war. Kurz nachdem Biden Senior geholfen hatte, in Kiew den Putsch zu organisieren, wurde Hunter von den neuen Machthabern in den Vorstand des einflussreichen Gaskonzerns Burisma berufen. Der Präsidentensohn kennt sich weder im Gassektor, noch in der ukrainischen Politik aus. Bekannt war, dass er wegen seiner Alkohol- und Drogenabhängigkeit schon aus US-Funktionen entlassen worden war – er hatte nur seinen Namen und Insider-Wissen zu verkaufen. Das brachte ihm vier Jahre lang monatlich mehr als 50.000 Dollar ein. Und die USA gewannen Einfluss auf die ukrainische Wirtschaft. Die Medien haben über diesen Fall klarer US-Korruption nicht berichtet, da anonyme Geheimdienstler streuten, es könne sich um russische Desinformation handeln. Auch auf Twitter und Facebook wurde untersagt, die Geschichte der *New York Post* zu teilen. Alles zu Vertuschende ist das Werk russischer Spione – eine willkommene Zensur im Kostüm moralischer Wachsamkeit.

Doch der ukrainische Generalstaatsanwalt Wiktor Schokin hatte noch Rückgrat, er ermittelte gegen die Gasholding wegen Steuerhinterziehung und Korruption. Joe Biden selbst brüstete sich 2016 bei seiner Rückkehr aus Kiew mit seiner Verhandlungsführung. Er habe gedroht, er sei noch sechs Stunden da, wenn der Staatsanwalt bis dahin nicht gefeuert sei, bekämen sie den Kredit über eine Milliarde Dollar nicht. Der »Mistkerl« wurde entfernt und durch jemanden, der »zuverlässig« war, ersetzt. Ein fabelhafter Rechtsstaat.

Das geleakte Nuland-Pyatt-Telefonat von 2014 hatte bereits gezeigt, dass die USA alle relevanten Fäden in der Ukraine kontrollierten und zogen. Wolodmyr Selenskyj war 2019 vor allem als Friedenspräsident gewählt worden, was die USA mit einiger Sorge sahen. Um solchen Eigenständigkeiten ukrainischer Politik vorzubeugen, hatten die USA 2014 eine NGO gegründet, das »Ukrainische Krisen-Medienzentrum«, das unter anderem durch die US-Botschaft in Kiew, USAID und das »National Endowment RM for Democracy« der USA finanziert wird – also den bekannten Organisatoren von »Farbrevolutionen« in Ländern, in denen die USA einen Systemwechsel herbeiführen wollen. Direkt nach der Wahl von Selenskyj veröffentlichte dieses »Medienzentrum« eine lange Liste mit »roten Linien, die vom Präsidenten nicht überschritten werden dürfen«, verbunden mit der klaren Drohung, dass seine Präsidentschaft andernfalls schnell zu Ende gehen würde. Diese »roten Linien« bezogen sich vor allem auf alle Ansätze, in ernsthafte eigenständige Verhandlungen mit Russland zu treten. Soviel nur zu Demokratie und Souveränität. Eine Lektion, wie kapitalistische Demokratie hier wie dort funktioniert.

DD Aber die war damit nicht zu Ende. Vier Wochen vor der US-Wahl, man hat es schon vergessen, hatte Julian Assange brisante Enthüllungen aus den Mails von Hillary Clinton angekündigt. Sofort behauptete ihr Wahlkampfleiter John Podesta, Wikileaks sei der Propaganda-Arm der russischen Regierung. Was in der amerikanischen und der deutschen Linienpresse natürlich nicht vorkam, war, dass der einstige britische Botschafter in Usbekistan, Craig Murray, in der *Daily Mail* bekannte, er selbst habe die E-Mail-Daten von einem Mitarbeiter von Hillary Clinton bekommen, weil dieser frustriert war über die Intrigen der Demokraten gegen Bernie Sanders und sie über Murray an Wikileaks geben wollte.

Als Trump schließlich Hillary Clinton besiegte, wollten die Demokraten ihre Niederlage gegen diesen Scharlatan nicht eingestehen und suchten einen Schuldigen. In Kooperation von FBI, Konzernmedien und finanziert von den Demokraten entstand das gefakte »Steele-Dossier«, das angeblich auf »Deep Cover Quellen« in Russland basierte.

Diese Lüge war die Geburtsstunde von Russiagate. Dabei hatte der einzige Informant – Igor Danchenko, einst Mitarbeiter an der Washingtoner Denkfabrik Brookings Institution – dem FBI nicht verschwiegen, dass er keine Quellen in Russland habe, sonders das Dossier vom Hörensagen mit russischen Emigranten an der Bar entstanden sei. Es besagte, dass der unzumutbare, aber immerhin gewählte Präsident der USA eine Marionette Putins sei. Mit seiner Kritik an der US-Interventionspolitik und auch der Zusammenarbeit mit Al-Qaida in Syrien spucke er russische Propaganda aus. Mit seiner Antikriegsrhetorik hatte er frühere Präsidenten belastet. Neokonservative, denen schon immer an der Vertiefung der Spannungen mit Russland gelegen war, nahmen die Verschwörung dankbar an und wer sie in Frage stellte, wurde als Verschwörungstheoretiker beschimpft. Unter Missachtung aller journalistischen Standards berichteten die Massenmedien wie im Rausch über das Dossier und die Einschaltquoten und Auflagen schnellten in die Höhe. Dem erfundenen Feind im Kreml wurde jede Art von Macht zugeschrieben, was so alarmierend war, dass sich selbst alternative Medien wie das von mir geschätzte *Democracy Now!* diesem Narrativ nicht entziehen konnten.

Mit Putin war nun der allmächtige Feind geschaffen, den Orwell beschrieben hatte – Putin hinter Wikileaks, hinter russischen Hackern, hinter Social-Media-Operationen, die Millionen von Amerikanern die Gehirne waschen, damit sie Trump wählen, Putin sogar hinter Bernie Sanders, um die Clintons zu schwächen. Und der mächtigste Mann der Welt, Trump himself, diene ihm als Agent. Russiagate war die größte Story seit Watergate und die Medien belohnten, wer sich diesem Narrativ beugte, Journalisten wurden befördert und ausgezeichnet. So die *New York Times* und die *Washington Post* mit dem begehrten Pulitzer Preis. Man sollte meinen, es müsse für Karrierismus und Opportunismus eine Grenze geben, kommentierte der kanadische Investigativjournalist Aaron Maté, aber es gab keine.

Die Erfindungen dienten auch dazu, Vorwände für die Strafverfolgung von Assange zu schaffen. Abweichende Meinungen sollten stigmatisiert werden. Und Trump kam in Beweispflicht zu demonstrieren, dass er kein Freund Russlands ist. Dafür musste er seine ursprüngliche Absicht, mit Russland auskommen zu wollen, aufgeben, den noch mit Gorbatschow unterzeichneten und gerade für Europa existentiellen INF-Abrüstungsvertrag kündigen, den New-Start-Vertrag aufs Spiel setzen und immer mehr bedrohliche Manöver an der russischen Grenze auffahren.

Ende vorigen Jahres hat nun das US-Justizministerium in einem weiteren innerelitären Konkurrenzkampf ermitteln lassen, dass Russiagate ein total erfundener Betrug war – Danchenko soll im Knast sitzen.

Dem heißen Ukraine-Krieg ging also auch dieser jahrelange, kalte Informationskrieg voraus. Orwell hatte dieses Muster schon Jahrzehnte vorher für Ost und West beschrieben: Der konstruierte Feind, der vor allem unsere eigene Vernunft zerstört. Und wie man heute sieht, der auch die Vernunft des verleumdeten, diskriminierten und gedemütigten Feindes zugrunde richtet. Desinformation ist der Marsch in eine Welt der Irrationalität, für die Medien nicht zur Rechenschaft gezogen werden.

RM Die Umdeutung von Informationen in Desinformationen durchzieht ja die gesamte Berichterstattung zur Ukraine, seit Februar 2022 in geradezu hyper-orwellschem Ausmaß. Den Medien gelang es, innerhalb weniger Wochen, die Stimmung der Bevölkerung dadurch zu lenken, dass sie die Geschichte der Ukraine vollständig umgeschrieben haben. Sie haben alle Fakten, die ihnen nicht in das gewünschte Narrativ passten, in kürzester Zeit verschwinden lassen und für die Öffentlichkeit nahezu unsichtbar gemacht. Das ist schon deswegen eine besonders bemerkenswerte Leistung, weil sie selbst genau diese Fakten vorher immer wieder berichtet hatten. Von dem Ausmaß dieser Schaffung einer »alternativen Realität« kann man sich leicht durch einen Vergleich mit der dem Februar 2022 vorhergehenden Berichterstattung einen Eindruck gewinnen – so viel »investigativer Journalismus« wäre auch einem Journalisten der sogenannten Qualitätsmedien zuzumuten. Nur ein kurzer Blick auf die Beispiele »Korruption« und »Neonazis«.

Im Jahr 2015 bezeichnete der *Guardian* die Ukraine als »korrupteste Nation in Europe«, ebenso der *Spiegel* vom 14.06.2015; die Korruption ziehe sich durch nahezu alle gesellschaftlichen und politischen Instanzen, einschließlich des Parlamentes. Im Korruptionswahrnehmungsindex von *Transparency International* für das Jahr 2021 zählte die Ukraine zu den korruptesten Ländern der Welt. Bereits daraus lässt sich unschwer erschließen, wie es mit der Demokratie in der Ukraine bestellt ist. Im internationalen Demokratieindex des *Economist* stand die Ukraine 2021 auf Platz 86, gefolgt von Senegal. Armenien und Liberia.

Die »wahren europäischen Werte«, die hier, in den Worten des angesehenen US-Diplomaten Chas Freeman, »bis zum letzten Blutstropfen des letzten Ukrainers« verteidigt werden, müssten also zunächst einmal überhaupt erst hergestellt werden – und nicht nur von Medien und Politikern propagandistisch proklamiert werden. Zu diesem orwellschen propagandistischen Umschreiben der Realität in der Ukraine gehören vor allem organisierte Bewegungen des gewaltbereiten Rechtsextremismus und weißen Suprematismus. Für eine Rhetorik »wahrer europäischer Werte« sind solche Bewegungen natürlich besonders verfänglich. Augenfällige Widersprüche lassen sich am einfachsten dadurch bewältigen, dass man derartige Bewegungen schlicht leugnet und für nichtexistent erklärt. In dieser Form der Widerspruchsbewältigung hat es ja die »westliche

Wertegemeinschaft« – vom Kolonialismus bis zu gegenwärtigen Formen des Rassismus – zu hoher Virtuosität gebracht. Mit der von den USA beanspruchten »full spectrum dominance« auch über den »information space«, also über die Medien und den gesamten Bereich der öffentlichen Meinung, ist dies im Februar 2022 in atemberaubender Geschwindigkeit gelungen – das wenn schon nicht größte, so doch das schnellste Programm einer »Entnazifizierung durch Unsichtbarmachen« überhaupt, eine Meisterleistung der Narrativkontrolle.

Bis zum Februar 2022 waren die organisierten gewaltbereiten rechtsextremistischen Bewegungen und ihre Verankerung auf allen politischen Ebenen vielfach im Detail in großen internationalen und auch deutschen Medien beschrieben. Es schien mir lohnend, sich einige dieser Artikel aufzuheben: *Foreign Policy* schrieb im März 2014: »Die unbequeme Wahrheit ist, dass ein beträchtlicher Teil der derzeitigen Regierung in Kiew – und die Demonstranten, die sie an die Macht gebracht haben – in der Tat Faschisten sind.« Der Beitrag stellte fest:

> »Die Ukraine ist die Heimat von Svoboda, der derzeit wohl einflussreichsten rechtsextremen Bewegung in Europa. [...] Heute hält Svoboda einen größeren Anteil an den Ministerien ihres Landes (fast ein Viertel, einschließlich des begehrten Verteidigungsressorts) als jede andere rechtsextreme Partei auf dem Kontinent. [...] Einer der neuen Abgeordneten ist der Gründer des ›Joseph Goebbels Political Research Centre‹ und hat den Holocaust als ›glänzende Periode‹ in der Menschheitsgeschichte bezeichnet.«

Im Januar 2020 sprach die Bundeszentrale für politische Bildung von einer »zunehmenden gesellschaftliche Verankerung der Ultrarechten«. Die Asow-Bewegung sei »ein sichtbarer Teil internationaler Netzwerke rechter Aktivisten geworden«.

Die *ZEIT* hatte unter dem Titel »Die braune Internationale« am 11.02.2021 ebenfalls über diese rechtsradikalen Netzwerke in Europa berichtet. *Newsweek* stellte am 05.01.2022 fest: »Die Ukraine hat sich zu einem Knotenpunkt im breiteren Netzwerk des transnationalen Extremismus des weißen Suprematismus entwickelt und zieht ausländische Rekruten aus der ganzen Welt an.«

Zwei Jahren später haben sich diese »intensiv ausgebauten« ultrarechten Netzwerke – die als größte rechtsextreme Netzwerke in Europa gelten – in einer wundersamen Metamorphose in demokratiebegeisterte Freiheitskämpfer verwandelt, die »unsere Werte« an der Seite des Westens oder stellvertretend für ihn verteidigen – so jedenfalls unisono unsere Medien. So schnell und wirksam lässt sich eine alternative Realität schaffen, wenn man nur über die nötigen Instrumente dazu verfügt.

Das kommt uns bekannt vor, eben deshalb haben wir in diesem Buch eine andere Erfahrung von »Wende« analysiert. Wir erleben ständig Zeitschleifen … **DD**

Ja, wieder haben die großen Medien dazu beigetragen, die tieferen historischen Ursachen dieser Krise aus dem öffentlichen Bewusstsein zu tilgen. An dem politisch unverantwortlichen Umgang mit dieser Krise haben sie einen ganz wesentlichen Anteil. Ebenso an der Verrohung des öffentlichen Diskurses zu einem Denken in archaischen Freund-Feind-Kategorien und an dem Rückfall des gesamten politischen Lebens in einen Tribalismus einer »Wir gegen sie«-Kampfsituation. Dieser Tribalismus und die damit verbundene moralistische Generalmobilmachung aller großer Medien kommt einer Entzivilisierung der politischen Debatte und einer weitgehenden Zerstörung des demokratischen Diskurses gleich – mit einer selbst zu den Höhepunkten des Kalten Krieges nicht gekannten **RM**

Verengung des Debattenraumes und einer aggressiven Ächtung von Dissens. Machttechnisch bietet ein Tribalismus den Vorteil, dass sich auf der Basis der dadurch erzeugten heftigen Affekte und Ressentiments die öffentliche Meinung besonders wirksam steuern lässt. Die Folgen sind aus der Geschichte bekannt.

DD Um so mehr ist es dringend geboten, über ein friedliches Miteinander nachzudenken. Das klingt schon fast defätistisch. Gefragt sind Durchhalteparolen. Jede Kriegspartei will den Sieg der Gegenseite um jeden Preis vermeiden. Aber was ist Sieg? Wozu all das Töten und das Sterben, wenn der Preis der Freiheit die zu Befreienden sind? Wenn in den erkämpften Sicherheitszonen niemand mehr wohnt, dem diese Sicherheit noch etwas nutzt? Ich hoffe wider alle Bedenken, dass sich die Einsicht durchsetzt, dass Krieg auch im 21. Jahrhundert nicht zu gewinnen ist. Auch mit modernsten Waffen nicht. Wir werden keine Sieger sehen, nur Besiegte. Je länger der Krieg dauert, desto mehr Besiegte.

Die Diagnosen zu denen wir hier gekommen sind – also das Medienversagen in Bezug auf die Vorgeschichte des Krieges, auf die doppelten Standards im deformierten Völkerrecht und bei einseitigen Sanktionen, die hochgefährlichen Eskalation auf beiden Seiten – sind wahrlich nicht ermutigend. Ohnmächtig ist man den Bildern von Leid und Zerstörung ausgesetzt – ohne Einfluss, schon gar nicht auf die russischen Machthaber. Unsere einzige Möglichkeit aus der Defensive zu kommen, bleibt die faktenbasierte Analyse, vor allem der eigenen Seite. Diese schwere Waffe wird nicht geliefert, man muss sie selbst zugänglich machen. Zweifel, Korrektur und Sorgfalt erhöhen die Treffsicherheit. Eigentlich müssten diese Kräfte den existentiellen Gattungsfragen vorbehalten bleiben: Einem gesunden Leben in gesunder Natur. Aber so viel Rationalität ist uns derzeit nicht vergönnt.

DANIELA DAHN

Volkslektüre

Eine Presseschau

Dreißig Jahre deutsche Vereinigung – es ist vermeintlich alles gesagt. Denn das Leben wird vorwärts gelebt und rückwärts verstanden (Kierkegaard). Staatlich üppig finanzierte Forschungsstellen haben zu allen erwünschten Themen erwartbare Studien geliefert, Fernsehsender haben sich daran orientiert, Schulbücher wurden umgeschrieben, Lehrstühle an Universitäten gewendet, Bücher in Bibliotheken ausgetauscht, die zeitgenössischen Museen erneuert, Straßen umbenannt. Nicht wenige Verlage, Redaktionen, Autoren und Filmemacher haben dem verordneten, konservativen Geschichtsbild widersprochen oder es zumindest differenziert. Weltweit hat es viele Tausend Veröffentlichungen gegeben.

Dreißig Jahre gelten unter Historikern als der minimale Abstand dafür, eine Zeit der Geschichtsschreibung zu übergeben. Und die verdient ihren Namen nur, wenn darin auch Schuld oder zumindest Verantwortlichkeit nicht verschwiegen werden. Betrachtungen zur Deutschen Einheit räumen zunehmend ein, dass auf ihrem Weg Fehler gemacht wurden, auch gravierende. Doch dieses Eingeständnis wird meist reflexartig mit der Behauptung relativiert, angesichts von Maueröffnung, massenhafter Abwanderung, wirtschaftlichem Niedergang und dem Wunsch nach der D-Mark habe es keine Alternativen gegeben. Dem ist entgegenzuhalten: Wer Alternativen nie auch nur versucht hat, kann nachträglich schlecht glaubhaft machen, es hätte keine gegeben.

Zumal zu einer der interessantesten Fragen bis heute keine eigene Untersuchung bekannt ist. Wie war es möglich, das in vierzig Jahren gewachsene Selbstbewusstsein einer Bevölkerung in einem Vierteljahr auf den Kopf zu stellen? Im November 1989 sprachen sich 86 Prozent der DDR-Bürger für den »Weg eines besseren, reformierten Sozialismus« aus, nur fünf Prozent für einen »kapitalistischen Weg« (erhoben von den Leipziger Instituten für Jugend- und Marktforschung). Diese bemerkenswerte Einmütigkeit wurde von einer Ende Dezember 1989 veröffentlichten *Spiegel*-Umfrage bestätigt, in der trotz Maueröffnung immer noch knapp drei Viertel der Ostdeutschen wünschten, dass die DDR ein selbständiger souveräner Staat bleiben sollte.

Bei der Volkskammerwahl im März 1990 wählten ebenso viele den Weg einer Einheit im Kapitalismus. Zu diesem Phänomen ist nicht alles gesagt. Es ist sogar fast gar nichts dazu gesagt. Ahnt man, warum? Wer ein Tabu übertritt, wird selbst tabu. Denn das Übertreten ist ansteckend. Der- oder diejenige muss gemieden werden, wird zur sozialen Gefahr.

Nun sind Umfragen und Wahlen bekanntlich keine in Stein gemeißelten Überzeugungen, sondern Momentaufnahmen von im Wind schwankenden Stimmungen. Aber welche Winde waren es, die in so atemberaubend kurzer Zeit Stimmungen derart kippen ließen? Welche Tatsachen, welche Behauptungen, welche Propaganda, welche taktischen Winkelzüge der zu Wählenden haben die Wähler derart aufgeklärt oder manipuliert?

Wenn hier von Alternativen die Rede sein wird, so geht es nicht darum, nachträglich noch mal die Deutsche Einheit in Frage zu stellen. Die Nachkriegsgeschichte, in der die Teilung ihren Platz hatte, lief ab. Geblieben ist eine vom Zeitgeist ungeliebte Frage: Gab es (ohne die hier dokumentierten, massiven medialen Mittel von Halb- und Desinformation, von richtigen Enthüllungen und falschen Versprechen, von Angstkampagnen und Zermürbungsstrategien) nicht einen bedachteren Weg zu einer Einheit, die insbesondere im Osten nicht derart katastrophalen wirtschaftlichen und mentalen Schaden angerichtet hätte?

Erstmalig waren revolutionäre Aktionen, die die Massen ergriffen hatten, im Herbst 1989 weitgehend live im Fernsehen zu verfolgen. Die Wende schlüpfte auch in die Kinderschuhe der digitalen Revolution. Zahlen zur Sehbeteiligung, die das

DDR-Fernsehen immer erhoben hatte, wurden nun, da sie so erfreulich waren, veröffentlicht. Zu den Spitzenreitern gehörten plötzlich die Nachrichtensendung »Aktuelle Kamera« und Live-Übertragungen von politischen Ereignissen. Die Massenkundgebung vor dem ZK-Gebäude wurde von 54 Prozent der Gesamtzuschauer gesehen, die Kundgebung am 4. November von 44 Prozent und die Talk-Show »Warum wollt ihr weg?« von 43 Prozent. Die sonst nicht unbeliebte Sendung »Schöne Melodien gefragt« kam auf 1,6 Prozent.

Da die meisten Menschen sich ihr Weltbild über das Fernsehen formen, wäre vorrangig die Berichterstattung dieser Monate in den Ost- und West-Sendern zu untersuchen. Aber dazu bedürfte es wohl mehrerer Dissertationen und Zuarbeiten von ganzen Jahrgängen von Journalistik-Studenten. In den Mediatheken sind vorerst nur ausgewählte Dossiers zu finden. Schwierig genug, sich während des Corona-Lockdowns von Bibliotheks-Lesesälen einen groben Überblick über die Printmedien von damals zu verschaffen. Längst nicht alles ist schon digitalisiert, auch nicht die *Bild*-Zeitung, der als auflagenstärkste dennoch einige Aufmerksamkeit zukommen muss. Insgesamt kann hier nur mit wenigen Spots angedeutet werden, was durch künftige Forschung zu vertiefen wäre.

Erinnern wir uns zuvor an dieses Jahr 1989. Anfang Januar löst US-Präsident George Bush sen. seinen Vorgänger Ronald Reagan ab und verspricht, den Kurs der »neuen Nähe« gegenüber der Sowjetunion fortzusetzen. Ende Januar gewinnen SPD und Grüne die Wahlen zum Berliner Abgeordnetenhaus, Walter Momper wird Regierender Bürgermeister. In der Sowjetunion ist die Perestroika in vollem Gange. Im Februar werden die letzten Soldaten aus Afghanistan abgezogen – neun Jahre nach dem Einmarsch. Beide Länder sind erheblich geschwächt. 1,2 Millionen Afghanen und 15.000 Rotarmisten haben ihr Leben verloren. Dennoch kann sich die linke Regierung von Mohammed

Nadschibullāh militärisch und politisch halten. In Warschau beginnen im Februar Gespräche am Runden Tisch.

In der DDR finden im Mai Kommunalwahlen statt, wie immer nach der Einheitsliste der Nationalen Front. Schon bei der Vorstellung der Kandidaten vor den Wahlen gibt es Unmutsäußerungen, da man bei den letzten Wahlen zum Volksdeputiertenkongress in der Sowjetunion bereits zwischen verschiedenen Kandidaten wählen konnte. Kirchliche und oppositionelle Gruppen machen von ihrem Recht Gebrauch, die Auszählung der Stimmen zu beobachten. Dabei stellen sie in einzelnen Wahlkreisen Fälschungen fest. Das Vertrauen in die Regierung schwindet weiter, die Zahl der Ausreiseanträge steigt. Erich Honecker erkrankt an Krebs. In der DDR-Führung ist ein solcher Fall nicht vorgesehen, sie verfällt in den Sommer der Agonie.

Volkslektüre – eine Presseschau

»Welch ein Tag für Deutschland«, jubelt *Bild* am 2. Oktober auf dem Titel, mit Fotos von ausgereisten Besetzern der Prager Botschaft. »Menschen durften raus aus dem Schlamm, der Angst und einem geistigen Gefängnis, in dem sie zu ersticken drohten.« Zitiert wird ein Kfz-Elektriker aus dem Bezirk Halle: »Ich glaube, ich bin im Himmel. Endlich frei für immer.« Ein Ingenieur aus einer Brikettfabrik sagt es weniger pathetisch: »Wir haben eigentlich nicht schlecht gelebt. Es waren die vielen kleinen Dinge. Da willst du deinem Kind mal eine Banane oder Apfelsine mit in die Schule geben, aber die gibt es nur zweimal im Jahr. Richtige Butter gibt es im Delikat-Laden, aber da kostet sie sechs Mark.« Es sei ein Krisenmanagement zwischen New York und Oggersheim gewesen, die Ausreiseaktion sei in allen Einzelheiten von Kohl mitgesteuert worden. *Bild* macht selten ein Geheimnis daraus, wer ins rechte Licht gerückt und wer links liegen gelassen wird.

Frei für immer – wer wollte das nicht? Wie umkämpft der Weg dahin von Anfang an war, wie verschieden die Interessen und wie heillos verstrickt darin die Medien, dazu zunächst eine weitere Einstimmung.

Ab dem 4. Oktober, also lange vor dem Mauerfall, bietet *Bild* zusammen mit der Bundesanstalt für Arbeit täglich in einer ganzseitigen Anzeige »Arbeitsplätze für Flüchtlinge« an. Gesucht werden Raumpflegerinnen, Tischler, Schumacher, Omnibusführer, Krankenschwestern, Bäcker, Köchinnen, Autolackierer, Fliesenleger, landwirtschaftliche Helfer (der einstige Begriff Knecht wird vermieden). Die künftige Arbeitsteilung zeichnet sich ab, es ist keine einzige hochqualifizierte Arbeit dabei. Die vielen Ärzte, die die DDR verlassen, sind auf solche Anzeigen nicht angewiesen.

Am 7. Oktober, dem vierzigsten Jahrestag der DDR, fragt *Bild*: »Stammen wir alle von einem behinderten Affen ab?« Neue Erkenntnisse französischer Forscher legen dies nahe. Aber die Lektüre dieser Zeitung genügt schon als Beleg. Sie berichtet genüsslich, womit der Westen Übersiedler aus der DDR herüberlockt. Während überall auf der Welt Geflüchtete ein schweres Los haben, werden die aus der DDR kommenden gegenüber den Einheimischen privilegiert – das schaffen wir, wird der Eindruck vermittelt. Verteidigungsminister Stoltenberg verspricht, dass geflüchtete junge Männer zwei Jahre lang nicht zum Bund müssen, der Verband der Haus- und Grundeigentümer bietet Hilfe bei der Wohnungssuche an, und selbst die Amerikaner richten Spendenkonten ein und bieten Arbeitsplätze. Für Leute, deren Weggang die DDR natürlich destabilisiert.

Einen Tag später annonciert *Bild* Lebensversicherungen für alle Fünfzig- bis Siebzigjährigen. Bis zu 40.000 D-Mark Auszahlung nach nur dreijähriger Aufbauzeit. Die Ostdeutschen sind gänzlich unerfahren mit solchen Angeboten und viele schwer beeindruckt. Auch von der Behauptung, auf der Leipziger Montagsdemo am 10. Oktober hätten 70.000 Menschen (also alle Anwesenden) skandiert: »Wir sind ein Volk.« Wer dabei war, weiß, das stimmt nicht. Zu der Zeit hatte das emanzipierte »Wir sind das Volk« unter den Demonstranten noch die absolute Mehrheit. Immerhin räumt *Bild* ein: »Einige stimmten auch den Ruf ›Modrow-Modrow‹ an.«

Bösewicht

Angriffe mit variierend hohem Anteil an Denunziation treffen nun die verschiedensten Männer und Frauen aus der DDR, Politiker, Schriftsteller, Sportler, Ärzte, Wissenschaftler, selbst Tierpark-Direktoren. Die Fälle und Charaktere sind selbstredend höchst verschieden, aber niemand kommt ungeschoren davon.

»Der Sozialismus auf deutschem Boden steht nicht zur Disposition«, hat Honeckers Nachfolger Egon Krenz in seiner ersten Rede gesagt. Hat er noch nicht verstanden, dass das nicht mehr einer und nicht mehr eine Partei entscheidet? Für Springers *Bild* Grund genug, mit maßlosen Denunziationen den Volkszorn gegen ihn zu schüren. Am 20. Oktober, lange vor der Großdemo am 4. November, stellt das Blatt den »flotten Egon« vor. Krenz würde Links reden und Rechts leben. Er habe eine

> »zweistöckige Zwölf-Zimmer-Villa, an den Wänden alte Meister, in der Videothek junge Pornos, elektronische Cocktailbar [?], afrikanisch-kubanische [was nun?] Edelholztäfelung, Fußböden aus teuerstem italienischem Carrara-Marmor. Und in der Remise steht ein Jaguar… für die Jagd auf neue Blusen.«

Bild will von Alkohol-Exzessen von »Don Promillo« und von sechs [!] Zwangs-Trockenlegungen wissen. Als folglich der Zucker-Spiegel bedrohlich angestiegen sei, habe sich Krenz »für eineinhalb Millionen Westmark von drei eingejetteten US-Spezialisten eine Insulin-Pumpe einbauen« lassen. Wer je den Missbrauch von Boulevard-Phantasien für politische Absichten beschreiben wollte, vergesse diese Passage nicht.

Erst dreizehn Jahre später hat der Autor dieses Artikels, Reginald Rudorf, in dem von ihm herausgegebenen Buch: *Krenzfälle – die Grenzen der Justiz*, öffentlich für diese Berichterstattung Abbitte geleistet. Kaum sei klar gewesen, dass Krenz Honecker folgen werde, seien die Journalisten

> »mit Informationen der dritten Art über Krenz gefüttert [worden]. Man verlegte sich in den deutschen Medien – natürlich unverabredet aber instinktiv übereinstimmend – darauf, Krenz als Unsympathikus zu verzeichnen, als Mann eben, der nicht in Frage kommt.«

Rudorf hatte das von ihm beschriebene Haus nie gesehen, Krenz nicht gesprochen, von seiner angeblich angeschlagenen Gesundheit keine Ahnung. »Als Honecker ging und Krenz kam, faxte mir das Springer-Archiv hunderte Seiten Krenz-Materialien aus allen möglichen Nachrichten-Archiven zu, die zum größten Teil nicht stimmten.« Diese Fehlinformationen seien offenbar aus einer »Desinformationsquelle« gekommen, womöglich von der Stasi selbst, um den ungeliebten Honecker-Stürzer zu desavouieren. »Woher auch dieser Schwindel kam, er kam an«, so Rudorf.

Abenteuerliche Annahme, die Stasi habe nach Honeckers plötzlicher Ablösung, trotz nun also anderer, dringlicherer Sorgen, die Kapazitäten gehabt, innerhalb weniger Tage das Springer-Archiv mit Hunderten Fake-Seiten zu fluten. Auch hätte sie wohl kaum derart primitiv das Klischee von westlichem Luxus bedient, wusste sie doch wohl, dass Jugendfreund Egon mit einem Jaguar auf der Karl-Marx-Allee nicht weit gekommen wäre.

Aus denselben trüben Desinformationsquellen nährte sich nicht nur der Boulevard. *Der Spiegel* gibt in seiner Neujahrsausgabe 1990 vor zu wissen, Honecker sei »Eigner von vierzehn Luxuskarossen« gewesen. In Wahrheit besaß der SED-Chef und Staatsratsvorsitzende privat nicht ein Auto. Das hätte auch keinen Sinn ergeben, waren doch die sich selbst ghettoisierenden Spitzenfunktionäre aus Sicherheitsgründen nur in Dienstwagen mit Fahrer unterwegs. Ob Honecker in seinem Jagdrevier auch mal mit Margots Wartburg durch den Wald preschen durfte, ist nicht überliefert.

(Später wird nach flächendeckenden Ermittlungen »die Reservierung von Jagdgebieten für hochrangige Politiker« der Hauptanklagepunkt in den eher milden 22 Urteilen zum Thema »Amtsmissbrauch/Korruption« sein. Das Wiederbeleben dieser feudalen Tradition war unter Honecker das Privileg, das sich die führenden Kleinbürger leisteten. Als ich im Jahr 2000 den damaligen Generalstaatsanwalt Schaefgen fragte, weshalb es nach 100.000 Ermittlungsverfahren gegen alle, die irgendeine Art Verantwortung in der DDR trugen und von denen nur sechs Prozent zu Anklagen führten, kein einziges Urteil wegen Regierungskriminalität gefällt wurde, erhielt ich die Antwort: »Letzten Endes ist in der DDR kaum pure Regierungskriminalität festgestellt worden.«)

Die einst eingezäunte »Bonzensiedlung« in Wandlitz war ursprünglich von den heimgekehrten Emigranten, KZ- und Zuchthausbefreiten wohl weniger aus Motiven des versteckten Luxus als der versteckten Angst vor dem Klassenfeind und den eigenen Staatsgegnern mitten in den Wald gesetzt worden. Ihr architektonisch wenig ambitionierter Nachkriegscharme kann heute besichtigt werden. In der Cafeteria der jetzt benachbarten Reha-Klinik sagte eine Westberlinerin enttäuscht: »Doll war das nicht – eher sozialer Wohnungsbau.« Dennoch ist allein die Existenz dieser Funktionärssiedlung, die im Laufe der Jahre zunehmend mit Westwaren beliefert wurde, die andere bestenfalls im Intershop bekamen, ein berechtigtes Ärgernis in diesem Herbst des Verlangens.

Eine Palette von Denkmöglichkeiten

Aber noch ist alles offen. Der SPD-Parteivorsitzende Hans-Jochen Vogel betont, es gäbe neben der Wiedervereinigung oder dem Weiterbestehen zweier deutscher Staaten »eine ganze Palette der Denkmöglichkeiten«. Die von dem revolutionären Aufbruch erfassten Bürger gehen weit über das Denken hinaus. Das *Neue Deutschland* berichtet: Zahllose Resolutionen, zuerst die der Mitglieder des Schriftstellerverbandes, fordern offenen Meinungsstreit und diverse Untersuchungskommissionen. Auf der von den Schauspielern des Deutschen Theaters organisierten Großdemo am 4. November werden mit viel Witz Meinungs-, Reise- und Wahlfreiheit gefordert. Die Sympathien mit der sowjetischen Perestroika werden endlich offen benannt, der georgische Film »Die Reue«, der mit dem Stalinismus abrechnet, kommt in die Kinos. Im Archiv findet sich nun nach über zwanzig Jahren auch Frank Beyers »Spur der Steine« mit Manfred Krug. Der einst als »Staatsfeind« geltende Walter Janka liest aus seinem Buch *Schwierigkeiten mit der Wahrheit*, Heiner Müllers *Wolokolamsker Chaussee* wird geprobt, ebenso Plenzdorfs *kein runter kein fern*. Das Fernsehen zeigt den ebenfalls lange auf Eis gelegten Beyer-Film »Geschlossene Gesellschaft« mit Jutta Hoffmann und Armin Müller-Stahl.

Die Gründung eines neuen Studentenbundes wird vorbereitet wie auch der Entwurf eines neues Jugendgesetzes, eines Mediengesetzes und eines Polizeigesetzes. Das Präsidium der Akademie der Wissenschaften will nicht nur über die Grundwerte des Sozialismus nachdenken, sondern sich an Wirtschaftsreformen beteiligen. An einer Planung, die frei von Gängelei flexibel und eigenverantwortlich ist, an Preisen, die dem realen Aufwand und Verbrauch natürlicher Ressourcen entsprechen. Das alles ist so neu und aufregend, dass von der Stimmung des Aufbruchs, die manche auch als Euphorie empfinden, weit mehr als die eigentlichen Initiatoren ergriffen werden. Daran muss erinnert werden, wenn nachvollziehbar sein soll, wie tief der Propaganda-Hebel ansetzen muss, um eine Gemütslage zu kippen.

Am 23. Oktober weiß *Bild* dagegen wieder, wie die Stimmung zu stimmen hat, und titelt: »**D**eutsche **D**epressive **R**epublik«. Eine US-Psychologin hat typische Arbeiterkneipen aus Ost- und Westberlin beobachtet (was Arbeitern bekanntlich gar nicht auffällt, wenn sie in ihrer vertrauten Umgebung von einer fremden Dame mit Notizblock-Augen beforscht werden). »Ost-Zecher waren erheblich trübsinniger, tranken in gedämpfter Verfassung. Bei nur 23 Prozent (im Westen 69 Prozent) verriet ein kleines Lächeln eine positive Stimmung.« Im Westen würde doppelt so oft gelacht und verrate eine »aufrechte Körperhaltung« zwölf Mal öfter eine »aufrechte Seelenlage«.

Dagegen verrät die Seelenlage einiger West-Politiker, dass bei ihnen über die Demokratisierungsversuche im östlichen Sozialismus wenig Freude aufkommt. Für die Zielrichtung scheinbar selbstloser Hilfen wird sich erst später der ehrlichere Begriff »Regime change« durchsetzen. Am 1. November 1989 lässt die *Berliner Zeitung* ihre Leser wissen, dass die USA für Polen 400 Millionen Dollar Wirtschaftshilfe vorgesehen haben. Eine Delegation soll »Zielgebiete« für Reformen markieren und die »produktive Nutzung« der Hilfe garantieren. Damals klang das alles so nett. Wie auch die wirklich erfreuliche Meldung vom selben Tag, wonach die USA und die UdSSR ein Verbot von Chemiewaffen vorbereiten.

Erfreulich im Sinne der Bürgerrechtler auch die Debatte des EU-Parlaments in Straßburg, von der die FAZ am 26. Oktober berichtet. Denn dort geht es um die Einigung, die sie eigentlich meinen: Die Mehrheit der Parlamentarier befürwortet eine einheitliche europäische Währung mit einer gemeinsamen Zentralbank. Bis 1993 müsse ein Drei-Stufen-Modell beschlossen werden.

Am 2. November wird der tödliche Anschlag auf den Vorstandsvorsitzenden der Deutschen Bank, Alfred Herrhausen, gemeldet. Gleichzeitig beruhigt DDR-Wirtschaftsministerin Christa Luft, dass die Spareinlagen der Bevölkerung sicher sind. Die DDR habe eine Auslandsschuld von neunzehn Milliarden Dollar, was ziemlich genau die Summe war, die die nun herrhausenlose Deutsche Bank später bestätigte. Dagegen hatte der mit pädagogischen Absichten Richtung SED-Führung fatal überzogene Bericht vom Chef der Staatlichen Plankommission, Gerhard Schürer, für viel Verwirrung gesorgt. Um die Bereitschaft zu Perestroika in der Wirtschaft zu beschleunigen, wurden in dem Bericht alle Valuta-Schulden aufgelistet, ohne die Guthaben gegenzurechnen. Deshalb fiel er doppelt so dramatisch aus, wie es der Realität entsprach. Mit diesen Schreckenszahlen fuhr der ahnungslose Krenz zum ahnungslosen Gorbatschow und beide waren erschrocken. Dann gelangte der Geheime-Verschlusssache-Bericht auch noch an die Öffentlichkeit und erschreckte dort auch. Bumerang von Fehlinformation Ost.

Im *Neuen Deutschland* träumt ein aufgekratzter Volker Braun: »Die Erfahrung der Freiheit erleben wir in unserer angstlosen Entschlossenheit.« Dies sei die größte demokratische

Bewegung in Deutschland seit 1918 – »und die Bewegung geht wieder von unten nach oben«. Die Massen würden sich aus dem zentralistischen Sozialismus verabschieden. Unter der geplatzten, administrativen Larve der Gesellschaft rege sich ein ungelenkes, verwirrtes Wesen. Die Macht der Mehrheit! Ein kopfloses Ding, mit dem man nicht umgehen könne. (In der an die Repräsentanten abgegebenen Demokratie kann man das sehr wohl, diese Lektion wird unter manch anderer zu lernen sein.) »Ja, wir sind das Volk… Zeigen wir etwas von der Weisheit des Volkes?« Die losgelassenen Zeitungen seien schon dabei, »sich ihre glücklichen Namen zu verdienen«. »VOLKSEIGENTUM PLUS DEMOKRATIE; das ist noch nicht probiert, noch nirgends in der Welt. Das wird man meinen, wenn man sagt: Made in GDR. DIE VERFÜGUNGSGEWALT DER PRODUZENTEN.«

Daneben: Nun endlich ein Artikel über Rosa Luxemburg und die Freiheit der Andersdenkenden. Ohne freie ungehemmte Presse sei die Herrschaft breiter Volksmassen undenkbar, wird sie zitiert. Ungehemmte Presse? Darf man noch fragen, wem sie gehört? Herrschaft der Massen? Ist das die Revolution? Oder etwa ein Dauerzustand? »Kombinate sollen sozialistische Industriekonzerne werden«, berichtet am selben Tag die FAZ von der zehnten Tagung des ZK der SED. Generaldirektoren haben mehr Eigenverantwortung verlangt und »gingen sogar so weit«, darüber nachdenken zu wollen, wie sich Werktätige am Anlagevermögen der Betriebe beteiligen können. Sind Geist und Macht kurzzeitig auf derselben Spur? Wie lange wird das geduldet?

Die Initiatoren der Großdemo vom 4. November, die Vertrauensleute des Deutschen Theaters, wenden sich zwei Wochen später in einem offenen Brief verärgert an Kohl: »Wir wollen Sie nicht unter den Trittbrettfahrern unserer Reformbewegung sehen […]. Was sollen das außerdem für freie Wahlen sein, die mit dem Geld der Bundesrepublik erkauft werden?« Das war eine mehr als hellsichtige Frage, wie zu zeigen sein wird. Am folgenden Tag besteht die Mitbegründerin des Neuen Forums, Bärbel Bohley, in einem Interview in der *Berliner Zeitung* darauf, dass es jetzt um Selbstbestimmung gehe. Was uns vierzig Jahre verwehrt wurde und nun dabei sei, erfüllt zu werden, wolle man sich nun nicht von der BRD nehmen lassen.

Oberbösewicht

Wie nimmt man am besten? Da hat die Marktwirtschaft einen großen Erfahrungsvorsprung. Der Preis ist eine Variable des Images. Mit Öffnung der Mauer am 9. November war nun auch der Westpresse für alle das Tor geöffnet. Die Zeitungen wurden bald zum selben Preis in Ostmark angeboten oder auch verteilt.

Um das Image des neuen SED-Chefs hatten sie sich schon gekümmert. Nach dem Rücktritt der altgedienten DDR-Regierung hatte Egon Krenz im kleinen Kreis verlauten lassen, dass er sich als neuen Ministerpräsidenten Staatssekretär Alexander Schalck-Golodkowski vorstellen könne, weil der sich bestens in der DDR-Wirtschaft auskenne. Wenig später, am 20. November, bringt der *Spiegel* zufällig einen langen »Enthüllungsreport« über den »1,90 Meter großen Zweizentner-Mann«, der im Hintergrund gewirkt habe und daher fast unbekannt sei, obwohl er zu den »mächtigsten Männern der DDR« gehörte. Der Bericht der Redakteure Georg Böhnisch und Ulrich Schwarz sei vom Bundesamt für Verfassungsschutz lanciert worden, schreiben später die Historiker Jürgen Danyel und Elke Kimmel in ihrem Buch über die »Waldsiedlung Wandlitz«. Nicht näher benannte »ostdeutsche Insider« wissen in dem *Spiegel*-Report, dass es im westlichen Management kaum Leute gibt, die »so eiskalt, berechnend, glashart sind« wie »der Schalck«. Der Deviseneintreiber hatte einst den Strauß-Kredit eingefädelt, spätestens seither hätten sich auch westliche Geheimdienste für ihn interessiert. Man habe dort gewusst, dass er »ein Netz illegaler SED-Tarnfirmen« aufgebaut hat, aus deren Gewinn die DKP und Befreiungsbewegungen in der Dritten Welt finanziert werden.

Aber auch der erwünschte Luxus »der SED-Creme«. Ein nicht näher genannter Münchner Kaufmann will eigenhändig »mindestens fünfzig DDR-Bossen die komplette Einrichtung für ihre Datschen eingefahren« haben, das Teuerste sei gerade gut genug gewesen. Schalcks Leute im Westen hätten Schmiergelder kassiert, was westliche Konsumgüter wie italienische Schuhe für DDR-Käufer verteuert. Nebenbei geht es um beteiligte, schillernde Schwarzhändler wie Herschel Liebermann und Simon Goldenberg. Besagter Insider findet den Vergleich mit »Schutzgebühren der Mafia« nicht zu weit hergeholt. Andeutungsweise war das Imperium auch in Todesfälle verwickelt. »Unfein« und »kriminell« sind all die Machenschaften Schalck-Golodkowskis allemal.

Was den Volkszorn sicher am meisten geschürt hat, sind die anschaulich konkreten Behauptungen: Honeckers Sekretärin habe zu dessen 65. Geburtstag von den finanzkräftigen Westgeschäftspartnern 65 Kästen (!) Portwein des Jahrgangs 1912 erbeten. Und zum fünfzigsten Geburtstag von Margot Honecker habe ein Stasi-Mann bei einem Schalck-Partner Collier, Armband, Brosche und Ohrringe für 9405,40 D-Mark bestellt. Präsentiert wird eine namenlose Schmuckrechnung neben einem schmucklosen Foto von der Gattin. Verstöße gegen seriöse journalistische Beweisführungen allenthalben. Doch es geht um Wirkung und Verkaufszahlen.

Die Autoren hatten offenbar das Gefühl, dass die tatsächlich vorgefundenen Privilegien zum Empörungsmanagement nicht genügen. Kein Zweifel, dass dieser Artikel, sekundiert von der

Bild-Zeitung, Schalcks Abgang beschleunigt hat. Aber es ging letztlich nicht um die Bloßstellung einzelner Führungsfiguren, sondern um das Vorführen einer ganzen, verkommenen Kaste. Von hier, von der ganzen PDS, ja von diesem ganzen duldsamen Osten, so die eigentliche Botschaft, ist keinerlei brauchbare Praxis oder gar weiterführende Idee zu erwarten.

Im *Spiegel* Nr. 50/1989 informiert eine Hausmitteilung darüber, dass dieser Bericht über Schalck in der DDR Furore gemacht habe. Tausendfach kopiert, von Hand zu Hand gereicht, in Betrieben ausgehängt, wurde er zu einer »Volkslektüre«. Unter der Überschrift »Der Zorn wird täglich größer« werden noch einmal sieben Seiten nachgelegt, über das »Dickicht von Korruption, Amtsmissbrauch und persönlicher Bereicherung« einer Kaste, die ihre »Bürger wie Leibeigene hielt«. Selbst antisemitische Klischees müssen die Verdikte stützen – zieht doch »Oberbösewicht Schalck« als der »große Drahtzieher« die Fäden und macht »alle Kontakte zu Geld«. Bezeichnenderweise hat der »Geldexperte« seine Geschäfte »gefingert«. In seinem Dunstkreis tummeln sich »zwielichtige Figuren, die immer bereit sind zur schnellen Mark«. Zu ihnen gehört Simon Goldenberg, »ein Mann mit bewegter Vergangenheit«, über die mehr erfahren zu wollen sich in Deutschland wohl nicht schickt. Um der »aufkommenden Pogromstimmung« Herr zu werden, rufen Bürgerrechtler zu »Ruhe und Besonnenheit« auf.

Als die DDR-Staatsanwaltschaft wenig später, nach Schalcks Flucht in den Westen, seine Hinterlassenschaft untersucht, zeigen sich die Fachleute von der überaus akkuraten Buchführung beeindruckt, alle Einnahmen seien an den Staatshaushalt abgeführt worden. Auch wenn er unkritisch die Wünsche der Politbüromitglieder erfüllt hätte, sei er doch ein »handelspolitisches Talent ersten Ranges« gewesen.

In seinen im Jahr 2000 im Rowohlt-Verlag erschienenen Memoiren beschreibt Alexander Schalck-Golodkowski die gegen ihn geführten bundesdeutschen Ermittlungsverfahren. »Zeitweilig waren es über fünfzig gleichzeitig [...]. Mein ganzes berufliches und privates Leben wurde ausgeleuchtet.« 1991 war auch der »Schalck-Untersuchungsausschuss« des Bundestages gebildet worden, acht Jahre lang habe er den Großteil seiner Zeit mit Vernehmungen verbracht. Die Anklagen lauteten auf ungenehmigten Devisentransfer, Vertrauensmissbrauch und schwere Schädigung sozialistischen Eigentums, Steuerhinterziehung in der Bundesrepublik zugunsten der DDR, Amtsmissbrauch und Korruption. In ausnahmslos allen diesen Verfahren gab es einen Freispruch oder die Staatsanwaltschaft stellte die Strafverfahren ein. Zu einer Bewährungsstrafe von einem Jahr erging 1996 ein Urteil wegen ungenehmigten Bezugs von Nachtsichtgeräten und Jagdwaffen – Verstoß gegen das Militärregierungsgesetz Nr. 53. Diese Bewährungsstrafe wurde um vier Monate erweitert wegen ungenehmigten Bezugs von Bauteilen für die Produktion von Mikrochips nach demselben Gesetz. Das war alles.

Den Vermutungen, dass Schalck-Golodkowski wegen seiner Kooperationsbereitschaft mit dem BND und guten Kontakten zu bundesdeutschen Wirtschaftskreisen von der Justiz geschont wurde, widersprach der damalige Justizminister Klaus Kinkel energisch. Schließlich lebe man im Rechtsstaat. Wie immer man die gegensätzlichen Bewertungen von Medien und Justiz erklären mag, sie waren mehr als irritierend. Nach Jahrzehnten des Verdrusses über die eigene Presse waren viele Ostdeutsche voller Erwartung auf Medien, denen man nun glauben könne. Ich nehme mich da nicht aus. Die bisherige Schwarz-Weiß-Malerei der eigenen Presse war leicht durchschaubar, sowohl durch das erkennbare Ausblenden von allem Unerfreulichen und Kritischen wie auch durch das Hochjubeln von Teilerfolgen. Das Ganze wurde weiter entwürzt durch protokollarische Hofberichterstattung und formale Langweiligkeit.

Mit völlig frei erfundenen Fakes und den Räuberpistolen des Boulevards hatte man jedoch eher selten zu tun. Angesichts der eingeschränkten Reisemöglichkeiten rächte sich nun auch das Fehlen von Vergleichskultur.

Kaum jemand wird je gelesen haben, wie Rudolf Augstein unter dem Motto: Ich mach mir das Leben durch Sarkasmus erträglich bis fröhlich, in einem *Spiegel*-Kommentar vom 14. Juli 1969 entsetzlich scherzte: »Das kapitalistische Pressesystem beruht auf dem unveräußerlichen Grundrecht jedes Kaufmanns, dumme Käufer aufzusuchen und noch dümmer zu machen.«

Auch die DDR-Medien befassen sich nun immer wieder mit Korruption, allerdings besser belegt und sachlicher. Am 29. November liest man im *Neuen Deutschland* über das Wochenendhaus von Ministerpräsident Willi Stoph im Naturschutzgebiet östlich der Müritz. Offensichtich hatten alle Politbüro-Mitglieder viel Wert auf ein nicht nur komfortables, sondern auch einsames Rückzugsgebiet aus dem öden Ghetto Wandlitz gelegt. Dafür mieteten sie meist eher bescheidene Jagdhütten, die im Besitz der örtlichen Forstwirtschaft waren, und ließen sich diese dann für DDR-Verhältnisse luxuriös ausbauen. Gerade in dem Verrat an sozialistischen Gleichheitsidealen gründete die nun zu Recht um sich greifende Empörung, die den Standard gehobenen westlichen Reichtums, von Luxus-Yachten über Privatjets bis zu weitläufigen Golfplätzen, nicht kannte.

Die Befragungen des inzwischen gebildeten Untersuchungsausschusses der Volkskammer zu Fällen von Funktionsmissbrauch und Korruption werden jetzt live im DDR-Fernsehen übertragen. Kurz vor Weihnachten, am 20. Dezember, sagt die zurückgetretene Margot Honecker unter anderem aus, »ein Diamantencollier oder ähnliche Reichtümer« habe sie nie besessen.

Ende November fordern die Jusos mehr Demokratie in der Bundesrepublik. Gerade Bayern und Baden-Württemberg könnten sich »in Sachen Demokratie von der DDR bald überholt« betrachten, wenn sie zum Beispiel nicht auch, wie an der Humboldt-Universität, die Wahl unabhängiger Studentenräte zulassen würden. Der Demokratisierungsdruck beginnt, auf den Westen überzugreifen.

Am 1. Dezember berichtet die FAZ über den Aufruf »Für unser Land« von 36 DDR-Bürgerrechtlern und Künstlern, die sich aus Sorge vor politischer und wirtschaftlicher Vereinnahmung für den Erhalt der DDR als »sozialistische Alternative zur Bundesrepublik« aussprechen. Zu den Initiatoren gehören Christa Wolf und Stefan Heym. Aus dem Westen kommt prominente Unterstützung unter anderem von Günter Grass und Max Frisch. In den nächsten sechs Wochen unterschreiben über eine Million DDR-Bürger dieses Anliegen, darunter der spätere CDU-Ministerpräsident Lothar de Maizière, der die Einheit erst nach einem Besuch bei Kohl vorantreiben wird. Der Sprecher der Ost-SPD, Markus Meckel, will zu dieser Zeit auch lieber noch über Konföderation verhandeln. Er kritisiert Kohls Endziel der Wiedervereinigung, das dieser in seinem Zehn-Punkte-Programm in einer Bundestagsrede am 28. November überraschend verkündet hat. Es sei zu bezweifeln, ob dies im Interesse der DDR liege und ob die Bevölkerung der DDR sie wirklich wolle, so Meckel. Der »Mauerfall« hat bei den politisch Aktiven noch keinen Fall der Überzeugungen bewirkt.

Wie reagierte die Zeitung der Ost-CDU, *Neue Zeit*, auf das Programm des Chefs der Schwesterpartei? Einen Tag später geht sie im Gegensatz zu anderen Zeitungen, geradezu widerspenstig, mit keinem Wort darauf ein. Stattdessen auf der

Titelseite Zustimmung für den Künstler-Appell »Für unser Land« und für eine neue Qualität des Lebens in der DDR. Zitiert wird aus einer Rede von Lothar de Maizière vor dem demokratischen Block, den er dafür kritisiert, dass es auf seinen Sitzungen selten zu gleichberechtigten Debatten kam. »Schuld daran sind wir alle«, räumt er unüblich selbstkritisch ein. Lebendigen Dialog erwartet er nun vom Runden Tisch, der die politische Zukunft bestimmen wird. »Bisher spricht einiges für den Eindruck, dass der Begriff des Sozialismus noch die tragenden Werte für die Mehrheit der politischen Kräfte bezeichnet.« Es sei künftig aber sorgfältig darauf zu achten, was darunter verstanden werden darf und was nicht.

Es werden zwei weitere Tage vergehen, bis das Zentralorgan der Ost-CDU am 1. Dezember auf der hinteren Seite sechs, neben dem Automarkt, den Wortlaut von Kohls Zehn-Punkte-Plan abdruckt. Ohne jeden Kommentar. Was alles sagt. Auf den Seiten davor geht es um Wichtigeres. Der Ost-CDU-Vorsitzende würdigt ein weiteres Mal den »Appell für unser Land«, als Hoffnungszeichen für Menschen verschiedener Ansichten mit einer Stimme zu sprechen, wenn es um die Existenz und die demokratische Erneuerung unseres Staates geht. »Alle Mitglieder der CDU, die sich die Aussagen des Aufrufes zu eigen machen können, werden gebeten, dies durch ihre Unterschrift zu bekunden.«

Darunter die Meldung, die Aktion Sühnezeichen habe gemeinsam mit dem Neuen Forum zum Ersten Advent zu einer Menschenkette aufgerufen. Hand in Hand solle festgehalten werden, »an unserem Land, an der Reformbewegung«. Wolfgang Meyer, der Regierungssprecher, ein ganz neues Amt in der DDR, berichtet von der Kabinettssitzung, in der mit übergroßer Mehrheit deutlich gemacht wurde, »dass eine Wiedervereinigung Deutschlands in Form der Vereinnahmung der DDR durch die BRD nicht auf der Tagesordnung stehe«.

Unten auf Seite eins die Meldung, dass die Häuser von Erich Honecker, Günther Kleiber und Willi Stoph, die in den ehemaligen Staatsjagdgebieten lagen, versiegelt wurden. Es handele sich um missbrauchtes sozialistisches Eigentum. Diese Immobilien gehörten ihnen genauso wenig wie die Häuser in Wandlitz, wo sie auch nur Mieter waren. Die Miete dort soll zwischen 300 und 600 Mark betragen haben – für DDR-Verhältnisse viel. Da sie wohl auf Grund von Spurenelementen einstiger Ideale keine Eigentümer von Immobilien waren, hatten sie nun alle Häuser zu verlassen.

Und wie stand es um die Spurenelemente einstiger Einstellungen bei den Block-Parteien aus der »Nationalen Front«, die im Volksmund gern »Blockflöten« genannt wurden? Wir sind immer noch in der Ausgabe der *Neuen Zeit* vom 1. Dezember. Auf Seite drei ein Diskussionsbeitrag zu einem Positionspapier der Ost-CDU, der die Differenzen zur West-CDU thematisiert. So würden CDU/CSU an der von den DDR-Kirchen verworfenen Strategie der Abschreckung festhalten. Die Kirchen Südafrikas würden die DDR-Christen immer wieder wissen lassen, dass die BRD zu den größten Handelspartnern des Landes gehörte und so zur Stabilisierung rassistischer Strukturen beitrüge. Generalsuperintendent Günther Krusche habe erst kürzlich wieder betont, dass das Evangelium mit seiner Orientierung auf Frieden und Gerechtigkeit in einer größeren Nähe zum Sozialismus steht als zum Kapitalismus. »Weil der Sozialismus die Hoffnung der Armen ist, deshalb bleibt er unsere Aufgabe.« Dazu ein Beitrag mit konstruktiven Vorschlägen, wie die Mängel der DDR-Wirtschaft zu beseitigen sind. Auch die Kirche hat also Ende 1989 noch keine Veranlassung gesehen, die DDR aufzugeben. Kirche im Sozialismus und Sozialismus in der Kirche.

Auf Seite fünf fast ganzseitig ein Opferprotokoll eines Demonstranten vom 8. Oktober in Berlin. Dann endlich Kohls Zehn-Punkte-Plan für den »Weg zur deutschen Einheit«. Kern ist die klare Ansage, dass finanzielle Hilfe und Zusammenarbeit nur dann ausgeweitet würden, wenn »ein grundlegender Wandel des politischen und wirtschaftlichen Systems in der DDR« verbindlich beschlossen, das heißt im Klartext: kapitalistische Betätigung ermöglicht, würde. Letztlich forderte der Kanzler für sein Geld schon hier das Recht aufs Mitregieren, bei Selbstaufgabe der DDR. Das war noch nicht Konsens in der Schwesterpartei. Wie ist es gelungen, diese Ost-CDU innerhalb von zwei Monaten auf gegenteilige Positionen umzupolen? Genügte dafür die Drohung mit den Resten einer nichtssagenden Stasi-Akte? Die Frage zu beantworten wird später versucht werden.

Die *Berliner Zeitung* vom 2. Dezember: Die Volkskammer der DDR entschuldigt sich »in Übereinstimmung mit Willensäußerungen von Bürgern« für »die Beteiligung der DDR an militärischen Aktionen von Staaten des Warschauer Vertrages« im August 1968 in der Tschechoslowakei. Ein Beispiel, wie erfolgreich wiederum die DDR-Propaganda ihre Bürger getäuscht hatte. Allen wurde – peinlich genug – glauben gemacht, die Nationale Volksarmee habe sich an dem verhängnisvollen Einmarsch in die Tschechoslowakei beteiligt. Zwar war die DDR bei allen Resolutionen und Treuebekundungen des Bündnisses dabei und die Presse hat die humanitäre Intervention, wie man heute sagen würde, als unumgänglich verteidigt. Aber deutsche Uniformen sollten dann doch nicht wieder in Prag einmarschieren, das hatte Walter Ulbricht verhindert. Keine Division hat die DDR verlassen, aber das hatte sich wohl bis zu den Abgeordneten selbst nach über zwanzig Jahren noch nicht herumgesprochen. Es war aber auch die Zeit, in der man mit kaum etwas so viel Einsicht und Erneuerungswillen beweisen konnte wie mit Entschuldigungen. Und Revolutionen haben keine Zeit für Dementis. Auf einen Fake mehr oder weniger kam es nicht an.

Die zweite Möglichkeit, seine revolutionäre Entschlossenheit zu beweisen, ist für bislang duldsame Genossen und Blockflöten aus dem Justizapparat, jetzt mutig Klage gegen höhere Funktionäre zu erheben. Recht so, aber etwas spät. Auch der ehemalige CDU-Vorsitzende Gerald Götting ist angeklagt. Er hat sein Ferienhaus in Ahrenshoop zwar 1973 für 23.000 Mark gekauft, es dann aber auf CDU-Kosten für 183.000 Mark ausbauen lassen. Ein Unrechtsbewusstsein hat er nicht, da das Haus auch zu Treffen und politischen Gesprächen genutzt wurde. Der Umgang mit Eigentum war lax. Gemeldet wird, dass ein Untersuchungsausschuss der Volkskammer unter anderem herausfinden will, wer den staatlichen Zuschuss von 100 Millionen Mark für das neue Gewerkschafts-Gebäude in Berlin bewilligt hat.

Die Aufkäufer sind da

Westfirmen dürfen rechtzeitig vor Weihnachten mit Anzeigen in der DDR werben, selbst in der auflagenstärksten Zeitung *Junge Welt* mit ihren 1,6 Millionen Exemplaren. *Die Welt* berichtet, die Düsseldorfer Kemper's Deutschland GmbH, »Makler für Immobilien in erstklassigen Citylagen«, hat bereits Kontakte in der DDR und Ostberlin aufgenommen. Sie seien auf viel Interesse gestoßen. Daneben die Meldung, dass die Hauptgemeinschaft des Deutschen Einzelhandels »intensive strategische Planspiele über die Chancen im DDR-Markt« bestätigt. Günter Gaus warnt am Ende des Jahres in seiner »Rede an die Deutschen« (*Blätter für deutsche und internationale Politik*): »Während sonst Leute, die Geld haben, die Orte von Revolutionen meiden, kann man hier, wenn man sich auskennt, die westlichen Gesichter studieren, etwa im Palasthotel, wo ich wohne – die Aufkäufer sind da!«

Derweil fürchtet Momper Schwarzarbeit von Ostberlinern in seinem Teil, in dem es 85.000 Arbeitslose gäbe. Konstruktiv klingt Kurt Biedenkopf, der dem Reparations-Ausgleichs-Plan des Bremer Historikers Arno Peters positiv gegenübersteht. Die DDR habe 98 Prozent der Nachkriegsreparationen für ganz Deutschland bezahlt, weshalb die BRD nun eine Art Lastenausgleich von 727 Milliarden D-Mark an die DDR zu zahlen habe. Was übrigens etwa das 36-Fache der Valuta-Verschuldung der DDR gewesen wäre. Biedenkopf betont, dass diese Zahlung keine »Hilfe«, sondern eine Verpflichtung sei. Die BRD sei eine Art Treuhänder gewesen für das ersparte Kapital, mit dem man arbeiten konnte. Dieses Treugut müsse nun zurückgegeben werden.

Am 4. Dezember bringt *Der Spiegel* eine kurze, einspaltige Meldung. Schweiz: »Wie die Stasi«. Eine Schweizer Parlamentskommission, die eigentlich die Amtsführung der zum Rücktritt gezwungenen Justizministerin untersuchen wollte, hat nebenbei herausgefunden, dass Beamte der Schweizer Bundespolizei jahrelang auf 900.000 Registraturkarten eine Viertelmillion Personen wegen angeblich »staatsfeindlicher Aktivitäten« erfasst haben. Darunter 200.000 Schweizer, die in dem »gigantischen Staatsschutzarchiv« verzeichnet sind. Das ist bei damals etwa 6,5 Millionen Bewohnern eine Intensität, die der Stasi ernsthaft Konkurrenz macht.

»Statt Drogenhändlern und Geldwäschern schnüffelten die blindwütigen Observanten allem hinterher, was sie als links oder grün betrachteten. Rechtsextremisten ließen sie als bloße ›Schlägertypen‹ ungeschoren, da diese ›nicht subversiv tätig‹ seien.« Ungeprüft seien Mitteilungen von Denunzianten übernommen worden. Selbst die Beteiligung an Unterschriftsbogen für Referenden galt als verdächtig – in der Schweizer Vorzeigedemokratie in Sachen Volksabstimmungen ein bemerkenswertes Delikt. Genau wie der Umstand, dass selbst siebzig

Nationalräte als Verdächtige erfasst waren. Innerhalb von vier Tagen seien bereits tausend Anträge auf Akteneinsicht eingegangen – ein Recht wiederum, dass damals zwar im Osten eingeführt wurde, im Westen allerdings weit schwieriger zu verwirklichen war.

Wenn diese Mini-Meldung hier erwähnt wird, dann nicht, um en passant zu behaupten, westliche Geheimdienste seien und sind auch nicht besser. Eine ungehinderte, vergleichende Forschung auf diesem Gebiet wird es sobald nicht geben. Hier geht es um Meinungsbildung. »Wie die Stasi« hieß es zwar – nur, dass die Berichterstattung ganz und gar nicht gleich ausfiel. Ganz nach dem von Noam Chomsky in seinem Buch *Media Control. Wie die Medien uns manipulieren* beschriebenem Modell prägt sich ein Thema nicht durch einmalige Erwähnung ein – da erfüllt es nur den Zweck, faktische Pluralität zu beweisen –, sondern durch permanente Wiederholung und Dramatisierung. So wurde die Stasi, die den Volkszorn wahrlich nicht ohne Grund auf sich gezogen hatte, allein an den mittelalterlichen Pranger gestellt. Bis heute hat sich das Bild der flächendeckenden Observierung und Unterdrückung verfestigt. Während der sich aus Zahlen der zuständigen Bundesbehörde ergebende Umstand, dass zu keinem Zeitpunkt mehr operative Vorgänge als zu einem halben Prozent der Bevölkerung verfolgt wurden, keine Chance auf Kenntnisnahme hat. Damals haben Journalisten die Chance vertan, die Öffentlichkeit für den erst Jahre später von Snowden ins Bewusstsein gebrachten Umstand zu sensibilisieren, in welchem Ausmaß auch westliche, »demokratische« Geheimdienste unbefugt observieren und verdächtigen, und vor allem, wie sehr Rechtsextremisten davon ausgenommen werden.

Immerhin wird *Der Spiegel* demnächst aufdecken, dass der Bundesnachrichtendienst bis in die Februartage 1990 »ungebeten in DDR-Briefen herumgeschnüffelt« hat. Staatsminister

Lutz Stavenhagen wird bestätigen, dass man »Sachinformationen erfassen« wollte, um rechtzeitig »die Gefahr eines bewaffneten Angriffes auf die Bundesrepublik zu erkennen«. C'est le moment ou jamais, wie die Franzosen sagen. Jetzt oder nie könnte die Nationale Volksarmee mit einem Angriff den NATO-Bündnisfall auslösen wollen. Und Tante Emma würde es in ihrem Brief verraten. Für wie einfältig hält der BND die Öffentlichkeit? Markus Wolf dürfte geschmunzelt haben. Er war in Sachen NATO-Aufklärung wohl kaum auf Privatbriefe angewiesen. Und wie großzügig gehen Staatsanwälte über die Verletzung des Briefgeheimnisses hinweg – ein Delikt, vor dem die »Mitbürger der DDR« offenbar nicht geschützt sind und das erst bei den Stasi-Kollegen wiederentdeckt werden wird.

Vorerst schreibt die *Berliner Zeitung* am 5. Dezember treffend: Im ganzen Land gibt es Bekundungen des Zorns und der Empörung über Machtmissbrauch, Korruption, Verbrechen und Versuche zur Verdunkelung krimineller Vorgänge. Die FAZ fällt nicht selten durch Versachlichung auf. Zwei Tage später heißt es dort, nur mit Kopfschütteln seien in der Schweiz Behauptungen von (plötzlich Opposition gewordenen) Abgeordneten in der Berliner Volkskammer zur Kenntnis genommen worden, die DDR verfüge angeblich über hundert Milliarden D-Mark auf Schweizer Nummernkonten.

Der Spiegel vom 11. Dezember scheint betroffen: »Bei niemandem weckt die Annäherung der beiden Teile Deutschlands so viel Angst wie unter Juden.« In New York habe Friedensnobelpreisträger Elie Wiesel an die Juden der ganzen Welt appelliert, »gegen einen neuen deutschen Einheitsstaat Front zu machen«. Und die *Jerusalem Post* findet, die Mauer der Teilung »als Symbol der Bestrafung« für Weltkrieg und Holocaust abzureißen, sei zu früh. Wie beschämend, dass die Ängste nicht unbegründet waren, da normales jüdisches Leben ohne Polizeibewachung in Deutschland heute kaum mehr möglich ist.

Aber damals fand Anderes Aufmerksamkeit. Am 12. Dezember zeigt die FAZ in einem Beitrag zur Dresdner Bank, welche Interessen sie – ganz sachlich – vertritt: Die Entwicklung im Osten Europas und in der DDR sei eine historische Chance für die Bank. »Es werden intensive Gespräche geführt, auch in Bezug auf den Standort Dresden.« Und es gebe keine bessere Hilfestellung für die Bewohner der DDR als die Gründung von Gemeinschaftsunternehmen. Doch die Ostdeutschen kennen ihren Brecht. »Was ist ein Einbruch in eine Bank gegen die Gründung einer Bank?« Sie bleiben skeptisch.

Bundespräsident Richard von Weizsäcker ermahnt Mitte Dezember im DDR-Fernsehen als Erster die westdeutsche Publizistik, sie solle die Vorgänge in der DDR »nicht für hiesige Zwecke instrumentalisieren«. Die hiesigen Zwecke sind für die Konservativen der Erhalt und die Festigung des Status quo in der BRD.

Zu Weihnachten bringt *Der Spiegel* Nr. 52/1989 Ergebnisse der ersten DDR-repräsentativen Umfrage im Auftrag von *Spiegel* und ZDF. Um zu verstehen, wie und wann Einstellungen sich dramatisch verändert haben, muss man zunächst wissen, wie die Ausgangslage war. »Die Volksmeinung in der DDR schien zur Zeit der Umfrage eindeutig zu sein: Nur 27 Prozent wollten, dass ›die DDR mit der BRD einen gemeinsamen Staat bilden soll‹. 71 Prozent sprachen sich dafür aus, ›dass die DDR wie bisher ein souveräner Staat bleiben soll‹.« 44 Prozent können sich langfristig eine Konföderation oder einen Staatenbund vorstellen. Das entsprach dennoch gar nicht der von Kohl gleich nach Öffnung der Mauer geäußerten Gewissheit, dass die DDR-Deutschen nichts als die Einheit wollen. Da war also noch viel Überzeugungsarbeit zu leisten. Zumal nach westlichem Maßstab ungewöhnlich viele, nämlich 53 Prozent, angeben, sie wüssten noch nicht, wen sie bei der nächsten Wahl wählen würden.

Ein weiterer Beleg dafür, wie offen die Situation noch war. Viele neue Bürgerrechtler sind nach dieser Umfrage noch gar kein Begriff, haben also nicht dieselben Chancen wie in Ost und West bekannte Parteien. Die SED müsse auf ihre auflagenstarken Zeitungen verzichten, schlägt *Der Spiegel* schon mal vor. Noch ist die *Bild*-Zeitung nicht, wie im Westen, das meistgelesene Blatt, aber es wird nicht mehr lange dauern, bis auch diese Angleichung vollzogen ist.

Die meisten parteilosen DDR-Bürger sind dafür, die VEB in genossenschaftliches Eigentum zu überführen, manche für Privatisieren. Die meisten SED-Mitglieder sind dagegen. Nur 37 Prozent aller Befragten befürworten »ein Wirtschaftssystem ähnlich wie in der BRD«. Das ist nun wirklich erstaunlich. Hat sich doch die Meinung verfestigt, dass man in der DDR von Anfang an nichts anderes wollte als so leben wie im Westen. Ende 1989 war trotz Begrüßungsgeld bei offener Mauer, trotz besonderer Hilfe bei Job- und Wohnungssuche, trotz Volkszorn schürender Tatsachen und Fakes, trotz Stasi-Pranger noch keine flächendeckende Abkehr von der DDR vollzogen.

Erstaunlich, dass 63 Prozent in der DDR mit ihren Wohnungen zufrieden sind, im Westen 79 Prozent (unter Jugendlichen äußern sich im Osten allerdings vierzig Prozent negativ.) 79 Prozent der Befragten erklären, dass sie »bestimmt hier bleiben«, fünfzehn Prozent halten es für wahrscheinlich, nur ein Prozent sitzt auf gepackten Koffern. Gerade mal sechs Prozent können noch verstehen, weshalb man heute noch wegwill, über die Hälfte versteht es gar nicht. Kaum jemand bezweifelt im Osten, dass der Lebensstandard im Westen höher, die Wirtschaft leistungsfähiger und der Umweltschutz besser ist. Aber mit ebenso großer Mehrheit sind sich die Ostdeutschen zu Weihnachten 1989 bewusst, dass sie bei der sozialen Sicherung, der Gleichberechtigung der Frauen und der Betreuung der Kinder überlegen sind. »In diesen Zahlen tritt ein Selbstbewusstsein vieler DDR-Bürger zutage«, wundert sich *Der Spiegel*.

Rückblickend war es schon erstaunlich, dass große Mehrheiten den Initiatoren der »friedlichen Revolution« so lange folgten. Leuten, die sie kaum kannten, die nicht professionell organisiert waren und auch weniger Medienpräsenz hatten als die Profis.

Um diesen Stolz abzubauen, werden künftig viele Anstrengungen unternommen werden. Kleinlaute stellen kleinere Forderungen. Wann kam der Kipppunkt? Am Jahresende ganz sicher noch nicht. Am 30. Dezember wird in der FAZ vorausgesagt: Mit Kanzlerkandidat Lafontaine wird die SPD stärkste Partei in DDR. Mit ihm ist das nationale Thema der CDU aus der Hand genommen. Der Linkspopulist werde die sozial Unzufriedenen, die ohnehin zwei Drittel der Ost-Wähler stellen, einfangen. »Sicher ist nur eines: Die Wiedervereinigung kommt 1990 nicht.«

Das Blatt zitiert aus Hans Modrows Neujahrsbotschaft: »Es wird auch künftig keinen Ausverkauf von Betrieben geben. Jeder Bürger möge wissen, dass seine Spareinlagen sicher sind.« Der deutschlandpolitische Sprecher der CDU/CSU, Eduard Lintner, warnt sogar, wenn es der SED gelinge, zwei Millionen Parteimitglieder als Wähler zu gewinnen, die von einem demokratischem Staat nichts oder gar Rechenschaftspflicht zu erwarten hätten, könne die SED als stärkste Partei hervorgehen. Vorsicht sei daher bei der Zusage finanzieller und wirtschaftlicher Hilfe geboten. »Sonst könnte der Sozialismus in der DDR länger als unbedingt nötig durch unsere unbedachte, voreilige Großzügigkeit am Leben erhalten werden.«

In seiner Neujahrsausgabe lästert *Der Spiegel*: »Beim weihnachtlichen Schaulaufen der Nerzmäntel Unter den Linden in Ost-Berlin befiel manch einen ein Vorgeschmack auf die drohende Inbesitznahme der DDR durch West-Berlins smarte Freizeitgesellschaft.« Dass die Ostdeutschen einen Preis für ihre neue Freiheit zahlen müssten, scheine schon jetzt sicher. Allein am Berliner Bahnhof Friedrichstraße habe der DDR-Zoll von Heiligabend bis zum Zweiten Weihnachtsfeiertag elf Westler mit Rauschgift im Gepäck geschnappt. Kontrollen wurden auch angekündigt, um die Mitnahme von subventionierten Billigwaren von Ost nach West einzudämmen.

Gegen das weitere Abwandern von Fachkräften aus der DDR schlägt der bundesdeutsche Ministerialdirektor Ulrich Pfeifer einen »Befreiungsschlag« vor: Einen Bonner »Lastenausgleich« von jährlich fünfzehn Milliarden Mark. Der solle jedem DDR-Bürger zehn Jahre lang tausend D-Mark bescheren, sofern er »drübenbleiben« und am wirtschaftlichen Aufbau mitarbeiten wolle. Das Geld werde in Form gekaufter Güter wieder zurückfließen. Ja, man hätte alles auch ganz anders machen können. Ohne einen derartigen Lastenausgleich ist die Einheit viel teurer geworden. Nicht nur ökonomisch.

Windows of Opportunity

Am 3. Januar 1990 demonstrieren in Ost-Berlin 250.000 DDR-Bürger. Aber nicht für die Einheit. »So viel Zulauf hatte die SED-PDS schon lange nicht mehr«, ärgert sich *Der Spiegel*. Noch einmal legt der östliche Antifaschismus Zeugnis davon ab, dass er auf Verordnung nicht angewiesen ist. Rechtsradikale und antisowjetische Schmierereien an vielen Soldatengräbern am Ehrenmal für die Rote Armee in Berlin-Treptow lassen Gregor Gysi von der »Gefahr von rechts« sprechen. Wer Neonazis ins Land lasse, der müsse auch über die staatliche Autorität verfügen, die Gefahr zu bannen. »Sonst brauchen wir über demokratische Entwicklung gar nicht zu reden.« *Der Spiegel* hält es für das Aufpolieren eines alten Feinbildes. Und streut Gerüchte, wonach alte Tschekisten das »Treptower Getöse«

womöglich selbst inszeniert haben, um ihre Unentbehrlichkeit zu demonstrieren. »Beweise gibt es nicht«, räumt das Blatt ein. Aber die Stasi ist inzwischen – nicht unverschuldet – für jede Art von Verdächtigung vogelfrei.

Von der *Berliner Stimme*, einer etwas provinziell anmutenden West-SPD-Zeitung, werden Anfang Januar 50.000 Exemplare in Ostberlin verteilt. »Denkt an Karl und Rosa«, heißt es da – mindestens drei Großveranstaltungen wird es in Berlin geben. Liebknecht, Luxemburg und die SPD – ein bis heute sensibles Thema. Der SPD-Parteitag hat nicht nur ein neues Grundsatzprogramm verabschiedet, sondern auch eine deutschlandpolitische Erklärung. »Wenn es wahr ist«, so Willy Brandt, »dass die Teile Europas zusammenwachsen, was ist dann natürlicher, als dass die Deutschen in den Bereichen, in denen sie mehr als andere in Europa gemeinsam haben, enger mit einander kooperieren?« Aber bitte mit »Geduld und Gelassenheit«. Geduldiger kooperieren – niedriger kann man seine Einheitsambitionen nicht hängen. Die SPD rückt nach links, setzt programmatisch radikal auf Ökologie, Abrüstung, ein blockübergreifendes Sicherheitssystem ohne Abschreckung, auf Senkung der Arbeitszeit und Erhöhung der Sozialausgaben, auf bundesweite Plebiszite. Dieses Programm passt perfekt in die östliche Stimmungslage, wie alle Umfragen belegen. Es ist ebenso vernünftig wie chancenlos.

Den Eintritt von Ost-CDU-Chef de Maizière ins Modrow-Kabinett hält Kohl für einen Fehler. Denn »je länger Modrow im Amt sei, desto größer sei sein Legitimitätsgewinn«, notiert Kanzlerberater Horst Teltschik am 17. Januar in sein Tagebuch. Auch das ursprüngliche Angebot über eine Vertragsgemeinschaft würde ihm nützen. Kohl werde im Bundestag bekannt geben, dass er diese Idee nicht weiterverfolge. Auch Geld werde es nicht geben. Daran wird sich auch nichts ändern, als Modrow zusätzlich mit Vertreter der oppositionellen Gruppen eine »Regierung der nationalen Verantwortung« bildet. Der Kanzler will Verantwortung nur für sich. Und versteht es, den Leuten weiszumachen, dass ihnen nichts Besseres passieren könne.

Am 27. Januar bestätigt Bernhard Felderer in der FAZ eine Vermutung, die politisch wache Beobachter nicht überrascht. Die meisten der jetzt in Bonn gemachten Vorschläge zu nötigen Veränderungen in der DDR seien entgegen dem ersten Eindruck so neu nicht, »vielmehr stehen zahlreiche Gedanken in der Tradition des zwischen 1948 und 1975 bestehenden Forschungsbeirates für die Wiedervereinigung in Deutschland beim Bundesministerium für innerdeutsche Beziehungen. Der Vorschlag, dass eine Reform der DDR in einem Akt erfolgen sollte, kann als eine der Grundpositionen des Forschungsbeirates gesehen werden.« Ein Akt, ein Anschluss ... Die Einführung der D-Mark sollte schon damals der schnelle, erste Schritt sein. Von wegen, die Straße habe in die Einheit getrieben. In Wahrheit lief in den Grundzügen alles nach dem Plan, der seit Langem in der Schublade auf seine Chance wartete. Wer hier schon wieder Verschwörungstheorie wittert, wende sich vertrauensvoll an die FAZ.

Immerhin räumt der Autor ein, dass in der DDR 95 Prozent der Beschäftigten in volkseigenen Betrieben oder handwerklichen und landwirtschaftlichen Genossenschaften arbeiten, was einen Anschluss kompliziere. Soziale Härten könnten aber durch »personenbezogene Subventionierung«, sprich alimentierende Sozialhilfe, ausgeglichen werden. Er weiß auch, woher die Mär von einem »Ausverkauf der DDR« zu Schleuderpreisen kommt. »Solche Befürchtungen können nicht verwundern angesichts einer vierzigjährigen beispiellosen Indoktrination bezüglich des sogenannten kapitalistischen Wirtschaftssystems.« Gerade dieses würde nun vielmehr ermöglichen, dass »erstmalig große Teile der Bevölkerung der DDR durch die großzügige Ausgabe von Belegschaftsaktien« als wirkliche Eigentümer von ihrer Arbeit profitieren.

Die eigentumsdogmatische Treuhand des »sogenannten kapitalistischen Wirtschaftssystems« war großzügig nur im Verhindern von Belegschaftsaktien, selbst für kleine Teile der Bevölkerung. Der Wettlauf um die wirksamste Indoktrination kam selbst an den Hürden der Realität nicht ins Stolpern.

Am 31. Januar verbreiten die *Neue Zeit* und andere DDR-Medien eine erstaunliche ADN-Meldung: »Falls die DDR als selbständiger Staat EG-Mitglied werden wolle, könnten die Beitrittsverhandlungen in den nächsten ein bis zwei Jahren abgeschlossen werden. Es sei dann aber unmöglich, dass die DDR weiter Mitglied des Warschauer Vertrages bleibe.« EG-Kommissar Martin Bangemann bietet Gespräche darüber noch im Februar an, weil dies »ein gutes Signal für die Wahlen in der DDR« sei. Wohl wahr, doch die Kanzler-Medien schweigen dazu und die erfreuliche Botschaft geht unter.

Die DDR-Gewerkschaftszeitung *Tribüne* berichtet am 1. Februar vom außerordentlichen Kongress des FDGB, der noch 8,6 Millionen Mitglieder hat. Zunächst wird beruhigt: Für 1990 sind alle aus dem Staatshaushalt zugesagten Mittel gewährleistet: der Anteil für die Sozialversicherung, die Mittel für den FDGB-Feriendienst und die Valutamittel für die internationalen Verpflichtungen. Der Ausschuss für Korruption gibt einen detaillierten Bericht über Untreue leitender Funktionäre zum Nachteil sozialistischen Eigentums. Diskutiert wird die Sorge, dass die sowieso unzureichenden gewerkschaftlichen Mitbestimmungsrechte demnächst nach westlichem Modell an Betriebsräte übergehen werden und so Gewerkschaften irrelevant werden. Es geht die Befürchtung um, dass eine offene Ellenbogenpolitik um sich greifen wird und neue soziale Ängste breite Bevölkerungsteile verunsichern. »Die Furcht wächst, Billiglohnland der BRD zu werden.« Und nicht nur das. »Wenn wir das Billiglohnland Europas werden, werden damit die gewerkschaftlichen Errungenschaften der europäischen

Kollegen gefährdet!« Um dies zu verhindern, ergeht die Forderung: »Bildet Kommissionen oder nennt sie auch Räte.« Dass auf verschiedenen Ebenen spontan so etwas wie Rätestrukturen im Aufbau waren, war ein untrügliches Zeichen für revolutionäre Ansätze in dem ganzen gärenden Prozess.

Ministerpräsident Modrow setzt dem ehemaligen BRD-Forschungsbeirat für Wiedervereinigung einen eigenen Plan entgegen, von dem *Bild* am 2. Februar berichtet: ein Vertrag über eine deutsch-deutsche Gemeinschaft mit konföderativen Elementen, die die Zusammenarbeit von Volkskammer und Bundestag vorbereitet. Beide sollen eine einheitliche Verfassung erarbeiten. Das klingt nach bedachter Vereinigung, nicht nach überstürztem Anschluss. Der DGB-Vorsitzende Breit ist in der *Tribüne* dafür, lehnt »reaktionäre Einheits-Vorstellungen aus konservativen westdeutschen Kreisen« ab und will konkrete Hilfen für die DDR. Der »Pferdefuß« an Modrows Plan sei die Forderung nach militärischer Neutralität von DDR und BRD, die Kohl natürlich ablehnt, sagt *Bild*. Gleich unter dem Artikel erschießt sich der Ex-Stasichef von Suhl mit einer Jagdwaffe in seinem Garten. Schöner ist, dass man bei *Bild* täglich 500 D-Mark »für ein Schlemmerfest« gewinnen kann. Und noch schöner in der *Tribüne* ein Foto von drei Solarautos, die man in einer Baseler Leasing-Agentur mieten kann. Nicht nur das ist seither weitgehend verschlafen worden.

Die *Neue Zeit* interviewt zur Frage der Neutralität an diesem Tag lieber Egon Bahr. Der spricht sich für ein ganz neues europäisches Sicherheitssystem aus, »welches die Militärbündnisse überflüssig mache«. Willy Brandt ist allerdings gegen Neutralität, weil man »bewährte Freundschaften pflegen« muss. Die *taz* berichtet von einer hochkarätig besetzten Tagung der Akademie in Tutzing. Außenminister Genscher wird mit der Aussage zitiert, »die Nato solle erklären, dass es ›keine Ausdehnung des Nato-Territoriums nach Osten‹ gebe«.

Keine sechs Wochen vor der Wahl bewegte man sich noch in allen denkbaren Alternativen. Alles schien offen, alles möglich. Welchen Aufschluss soll dieser Schnee von gestern noch geben? Es könnte nützlich sein, sich bewusst zu machen, wie viele Fenster im geschichtlichen Prozess geöffnet sind. Manchmal ist es nur eine Dachluke, manchmal ein Doppelflügel oder gar eine breite Fensterfront. Welcher Wind hat diese »windows of opportunity« zugeschlagen? Wie ist es der behaupteten Alternativlosigkeit gelungen, zu entmutigen und die wichtigsten Chancen ungenutzt zu lassen? Interessen verdienen, beobachtet zu werden.

»Die meisten Wähler wissen schon, wen sie gewiss nicht wählen werden, die wenigsten wissen schon genau, wem sie ihre Stimme geben wollen«, fasst die *Neue Zeit* treffend zusammen. An Daten, Fakten und Statistiken bestehe eher ein Defizit, an Angstmachern, die verschreckten Bürgern schlimmste Zukunftsaussichten einreden, gäbe es ein Überangebot.

Am 3. Februar dementiert die *Berliner Zeitung* auf Seite eins energisch Gerüchte über eine bevorstehende Währungsreform. Fragen der Währung gehörten zu den Souveränitätsrechten jedes Staates – weder die Volkskammer noch der Ministerrat hätten einen derartigen Beschluss gefasst, die Staatsbank beschäftige sich damit nicht.

Nach dem Wahltriumph von Lafontaine im Saarland steht er am selben Wochenende in der Gunst als Kanzlerkandidat in vielen Medien vorn. Jetzt müssen beide Lager noch einmal verstärkt zeigen, was sie draufhaben. Angesichts der Entwicklungen in der DDR, so die Grünen am 5. Februar in der FAZ, sei es ein »demokratisches Defizit« der Bundesrepublik, dass es »die Möglichkeit der direkten Einflussnahme der Bevölkerung auf wichtige politische Fragen« durch Volksentscheid nicht gäbe. Sie kündigen eine entsprechende Gesetzesinitiative an. Was den Konservativen offensichtlich gar nicht behagt.

Der Spiegel erscheint am selben Tag mit dem Titelblatt: »Chaos in der DDR – Flucht in die Einheit.« Im Innern der Zeitung liest es sich dann stellenweise weniger aufgeregt:

> »Die Grundversorgung der DDR-Menschen scheint gesichert. Strom, Gas und Wasser fließen. Es gibt Nahrungsmittel in den Läden, die Preise steigen nicht schneller als früher, die öffentlichen Verkehrsmittel sind in Betrieb, die Rennrodler fahren Goldmedaillen ein. Das Gesundheitswesen ist überfordert und unterversorgt wie immer. Die Post funktioniert besser als zuvor, da inzwischen die Staatssicherheit aus ihr abgezogen wurde. Warenengpässe halten das durchschnittliche Niveau des letzten DDR-Jahrzehnts, die Kriminalität nahm, anders als nach Öffnung der Grenzen befürchtet, nicht wesentlich zu.«

Warum dann also in die Einheit flüchten? Zumal BRD-Sparkassenpräsident Helmut Geiger in einem Rundfunkinterview beruhigt:

> »Wenn sich die DDR-Wirtschaft mit Hilfe ausländischer Investitionen gut entwickelt, kräftigt sich die DDR-Mark von selbst.«

Ebenfalls am 5. Februar beklagt *Bild*, dass der Runde Tisch das Auftreten von Politikern aus der Bundesrepublik erneut abgelehnt hat: DDR-Redeverbot für Brandt und Kohl. »Grund: Massive Einmischung – ein Sprachgebrauch wie zu alten DDR-Zeiten«. Einzig der Fraktionsvorstand der Grünen hatte am 5. Februar in der FAZ den Beschluss des Runden Tisches gelobt, wonach Westpolitiker im Wahlkampf der DDR nicht als Redner auftreten sollen. Das sei der Versuch, der Wahlkampfbeeinflussung aus der Bundesrepublik Grenzen zu setzen.

Eigentlich eine Selbstverständlichkeit. Wenn sich allerdings nur eine Partei daran hält und die neuen Partner der Bürgerrechtler im Osten noch wenig bekannt und ohne jede Wahlkampfhilfe sind, dann kann das nur schiefgehen.

Gysi in der *Bild*: Allen sollte klar sein, dass wir an der Auflösung von NATO und Warschauer Pakt nicht vorbeikommen. Bei einer Wirtschafts- und Währungsunion »muss es uns aber gelingen, die Dominanz des Volkseigentums zu behalten«. *Bild*: Genau das geht nicht in der Marktwirtschaft [...] Gysi: »Aber ich muss es doch andenken dürfen. Vieles, was unsere Bürger sich erarbeitet haben, soll erhalten werden. Die Marktwirtschaft ist doch nur Mittel zum Zweck. Auch Volkseigentum kann sich in einen Markt einordnen.«

Sind Westberlins Krankenhäuser zu der Zeit staatlich oder privat, fragt sich der besorgte Ostleser auf Seite drei. »Berlins Krankenhäuser quellen über, Patienten müssen auf Fluren liegen.« Der Bettennotstand halte schon einige Monate an, da allein 1989 430 Betten abgebaut wurden. Und der immer enger werdende Wohnraum mache krank. Versteckte Vorwürfe an die Übersiedler? Unterdessen verbietet die Volkskammer die Tätigkeit der rechtsradikalen Republikaner, dessen Vorsitzender, der ehemalige SS-Mann Schönhuber, in der DDR mehrere Ortsverbände ins Leben gerufen hat. Die gerichtliche Klärung der Verfassungsfeindlichkeit, die unter anderem vom Vorsitzenden des Zentralrates der Juden, Heinz Galinski, seit Langem vergeblich gefordert wird, soll nun im Osten vorangetrieben werden. Derweil frohlockt *Die Welt* am 5. Februar, dass es in der DDR bald auch Privatschulen geben wird.

Nachdem die Presse sich eben noch in Nebenstraßen verlaufen hat, gelangt die Dynamik des Meinungsumschwungs am sechsten Februar 1990 plötzlich und unerwartet auf die Zielgerade. Von jetzt an kippt eine Gewissheit nach der anderen. Nun armes Herz, vergiss der Qual! Nun muss sich Alles, Alles wenden.

Nach einem Treffen mit DDR-Staatsbankpräsident Kaminsky und dessen Wirtschaftsministerin Christa Luft gibt Bundesbankpräsident Pöhl eine Presseerklärung ab: Pläne zu einer Währungsunion seien verfrüht. Bundeswirtschaftsminister Hausmann ergänzt: Die DDR werde ihre Währung schrittweise konvertibel machen und dabei vom Westen kräftig unterstützt werden. Auch ein Gutachten des Sachverständigenrates und der »Kronberger Kreis« von Wirtschaftsprofessoren raten, »eine Währungsreform in der DDR zu vermeiden«, meldet die *Tribüne*. Hilfreicher wäre ein fester Wechselkurs zwischen eins zu eins und zwei zu eins.

Helmut Kohl hat an diesem Vormittag etwas Besseres zu tun, als sich mit diesen Experten oder wenigstens mit seinem Bundesbankpräsidenten abzustimmen. Er gründet aus Ost-CDU, DSU – der neuen Ostschwester der CSU – und dem nach rechts gerutschten »Demokratischen Aufbruch« das Wahlbündnis »Allianz für Deutschland«. Die FAZ vom Tag darauf, dem 7. Februar, nennt sein Werk »Gelungene Zangengeburt«.

> »Der Nebel über der Wahllandschaft der DDR hat sich spät, aber noch nicht zu spät gelichtet. Dass die politische Mitte der DDR sich nun zu einer Allianz zusammenfand, dass dies auf dem Boden West-Berlins geschah und dass dort der Bonner CDU-Vorsitzende Kohl dem Bündnis mit einer Zangengeburt zum Leben verhalf, sagt zugleich viel über die Wahl am 18. März aus. In der noch existierenden DDR findet

> auch eine Vorentscheidung für die Bundestagswahl statt, bei der die westdeutschen Parteien einen Stellvertreter-Wahlkampf führen […]. Wenn in den Wahlkampfzentren der Allianz klarsichtige Parteifreunde aus Bonn und München sitzen, dann ist viel von dem getan, was unter den gegebenen Umständen geschehen kann.«

Zu den besonders klarsichtigen Parteifreunden gehört CDU-Generalsekretär Volker Rühe, er will in der nächsten Zeit durch alle fünfzehn Bezirke der DDR reisen, meldet der *Tagesspiegel.* Kanzler Kohl plant bis zum Wahltag trotz der Ablehnung des Runden Tisches sechs Großauftritte. Nicht ganz so klarsichtig gegenüber Kohls Machtbewusstsein erwies sich der baden-württembergische Ministerpräsident Lothar Späth. Eigentlich hatte er den Ehrgeiz, in seinem Landtag am 7. Februar als Erster die Währungsunion zu fordern.

Doch der Plan wird Kohl gesteckt, und wütend ob solcher Alleingänge stiehlt er Späth die Show, indem er ihm am späten Nachmittag des 6. Februars zuvorkommt und in der CDU-Bundestagsfraktion selbst die Initiative übernimmt. Manche Zeitungen schaffen es mit der Sensationsmeldung noch für den nächsten Tag auf die Titelseite. Springers *Bild* überschlägt sich vor Begeisterung:

> »Westmark sofort in die DDR. Die DDR taumelt von Stunde zu Stunde näher an den wirtschaftlichen Abgrund. Kanzler Kohl hat jetzt die Zügel selbst in die Hand genommen. Er wird der DDR vorschlagen, sofort über eine Währungsunion zu verhandeln. Unsere harte West-Mark soll so schnell wie möglich in der DDR gesetzliches Zahlungsmittel werden. Nur dann ist die Katastrophe – Stilllegung der Betriebe, keine Gehälter, keine Sozialleistungen mehr – noch zu stoppen.«

Die *Berliner Zeitung* ist deutlich reservierter. »Die Einführung der D-Mark als Zahlungsmittel in der DDR ist heiß umstritten.« Am selben Tag hätten die Präsidenten der Bundes- und der Staatsbank sich dagegen ausgesprochen, während Kohl unverzüglich dafür ist. Wirtschaftsministerin Prof. Luft hatte am Runden Tisch Vor- und Nachteile benannt, wobei letztere deutlich schwerwiegender seien.

Jetzt überstürzt sich alles, erst am nächsten Tag, dem 8. Februar, ist es Spitzenmeldung aller Zeitungen: Kanzler Kohl bietet nach Absprache mit seinem Finanzminister Waigel aus dem hohlen Bauch die Währungsunion an. Dies bedeute laut FAZ natürlich den Verzicht der DDR auf ihre währungspolitische Souveränität. Es ginge nun darum, den Ost-Deutschen »so schnell wie möglich Anschluss an den Wohlstand der Bundesrepublik« zu geben. Anschluss an Wohlstand gegen Verzicht auf jegliche Souveränität – das wird fortan das Modell für die Einheit. Die D-Mark ist das hammerharte Wahlversprechen der Allianz für Deutschland. Denn die Umfragen der Ost-CDU für die Volkskammerwahlen am 18. März sind mit elf Prozent immer noch höchst unerfreulich und die persönlichen des Kanzlers im Westen auch. »Die Entscheidung der Bundesregierung sei der Versuch, auf eine revolutionäre Situation eine revolutionäre Antwort zu geben«, wird Kurt Biedenkopf zitiert. Die revolutionäre Antwort bedeutete den Aufkauf der Revolution.

Mit dem Tag dieses Aufkaufes beginnt die entscheidende Woche. Der die öffentliche Meinung ausrichtende Wind dreht sich orkanartig und räumt so Wünsche und Überzeugungen ab. Diese Tage müssen daher etwas ausführlicher betrachtet werden. »Man prescht auf ein Niemandsland vor«, staunt die *Neue Osnabrücker Zeitung*. Nirgendwo seien bisher zwei Staaten mit einer so tiefen und breiten Kluft monetär zusammengeschlossen worden. »Mit diesem kühnen Experiment spielt die Bundesregierung ihren letzten Trumpf aus.« Revolutionäre Antwort, kühnes

Experiment, letzter Trumpf, Wahlversprechen, Alleingang – die Presse dieser Tage widerspricht der sich später durchsetzenden Lesart, das D-Mark-Angebot in seiner kopflosen Eile sei Ergebnis des Drucks von ostdeutschen Straßen oder der durch Privilegien herbeigelockten Ausreisenden. Zu offensichtlich sind andere Lösungsvorschläge immer noch in der Überzahl.

Die Gewerkschaftszeitung *Tribüne* geht an diesem Tag mit einer Art Flugblatt auf Seite eins erstmalig auf Distanz zur eigenen Regierung. Diese habe es zu eilig. Mit dem Gesetz über die Kapitalbeteiligung sei dem ausländischen Kapital die DDR schon geöffnet worden. »Das Kapital ist vom Recht schon geschützt«, heißt es fett gedruckt. »Aber für die soziale Absicherung bei Strukturwandel und Arbeitslosigkeit gibt es noch kein Gesetz.« Und wieder fett: »Kollegen, seid wachsam!« Damit haben die Gewerkschafter früh ein Grundübel erkannt. Fortan wird die rechtliche Privilegierung des Privateigentums voranschreiten, während soziale Rechte ungeschützt zur Disposition stehen. Möge niemand behaupten, es habe überhaupt kein Eigentümerbewusstsein in der DDR gegeben. Auch der DGB ist beunruhigt und fordert an diesem Tag in der *Neuen Osnabrücker Zeitung* wenigstens einen »gesamtdeutschen Tisch« zur sozialverträglichen Steuerung einer Währungsunion. Die IG-Metall ist strikt gegen eine schnelle Einführung der D-Mark in der DDR. Sie fürchtet dort »ein Arbeitslosenheer« und weitere Abwanderung, die in der BRD die Arbeits- und Wohnsituation weiter verschlechtert. Zwischen Katastrophen-Szenario und Heilsversprechen polarisiert sich die Gesellschaft.

In französischen Zeitungen äußern sich Währungspolitiker befremdet darüber, dass die Deutschen eine Europäische Zentralbank bisher unter dem Vorwand abgelehnt hätten, zuerst müsse die politische Einigung Europas vollzogen werden. Jetzt aber erklärten sie sich für eine gesamtdeutsche Bundesbank in Frankfurt, lange bevor eine politische Integration in Sicht sei. Am härtesten pointiert die kommunistische *L'Humanité*. »Wenn es nach den Bonnern ginge, dann hätte der Staat DDR nur eine einzige Frage zu beantworten: Mit welcher Soße willst Du gefressen werden? Die Antwort: Ich will gar nicht gefressen werden, wäre für die Politiker der Bundesrepublik ein Beweis der Böswilligkeit.«

Nicht für alle Politiker. Berlins regierender Bürgermeister Momper findet in der FAZ, dass der Einheits-Disput über die Köpfe der Ostdeutschen hinweg die geschwächte Autorität der DDR-Regierung untergräbt. Statt sie zu stabilisieren, geschehe das Gegenteil. Die richtige Lösung läge immer noch in der Demokratisierung der DDR unter Beibehaltung ihrer Eigenstaatlichkeit. Darin seien er und SPD-Kanzlerkandidat Lafontaine sich einig. Ein Sofortprogramm zur Stärkung der DDR legt der Haushaltsexperte der SPD-Bundestagsfraktion, Helmut Wieczorek, vor. Der Verteidigungsetat soll um vier Milliarden gekürzt werden, um stattdessen mit einem Devisenfond DDR-Bürgern in gewissem Umfang die heiß ersehnten Westreisen zu ermöglichen. Außerdem sollen im Osten eine Existenzgründer-Offensive und ein Umweltprogramm gestartet und die staatlichen Wohnungen sowie der öffentliche Verkehr saniert werden. Das alles war sehr vernünftig, rückblickend erst recht. Doch Recht haben und Recht bekommen ist bekanntlich nicht dasselbe. Im Gegenteil, wer seine Argumente nicht marktschreierisch verkauft, wird abgestraft.

Rausch statt Sachlichkeit

An diesem denkwürdigen 8. Februar merkt die FAZ immerhin, dass die Leser es langsam satthaben. In einem Leserbrief heißt es: »Ich habe den Eindruck, Ihre Redaktion befindet sich in einem Rausch, der jede sachliche Abhandlung des Themas

Wiedervereinigung verhindert.« Fast über Nacht habe die Zeitung alle guten Tugenden vergessen. Welche Nacht genau war es?

Vor der Wahl gibt es nun permanent Meinungsumfragen und Prognosen. So lässt sich der Stimmungsumschwung recht gut nachvollziehen. An jenem denkwürdigen 8. Februar widmen sich die Zeitungen einer weiteren Umfrage des Leipziger Institutes für Jugendforschung, die jetzt veröffentlicht, aber noch kurz vor Kohls Wahlgeschenk der sofortigen D-Mark erhoben wurde. Immer noch haben die Sozialdemokraten da alle Chance, mit prognostizierten 54 Prozent allerstärkste Partei zu werden. Gegenüber der ersten Umfrage des Institutes im November hat die SPD also enorm an Stimmen gewonnen, die PDS verloren und das bürgerliche Lager ist weiter geradezu bedeutungslos. Die CDU liegt bei elf Prozent, einen Punkt unter der PDS.

Als Platzvorteil für die SPD macht die FAZ ausgerechnet die »rote« Tradition in Sachsen und Thüringen aus, die jahrelange sozialdemokratische »Verketzerung des Wirtschaftssystems der Bundesrepublik«, die der wachsenden Furcht der Ostdeutschen vor einer sozial raueren Zukunft entspreche. Dennoch befürworten nun drei Viertel der befragten Ostdeutschen eine Vereinigung beider Staaten. Genauso viele, wie sie noch im Dezember abgelehnt haben. Die *Berliner Zeitung* legt Wert auf die Ergänzung, dass 43 Prozent davon gegen ein schnelles Vorgehen sind. Sie denken an eine behutsame Annäherung, offenbar im Rahmen einer europäischen Währungsunion. Nur 38 Prozent sind angesichts der vielen offenen Probleme für eine sofortige Vereinigung. Hier klafft ein gewisser Widerspruch zu den Parteipräferenzen, den die Parteien bis zur Wahl noch zu klären haben.

Inzwischen werden eine Million Exemplare eines *Stern*-Sonderhefts zur Wahl am 18. März kostenlos in der DDR verteilt. Die Deutungshoheit liegt fest in westlicher Hand. Wessen

Wahl ist die Wahl? Die *Süddeutsche Zeitung* erinnert als erste an Artikel 23 des Grundgesetzes, den möglichen Beitritt, »der eine ungeheure Dynamik entfalten könnte«. Ginge die DDR diesen Weg, dann wären eine Volksabstimmung in der Bundesrepublik und eine Nationalversammlung, die eine neue Verfassung erarbeitet, nicht mehr nötig. Damit ist der Königmacher-Weg gefunden.

Nun müssen auch die Grünen »die Flucht nach vorn« antreten, wie die FAZ unter der Überschrift »Deutschlandpolitische Umkehr der Fraktion« vermerkt. Sie halten nicht mehr am Erhalt zweier deutscher Staaten fest, sondern gründen ihrerseits eine Allianz mit den Bürgerrechtsgruppen, die »die Hoffnung für eine radikal-demokratische und ökologische Erneuerung der DDR verkörpern«, das Bündnis 90. Wenn entsprechende Gruppierungen in der DDR scheiterten, drohten auch die Grünen in der Bundesrepublik zu einer »irrelevanten Kraft« zu werden. Die Sprecherin der Bundestagsfraktion, Antje Vollmer, will mit einer Minderheit vorerst an der Zweistaatlichkeit festhalten und plädiert für einen »Lastenausgleich« zugunsten der DDR. Dafür solle das Militär-Projekt »Jäger 90« gestrichen werden. Die Grünen müssten einen »letzten Rest von Vernunft« bewahren, in Bonn herrsche »Regierungsanarchie«. Den Abgeordneten Häfner stört der Eindruck, »nur die DDR habe zu lernen«. Er kritisiert, dass die »Rechtsordnung der Bundesrepublik allein auf das Eigentum abgestellt« ist. Richtig, aber genau darauf sind ja alle maßlos stolz und genau das sollen die Sozialisten jetzt schlucken. Sie sollen durch Stillhalten zugeben, dass das Volkseigentum das eigentliche Unrecht der DDR war. Alles drum herum ist Tamtam, ein Tür öffnender, gezielter Empörungsmodus.

Auch deshalb bleibt die PDS für alle Parteien eine No-Go-Area. Dass die kritischen Erbnachlassverwalter der SED erst mal eine Auszeit nehmen sollten, ist verständlich.

Andererseits kennen sie das Innenleben der DDR und damit die Möglichkeiten der Interessenwahrung am besten und sollten zumindest angehört werden. Aber das wagt kaum jemand, auch weil der Hass auf die DDR-Verantwortlichen permanent anschwillt.

Fürs Geschäftemachen ist der Osten trotz allem eine Must-Go-Area. »Um die DDR noch vor den Wahlen im März mit westdeutschen Presseerzeugnissen zu versorgen, müssen starke Verlage Verantwortung übernehmen – da darf man doch keinen Debattierclub aufmachen«, zitiert der *Spiegel* 7/90 einen Springer-Manager. Bertelsmann plant einen Buchklub in der DDR, sobald dafür rechtliche Voraussetzungen geschaffen wurden. Auch ohne diese ist der Medienkonzern schon sehr aktiv. Er erwartet 1989/90 erstmals ein Betriebsergebnis von mehr als einer Milliarde D-Mark, freut sich das Zentralorgan der Konzerne, die FAZ. Ab 1991 wird Horst Teltschik Geschäftsführer der Bertelsmann-Stiftung und anschließend bekommt er ehrenvolle Jobs in mehreren anderen Konzernen und Stiftungen. Untersuchungsausschüsse zu solchem Filz erübrigen sich, er ist nicht nur legal, sondern eigentlicher Zweck des Wirkens von Führungspersonal in der kapitalistischen Demokratie.

In ihrem Buch *Wie westdeutsche Verlage 1989/90 den Osten eroberten* beschreibt die Kommunikationswissenschaftlerin Mandy Tröger, wie Großverlage und Medienorganisationen die Gesetzgebung beeinflussten. Nicht die Unbeliebtheit oder Untauglichkeit der DDR-Presse in der Marktwirtschaft habe deren Untergang bewirkt, sondern aggressive Aneignungs-Strategien westdeutscher Verlage gegenüber östlichen Herausgebern, Druckereien und Vertriebsstrukturen. Auch medienpolitisch habe die Übernahme durch westdeutsche Eigentümer den Verlust radikal-demokratischer Visionen einer freien Presse bedeutet.

Und sie zitiert den damaligen Geschäftsführer der *taz*, Jürgen Kuttner, in seinem kultigen Berliner Ton:

> »Ick hab den Eindruck, dass jetzt unter den westdeutschen Verlegern die Mentalität herrscht, det Jebiet der DDR als Wilden Westen zu betrachten und sich mit einer Ellenbogenmentalität zu etablieren, die in'ner halbwegs zivilisierten Marktwirtschaft, wie ick se in der Bundesrepublik voraussetze, überhaupt nich' möglich wäre. Man denkt, dass man hier nochmal, irgendwie den Kapitalismus des 19. Jahrhunderts durchspielen kann.«

Am 9. Februar titelt *Bild*: »Betet! Morgen machen sie Deutschland«. Ein bemerkenswertes Demokratieverständnis. Gemeint sind Kohl und Gorbatschow, die sich in Moskau treffen werden. »Kohl hat ein großes Angebot im Gepäck: sofort mit einer Super-Spezial- und Expertengruppe der wirtschaftlich kaputten Sowjetunion auf die Beine zu helfen.« Des Kanzlers Diplomatie besteht hauptsächlich aus dieser »Wirtschafts-Task Force«, die weitgehende Versprechen macht. Der vertrauensselige Gorbatschow und erst recht sein putschender Nachfolger Jelzin haben der Schocktherapie dieser Super-Spezialgruppe so lange vertraut, bis sich das Nationaleinkommen halbiert hatte und Russland 1998 zahlungsunfähig war.

Neben der Task Force die Meldung, Erich Honecker habe seit seiner Krebsoperation vier Kilo abgenommen. Gegen ihn wird ein Hochverratsverfahren vorbereitet. Da er in Lobetal Angst habe, vergiftet zu werden, lasse er sich die Lebensmittel von seinem Schwiegersohn besorgen. Vor dem Gift der Presse vermag ihn aber niemand zu schützen. Am Vortag brachte *Bild* auf der Titelseite »neue, haarsträubende Einzelheiten aus dem Korruptionssumpf«. Unter Berufung auf den Vize-Generalstaatsanwalt der DDR wird skandalisiert, was gestern bekannt geworden sei: »Honecker verlangte, dass auf seinem Konto täglich mindestens hundert Millionen D-Mark zu sein hatten. Wenn er vom Konto etwas ausgab, musste Staatssekretär Schalk-Golodkowski es sofort wieder auffüllen.« Und wofür verschwende der Staatsratsvorsitzende und SED-Generalsekretär das angemaßte Geld? Er kaufte sich »die Taschenuhr Lenins für 750.000 Mark, gab Millionen für Computer aus, aber auch für Bananen, mit denen er die Bevölkerung beglücken wollte«. Alles von seinem Privatkonto?

Auch hier eine unselige Mischung aus freier Erfindung – hätte doch das Moskauer Revolutions-Museum eine solche Reliquie nie herausgegeben – und aus dem Zusammenhang gerissenen Fakten. In seinen Memoiren hat Alexander Schalck-Golodkowski das ominöse Konto haargenau aufgelistet. Es handelte sich um eine Art Reserve-Konto bei der Deutschen Handelsbank für volkswirtschaftlich dringende Importe zur Versorgung der Bevölkerung. Nur Schalck und sein Stellvertreter waren zeichnungsberechtigt, aber Honecker behielt sich Entscheidungen über die Verwendung vor. Hauptposten waren die Kohleversorgung von Industrie und Haushalten, der Import von Obst und Gemüse, Baumwolle und Konsumgütern, Investitionen ins Gesundheitswesen und Hilfe für befreundete Staaten wie Polen oder Nicaragua. Privatentnahmen gab es nicht. Mit »Korruptionssumpf« hatte diese aufs Löcherstopfen bedachte Finanzierung zumindest nichts zu tun.

Es wird zwanzig Jahre dauern, bis in der *Bild* vom 12. Juli 2010 ein Fake zugegeben wird. Die Stasi-Unterlagenbehörde habe jetzt eingeräumt, dass ein damals von der »Gauck-Behörde« herausgegebenes Dokument über Honeckers Schweizer Privatkonto eine Fälschung war. »Wollten westliche Geheimdienste mit dem angeblichen Vermögen einen Streit im Politbüro anzetteln?«, fragt der Autor Hans W. Saure. Der BND habe dementiert, so *Bild*. Vielleicht weil das Motiv eher war, vor den alles entscheidenden Märzwahlen 1990 den Volkszorn in der DDR noch einmal richtig aufzumischen? Wäre alles anders gelaufen, wenn damals schon zugegeben worden wäre, dass sich in den Akten der Gauck-Behörde auch Fälschungen aller möglichen Geheimdienste befinden können?

Fälschungen wie eine weitere *Bild*-Ente vom selben Tag, wir sind immer noch beim 9. Februar, einem der entscheidenden Tage des Meinungsumschwungs. »Gegen leitende Stasi-Offiziere wird wegen regelrechter Posträubereien ermittelt. Aus Briefen an DDR-Bürger stahlen sie allein in den letzten drei Jahren 65 Millionen Mark.« So großzügig waren die Brüder und Schwestern im Westen! Und so unaufmerksam (um nicht zu sagen dämlich), nicht zu merken, dass die Millionen nie ankamen. Kein Stasi-Mann ist je wegen Postraub verurteilt worden.

Die *Neue Zeit* veranschaulicht am 10 Februar auf Seite eins, in welchem Spagat die Ost-CDU mit sich hadert. Unter der Überschrift »Ungerechte Weltwirtschaft bedroht die Menschheit« ein Bericht über die Vollversammlung des Lutherischen Weltbundes in Brasilien. Die Teilnehmer sprechen von einem »ausbeuterischen Wirtschaftssystem«, das »unabsehbares menschliches Leid« verursacht habe. Die Kirchen sollten das Verständnis für die Notwendigkeit einer neuen Weltwirtschaftsordnung fördern. Direkt daneben ein Artikel über das Wochenende, das ganz im Zeichen des Wahlkampfes gestanden habe. Eines CDU-Kampfes für ebendie Wirtschaftsordnung, die die Welt und das Land in eine noch viel größere Kluft zwischen Besitzenden und Habenichtsen führen wird.

Thema bei *Bild* ist am nächsten Tag der Auftritt von Helmut Schmidt in einer Talk-Show des DDR-Fernsehens. Dort saß er Hans Modrow gegenüber, der als Ministerpräsident seines Landes geradezu bat: »Der bundesdeutsche Wahlkampf sollte sich nicht auf DDR-Gebiet abspielen.« Nicht nur oberlehrerhaft, sondern auch mit einem herablassenden Demokratieverständnis antwortete der Altkanzler: »Ach, die DDR sollte da nicht überempfindlich sein, und Wahlkämpfe, das müsst ihr noch lernen, sind unerfreulich, da wird vors Schienbein getreten.«

Die ganz große Pauke

Was dann folgt, lässt nur die Erklärung zu, dass man sich in der CDU-Führungsspitze kurz vor der Wahl darauf verständigt hat, dass das Ruder nur noch herumgerissen werden kann, wenn man auf die ganz große Pauke haut. Bei einem Hintergrundgespräch im Bundespresseamt am 9. Februar beschwört Kohls engster Berater im Kanzleramt, Horst Teltschik, das drohende Chaos in der DDR. Die Presse-Leute wollen wissen, »was eigentlich die dramatischen Ereignisse in der DDR seinen«, dokumentiert er in seinem Erinnerungsbuch: *329 Tage. Innenansichten der Einigung*. Obwohl sich die Journalisten seit Wochen zu Tausenden im Land umsehen, scheint ihnen die totale Anarchie entgangen zu sein. Teltschik hilft gern nach:

> »Ich nenne drei Punkte: Erstens den drastischen Verfall jeder staatlichen Autorität in der DDR; Entscheidungen der Modrow-Regierung würden immer seltener exekutiert. Zweitens den drohenden wirtschaftlichen Kollaps; es zeichne sich ab, dass die DDR in wenigen Tagen völlig zahlungsunfähig sein und erhebliche Stabilitätshilfen benötigen werde. Drittens die Übersiedlerzahlen, die im Februar erneut höher sein würden als im Januar [...]. Es ist, als ob ich in ein Wespennest gestochen hätte.« (S. 136)

Dieser Stich kam nachträglich betrachtet der Volksverhetzung schon recht nahe. Die ersten beiden Punkte waren maßlos übertrieben, der dritte korrekt, aber natürlich beeinflusst durch permanente maßlose Übertreibung. »Wir sind uns darüber im Klaren«, schrieb Teltschik, dass erst »nach der Wahl Übersiedler so behandelt werden müssen wie Bundesbürger, die ihren Wohnsitz wechseln«. Also ohne staatliche Hilfen. Privilegien für Ausreisende zwecks Destabilisierung der DDR ganz klar als Mittel zur Wahlbeeinflussung.

Dass es einen Autoritätsverfall gab, steht außer Frage, aber weder war er drastisch noch betraf er jede Autorität. Der auf Initiative des Runden Tisches verabschiedete sogenannte Modrow-Erlass zum Beispiel, der es zum ersten Mal ermöglichte, zu Wohn- und Gewerbezwecken volkseigenen Grund und Boden zu kaufen, wird zum Ärger des Kanzleramtes mit zunehmender Begeisterung von einer halben Million DDR-Bürger »exekutiert«. Und in Berlin findet jetzt ohne Kultur-Kollaps wie immer das Festival des politischen Liedes statt, mit Gästen aus achtzehn Ländern, darunter Chile, Israel, Nikaragua, der Sowjetunion und den USA.

Entscheidend war die Bombenwirkung des Gerüchtes von der völligen Zahlungsunfähigkeit in wenigen Tagen. Pöhl bezeichnete mir gegenüber diese Behauptung Teltschiks als Chuzpe (Dreistigkeit, Unverschämtheit). Einer, der es auch besser wusste, nämlich der Präsident des Bundesverbandes Deutscher Banken und Vorstandssprecher der Dresdner Bank, Dr. Wolfgang Röller, gab sofort eine Gegen-Pressekonferenz, auf der er sich von Teltschiks Aussage distanzierte. Er sprach von »durchsichtigen Bankrottgerüchten«. Doch für die betroffenen Bürger war dies nicht durchsichtig, denn dieses Dementi fand in den Medien keine Beachtung. Dagegen in der *Bild* am 10. Februar:

> »DDR vor dem Zusammenbruch – Die Lage in der DDR hat sich seit gestern [der Pressekonferenz von Teltschik] dramatisch zugespitzt. In Eilmeldungen jagten die großen Presseagenturen die Nachricht um die Welt: Die DDR steht vor der Zahlungsunfähigkeit, vor dem totalen Zusammenbruch. Nach ›vertraulichen Informationen aus Bonn‹ [Aha!] laufen immer größere Scharen davon. Ministerpräsident Modrow entgleitet die Macht.«

In dem Kommentar »DDR am Tropf« verbildlicht *Bild* die Botschaft von Teltschik: »Die Wirtschaft der DDR liegt auf der Intensivstation. Sie braucht die Transfusion der D-Mark. Das ist lebensentscheidend, garantiert aber die Gesundung noch nicht. Die DDR-Wirtschaft muss Aufbaugymnastik betreiben, sprich: die Planwirtschaft endgültig abräumen.«

Schöner kann sich Kohls engster Berater Teltschik nach seiner Panik-Pressekonferenz die Schlagzeilen nicht wünschen. Kohl solle heute bei Gorbatschow retten, was noch zu retten sei, fügt *Bild* am 10. Februar hinzu. Was blieb Lothar Späth noch, um auf sich aufmerksam zu machen? Ihm fiel nichts Besseres ein, als am 11. Februar, während Kohl in Moskau war, die »bedingungslose wirtschaftliche Kapitulation der DDR« zu fordern.

Eine ausweglose Situation herbeireden

Am selben Tag dementiert auf einer Wahlveranstaltung der CDU am Berliner Alexanderplatz deren Vorsitzender de Maizière die Behauptung westlicher Politiker und der *Bild*-Zeitung, er habe erklärt, die DDR stünde kurz vor dem Kollaps und die Zahlungsbilanz wäre nicht mehr gewährleistet. Er habe in einem Telefongespräch mit der Zeitung eindeutig gesagt, dass ihm solche Dinge nicht bekannt seien. Er wisse auch nicht, woher man in Bonn diese Information habe. Eine kleine Meldung über das Dementi erscheint in der *Neuen Zeit*, auch im *Neuen Deutschland.*

Hier kommt auch die »Vereinigte Linke« zu Wort, die ebenfalls Gerüchten widerspricht, die DDR stehe vor dem Zusammenbruch. Das Szenarium werde immer klarer. Aus Bestrebungen zur Vereinigung seien die zu einem Anschluss geworden. »Der Versuch, in der DDR eine ausweglose Situation herbeizureden«, gefährde die Stabilität in beiden Staaten.

Die Zeitung berichtet auch von der ersten gemeinsamen Tagung des Stockholmer- und des DDR-Friedensforschungsinstitutes der DDR. Egon Bahr lässt dort keinen Zweifel, dass die zunehmende Krise in der DDR »nicht nur von innen« kommt. Bärbel Bohley vom »Neuen Forum« wird direkter: Die Art und Weise, wie der bundesdeutsche Wahlkampf in die Orientierungslosigkeit der DDR-Bevölkerung stoße, sei »geistige Besetzung«. Außenminister Genscher versucht auf der Tagung mit dem üblichen Placebo zu beruhigen: Die NATO könne einen Beitrag zur Stabilität leisten, wenn sie erkläre: »Was immer im Warschauer Pakt geschieht, eine Ausdehnung des NATO-Territoriums nach Osten, das heißt näher an die Grenzen der Sowjetunion, wird es nicht geben.« Diese startet am selben Tag das bemannte Raumschiff »Sojus TM-9«.

Am 12. Februar beschreibt *Der Spiegel* die mediale Panikmache trefflich:

> »Beim Versuch, die Lage in der DDR darzustellen, gerieten der Bundeskanzler und seine Minister am Mittwoch an ihre sprachlichen Grenzen. Kein Katastrophenbegriff aus Medizin und Technik wurde ausgespart, die deutsch-deutsche Wirklichkeit im Februar 1990 zu beschreiben. Das

> Lebenslicht der DDR, da waren sich alle einig, kann täglich erlöschen [...]. Alle politischen Vorbehalte, alle ökonomischen Bedenken sind weggewischt. Die Wiedervereinigung wird über die starke Deutsche Mark bewerkstelligt.«

Gleichzeitig beteiligt sich *Der Spiegel* im selben Artikel in nicht zu überbietender Weise am Katastrophenszenario. Woher hat er die wörtlichen Zitate vom Vieraugengespräch zwischen Kohl und Modrow am Rande des Weltwirtschaftstreffens in Davos am 3. Februar? Dem DDR-Ministerpräsidenten wird in den Mund gelegt, es gäbe »einen dramatischen Verfall der Staatlichkeit«, die Nationale Volksarmee »zerbrösele«, vor allem aber sei sein Land »wirtschaftlich am Ende«. Die Produktion sacke ab und mit ihr die Kreditwürdigkeit der DDR, Zahlungsunfähigkeit drohe. »Bei uns ist es aus«, erklärte der DDR-Premier dem Bonner Kanzler. »Wir sind am Ende. Unser Geld reicht noch bis Mitte des Jahres.« So also die Berichterstattung gut vier Wochen vor der Wahl. So ist es in die Geschichtsschreibung eingegangen – Modrow selbst habe kapituliert, dem Kanzler blieb keine andere Wahl, als das Heft in die Hand zu nehmen.

Auf Anfrage sagt Hans Modrow heute, er habe kein Wort davon gesagt. Schon allein, weil diese Schilderung der DDR-Realität keinesfalls entsprochen hätte. Er verweist auf ein interessantes Detail. Das vermeintliche Vieraugengespräch in Davos war in Wahrheit ein Achtaugengespräch. Modrow hatte seinen wissenschaftlichen Mitarbeiter Dr. Karl-Heinz Arnold dabei. Und der Kanzler den seinen – selbstredend Horst Teltschik. Noch 1990 erschien Arnolds Buch: *Hans Modrow – Die ersten hundert Tage*. Darin findet sich eine ausführliche Schilderung des Treffens, von der Modrow sagt, sie werde dem Inhalt und Charakter der Begegnung gerecht.

Neben dem ausladenden Kanzler habe der Ministerpräsident fast zierlich gewirkt, heißt es dort, doch gekämpft werde nicht, kein Sieger, kein Verlierer, ein Gespräch, das stockend in Gang kommt. Man bescheinigt sich gegenseitig, dass die bisherige Briefschnüffelei und Telefonabhörpraxis eingestellt seien. Der Kanzler erkundigt sich nach Honecker und den anderen in Untersuchungshaft; das Gespräch stockt wieder. Modrow spricht von gemeinsamer Verantwortung und davon, dass bei den DDR-Bürgern das Vertrauen in die solidarische Unterstützung aus der Bundesrepublik, von der in Dresden die Rede gewesen sei, schwinde. (Angesprochen auf den Umstand, dass seit Maueröffnung die Bundesbürger reichlich vom Kauf subventionierter Waren und Dienstleistungen Gebrauch machen und die DDR einst die alleinige Last der Reparationen für den Zweiten Weltkrieg getragen hatte, sagte der Kanzler damals Finanzhilfe zu.) Arnold weiter:

> »Helmut Kohl fragt: Was braucht die DDR? Der Ministerpräsident stutzt, schluckt, holt tief Luft, entschließt sich, die notwenigen 15 Milliarden D-Mark erneut zu nennen. Der Kanzler geht darauf nicht ein, erzählt wie beiläufig von der Nachkriegswährungsreform in der Bundesrepublik. Die wichtigste Sache, sagt er, ist die Währung.«

Er wolle binnen 48 Stunden unorthodoxe Denker aus der DDR benannt haben, mit denen er darüber reden könne.

Hans Modrow ärgert sich heute noch, dass er es nicht gewagt hat, Kohl herauszufordern und nach seinem Entwurf für eine Vertragsgemeinschaft zu fragen, der seit Mitte Januar beim Kanzler auf dem Tisch lag. Das war seine Idee von »einem Land und zwei Systemen«. Maximale Zusammenarbeit, ohne die Strukturen in beiden Teilen zu verändern. »Das war mein Fehler, ich hätte sagen müssen, darüber will ich reden.« Dass man nach westlichen Spielregeln nicht ungefragt Fehler einräumt, hat Hans Modrow immer noch nicht verinnerlicht.

Woher also hatte *Der Spiegel* die in die Historie eingegangenen Bankrott-Aussagen? Von Modrow und Arnold jedenfalls nicht. Sich die wörtlichen Zitate autorisieren zu lassen, hat *Der Spiegel* nicht für nötig befunden. So viel Respekt hat dem amtierenden Ministerpräsidenten der DDR auf seinem Schleudersitz kein westliches Medium zugebilligt. Journalistische Minimalstandards wurden missachtet. Das besonders im Osten große Misstrauen in die Glaubwürdigkeit der Presse sollte niemanden verwundern.

Selbstverständlich habe ich mir diese Passage nun autorisieren lassen. Bei dieser Gelegenheit brachte Hans Modrow einen weiteren Beweis gegen die Darstellung der westlichen Medien und Politiker ins Gespräch. Modrow hatte 2013 auf Anfrage vom damaligen CSU-Innenminister Hans-Peter Friedrich erfahren, dass der BND seit 1956 eine Akte über ihn als FDJ-Jugendpolitiker führte. Als ihm die Einsicht immer wieder verwehrt wurde, klagte er 2018 gegen die Bundesrepublik Deutschland. Vor wenigen Wochen erst wurde damit begonnen, ihm einzelne Teile zukommen zu lassen, darunter auch Lageeinschätzungen des BND über die DDR zur Zeit seiner Regierung. Dort findet sich über die Wirtschaft kein Katastrophen-Szenario, nichts von Zerfall oder fehlender Stabilität. Dagegen wird berichtet, welche Reformansätze diskutiert werden, um für die Bürger die eigne Eigentumsordnung zu erhalten. Also genau das, was die führenden CDU/CSU-Politiker und hinter ihnen die Wirtschaft empört ablehnten. Sie alle haben es von ihren eignen Diensten besser gewusst und sind dennoch hemmungslos mit drastischen Fehlinformationen vor die nationale und internationale Öffentlichkeit getreten. Und die Presse hat willig mitgespielt.

»Deutschland, es wird wahr«, titelt *Bild* am 12. Februar. Kohl und Gorbatschow hätten sich über die deutsche Einheit verständigt. Gelobt wird das »Entgegenkommen Gorbatschows«, dieses »großen Russen«, der sich in der Schicksalsstunde als »Politiker in weltgeschichtlichen Dimensionen« erwiesen habe. »Wir verneigen uns vor ihm.« *Bild* scheint bei dem vertraulichen Gespräch dabei gewesen zu sein:

> »Gorbatschow kommt gleich zur Sache, will von Kohl dessen Einschätzung der Lage in der DDR hören. Kohl redet Klartext. ›Mit der DDR geht es immer weiter bergab, die deutsche Einheit ist nicht aufzuhalten.‹ [...] Nach dem Essen zieht Gorbatschow Schewardnadse beiseite, sagt [*Bild* ist auch beiseite dabei]: ›Ich habe großes Vertrauen zu Kohl.‹«

Auf dem Rückflug wird Kohl, Krim-Sekt trinkend, den Journalisten sagen: »Das war meine schönste Reise als Kanzler.« »Noch 34 Tage bis zur Freiheitswahl« – ab sofort gibt es bei *Bild* täglich einen Countdown-Abreißkalender.

In dem »deutschen Fahrplan« aus Moskau taucht nicht nur bei *Bild* überraschend ein Punkt auf, von dem Kohl und die ganze Bagage später partout nichts mehr wissen wollen. »Spätherbst: Wahlen zu einer deutschen Nationalversammlung, die eine (dem Grundgesetz ähnliche) deutsche Verfassung verabschiedet. Anschließend erste gesamtdeutsche Wahlen.« Ganz offensichtlich war dies eine der Gorbatschow gemachten Zusagen, die einzuhalten nie beabsichtigt war. Weil das an den Anfang der Vereinigung eine gemeinsame Aktivität von West und Ost gesetzt und damit alles verändert hätte. Wie auch das nie ernst gemeinte Versprechen, die NATO nicht nach Osten auszudehnen. Noch erwecken aber Kohl und Genscher diesen Eindruck, weshalb sich gleich neben dem »Fahrplan« der Grüne Alfred Mechtersheimer ermutigt fühlt, einen Schritt weiter zu gehen: »Die Nachkriegszeit ist endlich vorbei. Wir sollten Gorbatschow für seine Haltung danken, indem sich die Deutschen aus beiden Militärbündnissen verabschieden.«

So vieles ist noch denkbar, in diesen Tagen, gut einen Monat vor der über den Weg entscheidenden Volkskammerwahl. Der bescheidene, aber beharrliche Modrow, der auch als Dresdner Chef der SED-Bezirksleitung mit seiner Familie nur eine gewöhnliche Neubau-Wohnung gemietet hatte, genießt Vertrauen. Seine Regierung, zu der nun auch die Vertreter des Runden Tisches gehören, arbeitet nach den neuen Signalen aus Moskau fieberhaft an einer Treuhandschaft für das Volkseigentum. Aber auch die Eigentums-, Mieter- und Nutzerrechte an Wohnhäusern und Grundstücken sollen geschützt werden.

Da ist *Bild* mit Desinformation zur Stelle: »Von wegen nett und bieder. Modrow ließ das Volk prügeln.« Angeblich hätten *Bild* und *Spiegel* Unterlagen, die beweisen, dass Modrow in den heißen Tagen der Revolution »nicht nur Stasi-Prügel für Frauen und alte Menschen« zuließ, sondern auch der einzige von fünfzehn SED-Bezirkschefs war, der »Polizei und Armee die Waffen durchladen« ließ. Um Emotionen gegen den Reformer zu schüren, wurden seit Monaten bekannte Fakten verdreht: Am 4. Oktober 1989 hatten auf dem Dresdner Hauptbahnhof Polizei- und Armeeeinheiten 10.000 aufgebrachte Bahnhofsbesetzer (ohne durchgeladene Waffen) geräumt, damit, wie in Bonn und Prag ausgehandelt, die Züge mit den Ausreisenden ungehindert durchfahren konnten.

Unterbösewicht

Bei der Ost-CDU ist die Nacht des Gesinnungswandels nun genau festzumachen. Es war die zwischen dem 12. und 13. Februar 1990. Am 12. zitiert die *Neue Zeit* ausführlich aus dem Referat des Parteivorsitzenden Lothar de Maizière auf der Tagung des Parteivorstandes. Man dürfe nicht in das Klagen einstimmen, die entschlossene Aufbruchsstimmung vom Oktober sei Irritation und Unentschlossenheit gewichen. Zur Irritation gäbe auch der Beschluss des CDU-Präsidiums keinen Anlass, in der Regierung Modrow als große Koalition zu bleiben. Es ginge dabei weder um Wahltaktik noch um die Person Modrow und seine Partei, sondern um die Regierbarkeit dieses Landes und seine Stabilität als Voraussetzung der Wahl. Nun müssten auch die Kräfte des Runden Tisches verstehen, dass sie nicht in der Regierung sein könnten und sich gleichzeitig als Opposition verstehen. Mit diesem Kompromiss sei zu leben.

> »Popularität dürfe nicht auf Kosten von Seriosität und Solidarität gehen. In wichtigen Lebensfragen müsse ein demokratischer Konsens gefunden werden.«

So kannte man ihn. Aber in der Nacht muss es offenbar einen Crash-Kurs in Sachen unerbittlicher Wahlkampf gegeben haben. Schon am nächsten Tag veröffentlicht dieselbe Zeitung vom selben Vorsitzenden in einer fremden Diktion und in einem schwarzen Rahmen einen Brief an die Mitglieder der CDU. Jetzt geht es um den Weg zu Freiheit, Einheit, Wohlstand und Marktwirtschaft. »Überlassen wir das Feld nicht der SPD! [...] Kein Zurück zu sozialistischen Experimenten! Ehemaligen SED-Mitgliedern keine politische Verantwortung!« Keine Verantwortung dem Oberhaupt der Regierung, in welcher er gestern noch so überzeugt mitarbeiten wollte? Der Appell an Seriosität vergessen? Fragen sich die Wähler, wen man noch ernst nehmen kann?

Doch kaum glaubt man, etwas verstanden zu haben, kommt es schon wieder anders. Hat dem Anwalt (und Musiker) de Maizière der Ton des schwarz gerahmten Briefes doch zu schaffen gemacht? Gab es Irritation? Nur vier Tage später veröffentlicht er einen eigens für seine CDU-Zeitung verfassten Artikel mit dem Titel: »Zwei Wege«, nämlich den der Anpassung und den der Selbstbestimmung. Viele würden fragen, ob nicht schon alles vorprogrammiert sei, ob wir überhaupt etwas Eigenes besitzen, das die Wahl zu unserer macht. Sich nach der DDR-Anpassung in eine weitere zu fügen, wäre der Weg in die nun selbst gewählte Fremdbestimmung und Unmündigkeit. Die CDU stünde unter erheblichem Anpassungsdruck und der Neigung vieler zu vorauseilendem Gehorsam gegenüber Stimmungen im eignen Land und Konzeptionen aus anderen Ländern. Zwar würde sie die Worthülse Sozialismus nun ablegen, aber nicht die Menschheitsideale, die in seinem Namen missbraucht wurden. Die könne man weder PDS noch der SPD überlassen. Weshalb man in der Regierung der großen Koalition selbstverständlich weiter mitarbeiten werde.

(Wird der Wahlsieg de Maizière helfen, den Weg zwischen Anpassung und Selbstbestimmung leichter zu finden? Immer wieder wird er Akzente setzen, so als seine erste Reise als Ministerpräsident ihn nach Moskau führt und er auf der Pressekonferenz durchaus ungehörig betont, er habe zeigen wollen, »wo der Schwerpunkt unserer Beziehungen nach wie vor liegen wird«. Bis zuletzt erinnert sein Programm eher an das progressive Ahlener Programm der West-CDU von 1947. Doch der Druck steigert sich zu einer Welle, die zum Tsunami anschwillt. Spätestens Ende 1990 wird der Anwalt der Ostdeutschen Christdemokraten nach den dann gültigen Maßstäben politisch und moralisch gescheitert sein.)

Friss oder stirb

Gut vier Wochen vor der Volkskammerwahl reist eine DDR-Delegation nach Bonn. Sie möchte, wie von Kohl in Dresden versprochen, einen eher bescheidenen finanziellen Solidarbeitrag von zehn bis fünfzehn Milliarden D-Mark. Und

Garantien, dass frühere Haus- und Grundbesitzer nicht alte Rechte geltend machen und die neuen, nunmehr langjährigen Nutzer vertreiben können. Laut *Spiegel* vom 19. Februar missbraucht Kohl die Besucher für den einzigen Zweck, den Wählern drüben zu demonstrieren, wer allein ihnen helfen wird. Kohl habe, so wird ein Kabinettsmitglied zitiert, »die Reiche-Onkel-Haltung« vorgeführt nach dem Motto: »Friss oder stirb.« Danach beschwert sich Modrow: Man könne eine Währungsunion zwischen zwei Staaten nicht einseitig erklären. Es gehe nicht an, dass der Ministerpräsident der DDR dieses aus der Zeitung erfährt. »Bei mir ist nationales Denken ausgeprägter als bei Kohl. Der denkt nur an Wahlen.«

Der *Spiegel* sieht es anders: Politisch gäbe es nicht mehr viel zu verhandeln; »wenn die D-Mark erwünscht ist, dann muss die BRD-Rechts- und Finanzordnung ohne Fisimatenten mitgeschluckt werden«. Ein Bonner Staatssekretär wird im Blatt noch deutlicher: »Das ist ein Diktat, aber nur wenn in dieser Phase mehr als Marginalien am Rechts- und Sozialsystem der DDR geändert werden, kann die Operation gelingen.«

Ein Diktat also. Zur tödlichen Intensivbeatmung eines Patienten, der durch zweckdienliche Fehldiagnose bereits für scheintot erklärt wird. Das Verschachern seines öffentlich geleugneten, in Wahrheit aber erheblichen Erbes beginnt bei noch lebendigem Leibe.

Zum Diktat kommen im Wahlkampf wohlklingende Versprechen, die nie eingehalten werden. Im CDU-Angebot sind zehn Jahre lang jeweils neunzig Milliarden Mark für die DDR – wofür der Rheinland-Pfälzische Ministerpräsident Carl-Ludwig Wagner sogar den Verteidigungsetat angreifen würde. Wenn das bei den Ostlern keine Begeisterung auslöst, was dann?

Am selben Tag zeigt *Bild* ein Foto von einer langen Schlange vor der Staatsbank in Ostberlin. Die habe sich gebildet, als die Menschen von der Gefahr des wirtschaftlichen

Zusammenbruchs gehört hatten. Auf DDR-Sparkonten lägen immerhin 177 Milliarden Ostmark. Wie viel davon würde eins zu eins umgestellt? In der *Tribüne* kritisiert der SPD-Politiker Karsten Voigt Teltschiks Gerüchte scharf. Sie hätten in der DDR zu Hamsterkäufen geführt. Dass der Minister für Handel und Versorgung am Vortag auf einer Pressekonferenz erklärt hatte, die Waren des täglichen Bedarfs seien garantiert, obwohl zehn Prozent der Lebensmittel von Westdeutschen gekauft würden, beruhigt nur bedingt.

Das nunmehr tatsächlich unmittelbar bevorstehende Westgeld weckt einerseits große Begehrlichkeit und Ungeduld, aber auch Erstaunen und Verunsicherung, zu welchem Kurs das gut gehen werde. Vorfreude mischte sich mit Ernüchterung und Existenzangst: In Betrieben kommt es zu Warnstreiks. Die PDS klebt Tausende Plakate: *Kommt die D-Mark zu früh, kommt die Vernunft zu spät.* Doch die Kameras halten nur auf die gegenteiligen Slogans: *Kommt die D-Mark, bleiben wir, kommt sie nicht, geh'n wir zu ihr.* Besagter Slogan war Auslöser für die Behauptung, die Straße habe nach dem Geld geschrien, sodass die Politiker gar nicht mehr anders konnten, als es herauszurücken.

In einem Feature von *Deutschlandfunk Kultur* vom 18. August 2014 wird das erste Foto beschrieben, das es von einem Plakat mit diesem Slogan gibt. Es stammt von dem Fotografen Wolfgang Weihs und wurde am 12. Februar auf der Leipziger Montagsdemo aufgenommen. Dem aufmerksamen Publizisten Otto Köhler war aufgefallen, dass das Plakat an Bambusstöcken hing, genau wie die schwarz-rot-goldenen Fahnen bei Kohls Großkundgebungen. »Und später erfuhr ich«, so Köhler, »dass aus Bonn, aus der Propagandazentrale der CDU, Wagen gekommen waren, die Fahnen mit ebendiesen Stöcken anlieferten.« Das war unbedacht, denn Bambusstöcke gab es in der DDR nicht.

Eine Woche bevor jener Slogan erstmalig in Leipzig dokumentiert ist, war er bereits Thema im Kanzler-Bungalow. Das geht aus Teltschiks später veröffentlichtem Eintrag in sein Tagebuch vom 6. Februar bezüglich Kohls D-Mark-Angebot hervor. »Wir hatten angesichts der ständig steigenden Übersiedlerzahlen seit Tagen über einen solchen Schritt diskutiert. Unsere Überlegung war: Wenn wir nicht wollen, dass sie zur D-Mark kommen, muss die D-Mark zu den Menschen gehen.« Wie sich diese Überlegung fast wortwörtlich ihren Weg zu den Demonstranten gebahnt hat, ist bis heute nicht klar.

Unbelastet von allzu viel Aufmerksamkeit, hat sich die Gewerkschaftszeitung inzwischen zum kämpferischsten Blatt entwickelt. Die *Tribüne* kostet fünfzehn Pfennig, wie fast alle Tageszeitungen, ist auflagenstark und wurde bisher kaum zur Kenntnis genommen. Ob sich daran etwas geändert hat, ist im Nachhinein fraglich. Am 19. Februar prognostiziert sie (sehr zutreffend) Katerstimmung nach der Währungsunion bei den Arbeitnehmern (die Sprache ist schon beigetreten). »Logische Konsequenz für Gewerkschaften BRD und DDR: Rigoroses Einmischen in alle Regierungsprozesse zur staatlichen Einheit.« Das richtet sich an Modrow: Die DDR habe gute und gesicherte Rechte einzubringen, »die wir auf keinen Fall kampflos aufgeben werden. Ein billiger Anschluss ist mit uns nicht zu machen.« Auf einem Treffen bekräftigt ein erfahrener Kollege von der IG-Metall: »Über die künftigen Rechte starker Gewerkschaften wird auf dem Territorium der DDR entschieden [...]. So pflegeleichte Gremien wie Betriebsräte braucht ihr nicht.«

Am selben Tag schildert der Spiegel die psychologischen Folgen des sofortigen D-Mark-Angebotes unter den Ostdeutschen. In der »eben noch auf wunderbare Weise angstfreien Wende-DDR« wuchere nun die Furcht vor einer materiell schwierigen Zukunft. Vor Arbeitslosigkeit und »der Vereinnahmung durch die selbstbewussten Wessis, die sich seit Wochen in Büros und Firmen, Hotels, Kneipen und Ferienplätzen breitmachen, die Angst vor Mietwucher, Sozialabbau und Geldentwertung.« In Bekanntenkreisen gäbe es nur noch das Thema Währungsunion und Wiedervereinigung. »Keiner liest mehr ein Buch, keiner geht ins Kino – nur noch Panik.« Besonders Frauen fürchteten um ihre Position, die Zahl der Abtreibungen sei bereits gestiegen. Wenn das so weitergehe, »bricht hier Hysterie aus«.

Auslöser sei das von Teltschik konstruierte Szenario. Durch die »Bonner Zermürbungsstrategie« gäbe es »überall in der DDR Existenzangst«, bezeugt ein Ost-Jurist in dem Blatt. Konnten bisher die Warnungen der Bürgerrechtler und der PDS weggebügelt werden, so wird nun illustrierend ein Magdeburger Schlosserlehrling zitiert: Konzerne würden hier das große Geld abzocken, Wohnungsspekulanten die Mieten hochdrücken. »Aber die Arbeiter werden wieder auf der Strecke bleiben.« Und ein Ostberliner, der am Alex sein ganzes Geld abhebt, lässt den Spiegel wissen: »Für ’n Appel und ’n Ei woll’n die uns koofen, schussreif machen woll’n die die DDR.«

Der 20. Februar. Kohl tritt vor Zigtausenden zu seiner Wahl-Großveranstaltungen auf dem Erfurter Domplatz auf. Das Fernsehen überträgt seine Versprechungen live: Die Löhne werden eins zu eins umgestellt und die Renten der Ostler erhöht. »Wenn Sie mit einer harten D-Mark sich die Ware kaufen können, die Sie wollen, wenn Sie frei über Ihr Leben entscheiden können, wird Erfurt und Thüringen ein blühendes Gemeinwesen.« Dafür werde die Allianz für Deutschland sorgen. Zehntausende jubeln ihm zu, schreibt die Neue Zeit unter einem Foto. Mehr berichtet sie nicht.

Wieder warnt Bundespräsident Richard von Weizsäcker vor einer »Vereinnahmung der DDR«. In der ZDF-Sendung »Bonn direkt« verwahrt er sich am selben Abend dagegen, die Menschen in der DDR wie »arme Vettern« zu behandeln. Das sei vielmehr ein »großartiges Stück Land, auf das wir bauen können«. Die Einheit sei eine Jahrhundertaufgabe und tauge nicht für parteipolitischen Machtkampf.

Die *Berliner Zeitung* macht mit einer Karikatur auf. Ein seefahrender Kohlumbus mit behelmtem Birnenkopf landet auf einer Insel mit zerfranster DDR-Flagge. Darunter das Schild: »Bundes-Deutsche Kohlonie!«

Gleichzeitig wird das neuste ZDF-Politbarometer veröffentlicht. Zwei von drei Bundesbürgern geht der Einigungsprozess zu schnell. Drei Viertel würden der DDR lieber finanzielle Hilfe zukommen lassen. Dafür seien aber die »ungerechtfertigten Vorteile« für die DDR-Ausreisenden zu beenden. Sie nähmen den Bundesbürgern Arbeit und Wohnungen weg. Sonderleistungen bei Renten und Arbeitslosengeld seien zu streichen. Das ist durchaus bemerkenswert. Überall werden mit großer Mehrheit Alternativen zur überstürzten Einheit angeboten – von der Bevölkerung in BRD und DDR, von westlichen Experten, von Europäern. Aber Helmut Kohls Machtinstinkt bringt ihm Bilder von jubelnden Massen (die dennoch nicht die Mehrheit sind) und walzt alle Bedenken nieder.

»Die ostdeutsche Industrie hätte mithilfe von Investoren aus aller Welt überleben können«, schreibt Michael Sauga dreißig Jahre später im *Spiegel* Nr. 27/2020. Doch das war auch damals schon offensichtlich. Wenn auch nicht offenrichtig. Dass im Osten neben Vorfreude auf die D-Mark starke Verunsicherung um sich greift, kann in Bonn nicht unbemerkt geblieben sein. Noch sind die Wahlen nicht gewonnen. Im Gegenteil – auch DDR-Bürger sind traurig, wie *Bild* am 20. Februar titelt. »Die Westler essen uns alles weg. Es ist beschämend! Immer mehr Bundesbürger plündern die DDR. Für ein paar harte West-Mark kaufen sie unseren Landsleuten drüben die Regale leer.« Sie würden die subventionierten Lebensmittel körbeweise aus den Läden schleppen. »Das habt ihr doch nicht nötig«, stünde davor auf Plakaten der Einwohner. In grenznahen Geschäften gäbe es schon kein Obst und Gemüse mehr, oft nicht mal Brot. Auch in Restaurants würden die »Bundis« bei den »Spottpreisen« prassen.

Drei Tage später setzt *Bild* noch eins drauf: »Bitte, bitte, esst ihnen nichts mehr weg. DDR in Not. Versorgungslage verschlechtert sich dramatisch. Panik-Käufe: Mehl, Zucker, Teigwaren, Fleisch, Wurst, Butter, sogar Marmelade. Angst vor Hunger.« Das war maßlos übertrieben. Aber wo gibt es in diesen Tagen noch ein Maß? Am selben Tag beklagt *Bild* nochmals Not, auch auf den West-Berliner Intensivstationen. Sechzehn der 24 sind überfüllt und schicken die Blaulichtwagen mit eiligen Fällen weg, auf Irrfahrten durch die Stadt.

Wir sind noch beim 23. Februar, es meldet die DDR-Nachrichtenagentur ADN, in Paris sei ein statistischer Bericht der Organisation für wirtschaftliche Zusammenarbeit und Entwicklung (OECD) erschienen, der bestätigt, dass die DDR »nach wie vor kreditwürdig« ist. Zwar sei die Verschuldung in harter Währung auf 21,2 Milliarden Dollar gestiegen, aber dies sei ein »schwaches bis mäßiges Niveau«. Gleichzeitig wird in der *Schweriner Volkszeitung* gewarnt, dass eine schnelle Einführung der D-Mark »die Besteigung der Eigernordwand im Winter« wäre. Noch ist die DDR-Regierung nicht für wert befunden worden, ihr den Vorschlag auch nur offiziell zu übermitteln, wie Regierungssprecher Meyer »mit einem gewissen Befremden« feststellt.

Die FAZ zitiert Wirtschaftsministerin Luft: »Da organisieren wir uns ein Chaos.« In einem Kommentar auf Seite eins schießt sich Eckhard Fuhr auf den »Provokateur Lafontaine« ein, der auch dagegen ist. Der Internationalist passe nicht zu den kirchennahen Vertretern der Ost-SPD, die nationaler und antikommunistischer agierten als ihre Westgenossen.

Die Welt warnt DDR-Künstler vor der Ausreise. Im Westen müssten sie erst lernen, sich auf dem Markt anzubieten. Der Liedermacher Gerhard Gundermann, der als »Gundi« später Kultstatus bekommt, sagt im *Neuen Deutschland*: »Jetzt wird es härter und interessanter.« Der Wahl-Count-Down-Abreißkalender der Bildzeitung steht auf 29.

Am 26. Februar zitiert die *Tagesschau* nach dem Treffen von Präsident Georg Bush sen. und Kanzler Kohl einen Kommentator der amtlichen sowjetischen Nachrichtenagentur Tass. Danach sei ein zur NATO gehörendes, vereintes Deutschland für die Sowjetunion völlig inakzeptabel. Auch wenn die Streitkräfte nur im westlichen Teil Deutschlands stationiert würden, wären sowjetische Sicherheitsinteressen berührt. Zuvor hatte der sowjetische Diplomat Valentin Falin im Saarländischen Rundfunk unmissverständlich gesagt: »Wir sprechen nicht über Neutralität des vereinten Deutschlands. Wir sprechen über die Abschaffung des militärischen Faktors in Europa insgesamt.« Moskau sei zu einer solchen Umgestaltung Europas »voll und komplett bereit«. Die Chance zu einer solchen Friedensordnung solle nicht verspielt werden. Stattdessen wird Kohl von SPD- und FDP-Politikern scharf dafür kritisiert, dass er – im Gegensatz zu Bush – immer noch an seinem »Anerkennungsvorbehalt zur polnischen Westgrenze« festhält. Die britische Premierministerin Margaret Thatcher ist dagegen, Ostdeutschland in die EG aufzunehmen.

Wichtig für die Frage nach dem Meinungsumschwung: Aus internationaler Perspektive ist Ende Februar, also drei Wochen vor der Wahl, immer noch alles offen. Derweil fährt an diesem verregneten Rosenmontag in Köln der Wagen: närrische Wiedervereinigung. Die Sympathien der meisten Westler sind eher bei Thatcher und Mitterrand. In einer Infas-Umfrage sehen zwei Drittel der Bundesbürger nach Öffnung der Grenze keinen Grund mehr dafür, dass DDR-Bürger ihr Land verlassen. Das Verständnis dafür sei »drastisch zurückgegangen«, meldet der Westdeutsche Rundfunk. Die Signale der Brüder und Schwestern werden nicht freundlicher.

Östliche Zeitungen zitieren am 1. März Willy Brandt, der scharfe Kritik an der »Angstkampagne« der CDU/CSU im DDR-Wahlkampf übt. Wenn der bayrische Ministerpräsident Max Streibl sage, dass »die DDR nur dann Geld bekomme, wenn dort CSU-nahe Parteien gewählt würden«, sei dies Erpressung. Was bleibt der SPD dann noch? Man solle nicht alle Unsitten des Wahlkampfes exportieren.

Die Erpressung und die Unsitten lassen die Stimmung umschlagen – sie pendelt zwischen Ratlosigkeit oder Aggression und Panik. Aber der Umschlag schlägt sich immer noch nicht in Wahlprognosen nieder. Wollen sich die ungeübten Wähler nicht in die Karten gucken lassen? Haben sie überhaupt ein Blatt in der Hand? Westzeitungen überschwemmen inzwischen unter Umgehung von Post und Zeitschriftenhandel der DDR den Markt. Die Ost-Zeitungen zitieren dennoch am 1. März eine Umfrage vom *Stern*, die unmittelbar nach Kohls definitivem D-Mark-Versprechen erhoben wurde. Danach ist nun gut die Hälfte, nämlich 56 Prozent, für die Einheit. Ob früher oder später und zu welchen Konditionen, bleibt offen. Oder auch nicht: Die geruhsamere Ost-SPD hat immer noch doppelt so viele Stimmen wie die Kohl-Allianz und käme zusammen mit der PDS auf eine satte Zwei-Drittel-Mehrheit. Wären deren Reform-Politiker nicht für sämtliche Parteien die Unberührbaren. Was nicht im Sinne der Wähler ist, denn Hans Modrow gilt bei sechzig Prozent der vom *Stern* Befragten als »sympathischster Politiker der DDR«.

Die Ostdeutschen widerstehen mit großer Mehrheit lange der schnellen Käuflichkeit. Das ist in der bisherigen Geschichtsschreibung ein Tabu. Nach gängiger Lesart wollten nach Maueröffnung fast alle blindgläubig nur noch so schnell wie möglich den Geldsegen. Stattdessen scheinen vierzig Jahre marxistische Theorie über die Tücken des Kapitalismus immer noch Spuren im Denken hinterlassen zu haben. Lafontaines Linie der Warnung vor dem schnellen Geld und der behutsamen Annäherung im Rahmen der europäischen Einigung verteidigen in der zwei Wochen vor der Wahl veröffentlichten Umfrage, zusammen mit der PDS und Bündnis 90, immer noch zwei Drittel der DDR-Bürger.

Eine Woche vor der Wahl tagt die Führungsspitze der CDU/CSU-Bundestagsfraktion unter Alfred Dregger erstmals in der DDR – was die PDS für eine Unverschämtheit hält. Darauf wird CSU-Landesgruppenchef Bötsch zitiert: Die PDS »solle den Mund halten, statt Nachhilfeunterricht geben zu wollen«. Die Westfraktion verabschiedet eine »Dresdner Erklärung« zur DDR-Wahl, in der sie Artikel 23 des Grundgesetzes als sichersten Weg zur Einheit vorgibt. Also Beitritt als Anschluss, ohne Wenn und Aber.

»Keine Einheit um jeden Preis«, heißt es dagegen in einer Anzeige des Unabhängigen Frauenverbandes und der Ostgrünen vom 9. März. Sie wenden sich gegen einen Sofortanschluss, der »nur wenige Gewinner und viele bittere Verlierer« haben würde und verlangen einen wechselseitigen Reformprozess. Die Vereinigte Linke plakatiert nun DDR-weit: Lieber rote Rüben als Kohl von drüben!

Unmittelbar vor der Volkskammerwahl, die über das Schicksal des Landes entscheiden wird, ermittelt das Institut für sozialwissenschaftliche Forschung, dass 68 Prozent der DDR-Bürger für die Erhaltung des Volkseigentums sind und daneben andere Eigentumsformen zulassen wollen. Kein Wille wird so gröblich missachtet werden wie dieser. Allerdings auch durch das Abstimmverhalten der Wähler selbst. Wünsche, Versprechungen und Ängste passen nicht unter ein Dach. Nun gibt es fast täglich Umfrageergebnisse, die je nach Formulierung der Fragen auch voneinander abweichen.

In der ersten Märzwoche bietet die Mannheimer Forschungsgruppe Wahlen auf den ersten Blick das entschiedenste Bild: In der DDR sind 91 Prozent und in der BRD 82 Prozent für eine Vereinigung. Na bitte, worüber reden wir hier noch? Über vorschnelle Vereinnahmung, wenn Zusatzfragen missachtet werden. Die gleiche Umfrage ergab, dass in der DDR die absolute Mehrheit (54 Prozent) und in der BRD sogar die Zweidrittelmehrheit (66 Prozent) wünschen, sich mit dieser Vereinigung Zeit zu lassen, worunter die meisten den Weg über eine Konföderation verstehen. Damit war die Mehrheit der Deutschen in Übereinstimmung mit den Bürgern der KSZE-Staaten, die auch von einer Einigung im Rahmen Europas und dessen Währungsunion ausgingen.

Die *Spiegel*-Ausgabe vom 12. März ist die letzte vor der Wahl. Sie berichtet von für DDR-Verhältnisse unbotmäßigen Vorkommnissen: verunstaltete Wahlplakate, zerschmissene Scheiben von Parteibüros, zerstochene Reifen von Wahlkampfautos, denunziatorische Briefe an West-Redaktionen, Eier, die den Kanzler in Magdeburg treffen, dazu das passende Plakat: »Wir machen den Kohl nicht fett.« – »Der erste Wahlkampf für die erste freie Wahl erscheint als Kampf total.« Ein Teil der Bürger wisse nämlich mit einer freien Wahl (noch) nichts anzufangen. Woher auch sollten sie es wissen, wird gefragt. Dafür, so muss man dazwischenrufen, weiß ein Teil der westlichen Politiker und Journalisten zu viel damit anzufangen – mit ihrer schweren Walze pressen sie die Freiheit auf Pizza-Format und wundern sich nun, dass sich nicht mal genügend Wahlhelfer gemeldet haben. Dann aber die erstaunliche Einsicht: Die meisten Stimmen werden »Resultat von Ängsten« sein. Ist es das, was es von freien Wahlen jetzt zu begreifen gilt? Ihr therapeutischer Effekt?

»The winner is«, wer die schlimmsten Ängste geschürt und die schönsten Versprechungen gemacht hat. Jetzt wissen die Wahlforscher schon, dass die Konservativen mächtig aufgeholt haben. Was im Widerspruch zur Stimmung steht: »Vom Westen scheint derzeit kein Heil zu kommen, sondern Bedrohung«, heißt es ahnungsvoll im Spiegel. Nicht nur unter Linken fürchtet man die »freie, geheime und gleiche Annexion«. Von »Wetterwende« ist in dem Artikel die Rede und davon, dass die letzten Gesetze (der nicht frei gewählten Volkskammer), nämlich eine Sozialcharta und ein Gewerkschaftsgesetz, bei Wirtschaftsverbänden »das programmierte Entsetzen« ausgelöst hätten.

Zu den schönen Versprechungen gehört an diesem Tag eine Anzeige der Münzhandelsgesellschaft MBH in östlichen Zeitungen: »Der Weg ist frei – Deutschland einig Vaterland« verspricht eine goldblinkend geprägte Sondermünze zum Ostmark-Vorzugspreis.

Die *Schweriner Volkszeitung* berichtet am selben Tag von einer Matinee von Günter Grass im Großen Haus des Mecklenburger Staatstheaters zu seinem Stück *Die Plebejer proben den Aufstand*. Wegen dieses Stückes wurde er in der DDR nicht gedruckt. Im Gespräch wendet sich Grass gegen die Wahlkampfauftritte »westlicher Demagogen«, die angesichts wirtschaftlicher Schwierigkeiten Versprechungen machen »bis zum Sportpalaststil«. »Wollt ihr unseren Reichtum?« Das sei erschreckend. Und erinnere an die Haltung von Kolonialherren. »Dümmer ist Freiheit wohl nie formuliert worden« als in dem FDP-Slogan: »Freiheit ist Leistung«. Der Begriff freie Wahlen sei für ihn bereits fragwürdig geworden, da Demagogie in den Wahlkampf gelangt sei und die Atmosphäre vergifte. Für die beschämende

Behandlung der Delegation der Regierung Modrow und seiner Minister vom Runden Tisch entschuldigt sich Grass und erhält »donnernden Beifall«.

Am Wahltag verlangt der Vorsitzende des Verkehrsausschusses des Bundestages (CSU) von der Regierung der DDR in der FAZ, »das Tempolimit auf den Straßen der DDR generell aufzuheben«.

Einen Tag nach der Wahl jubelt der *Spiegel* über „ein Unternehmen der Superlative: Das DDR-Kombinat, der Welt größter Hersteller von Eisenbahnwaggons, geht mit all seinen 17 Werken und seinen rund 23 000 Mitarbeitern in der neu zu gründenden Deutschen Waggonbau AG auf."

Westwahlen auf dem Territorium der DDR – ein Fazit

Zu den von Grass und Brandt kritisierten Unsitten gehörte weit mehr als das von Schmidt verharmloste »Schienbein-Treten«. Quer durch alle Medien beschrieb man deren Methoden, wie in dieser kleinen Presseschau zitiert, mit ganz anderen Begriffen: Massiver Wahlkampf auf fremdem Territorium, falsche Versprechungen, Desinformation, Regierungsanarchie, Sportpalaststil, Angstkampagnen, wirtschaftliche Erpressung, Diktat, Kapitulationsforderung, Dreistigkeit, Instrumentalisierung von Übersiedlern, Zermürbungsstrategie, schussreif machen, Annexion, geistige Besetzung, Herbeireden einer ausweglosen Situation, Erzeugung von Panik und Hysterie.

Diese in allen Medien beschriebene Stimmung war das Gegenteil von einer rationalen, von Sachkenntnis getragenen Wahl. Freiheit beruht auf der Auswahl des Vernünftigen. Sie ist Ergebnis eines aufgeklärten Nachdenkens. Fehlen dafür aber von Fakten gedeckte Prämissen, hat das Ergebnis eher mit Willkür zu tun als mit Vernunft. Ohne Vernunft keine Freiheit.

Nach gängiger Geschichtsschreibung war die Volkskammerwahl vom März 1990 die einzige, die den demokratischen Grundsätzen entsprach. In Wahrheit waren es Westwahlen auf dem Territorium der besetzten DDR. Ein Vorgang, der mit der Zuschreibung »demokratisch« nicht gerade trefflich erfasst ist. Die Ostler hatten eher die Rolle von umworbenen Statisten.

Auf parlamentarische Anfrage hat das Bundesinnenministerium Zahlen herausgerückt, die von dpa verbreitet wurden. CDU/CSU haben 94 Wahlkampf-Veranstaltungen in der DDR gemacht, SPD sechzig, FDP 48 und die Grünen drei. Über parteinahe Stiftungen (und damit auch mit Steuergeldern) wurden 7,5 Millionen D-Mark in den DDR-Wahlkampf gesteckt. Die Ostpartner von CDU/CSU haben davon 4,5 Millionen bekommen, um der Story vom zahlungsunfähigen, vor der Kapitulation stehenden Staat zum Durchbruch zu verhelfen, die Splitterpartei der Liberalen 1,5 Millionen für ihren Feldzug im Namen der Marktwirtschaft. Auf der linken Seite mussten 1,5 Millionen für die SPD genügen, für den Versuch, mehr Vernunft auf den Weg zu bringen, denn Bündnis 90, die friedlichen Revolutionäre aus dem Osten, auf die alle angeblich so stolz waren, bekamen Null Komma Null Unterstützung aus dem Westen.

So ist das Wahlergebnis nur in Relation zu verstehen. Die konservative CDU/CSU-Allianz hat es mit sechzig Prozent der Wahlkampfgelder zu 48,2 Prozent der Stimmen gebracht. Die Liberalen mit zwanzig Prozent der Gelder zu fünf Prozent Stimmen. Die SPD mit ebenfalls zwanzig Prozent der Gelder zu 22 Prozent Stimmen. Bündnis 90/Grünen mit null Prozent der Gelder zu 2,9 Prozent der Stimmen. Die PDS, in Regierungsverantwortung mehr mit Krisenmanagement befasst, kam unter Dauerbeschuss, ohne Erfahrung mit westlichen Wahlkämpfen und nur mit Ostgeld auf 16,3 Prozent der Stimmen. Nur das linke Lager hatte mehr Stimmen als Geld.

Dies bedenkend, gehörte zu den ersten Lektionen, die die Ostdeutschen zu lernen hatten, die Einmischung in und die Käuflichkeit von Wahlen. Westlinken ist es nicht entgangen. Michael Schneider beschrieb in seinem noch im selben Jahr erschienenen Buch *Die abgetriebene Revolution*, wie 100.000 Kassetten und Schallplatten mit Reden von Kohl verschickt oder verteilt wurden oder wie etwa zu Kohls Auftritt in Erfurt hessische CDUler, angekarrt mit acht Omnibussen, in einer Nacht 80.000 Plakate klebten. »Die Bundesdeutschen entdeckten in der ihnen plötzlich zugänglich gewordenen DDR ein Terrain, auf dem sich ein Stück versäumter Kolonialgeschichte nachholen lässt.«

»Der eigentliche Feind, so bläuten die Bonner Allianz-Partner den DDR-Wählern ein, sei nicht mehr die PDS, sondern die SPD«, hieß es im *Spiegel*. Die Medien übermitteln diese Botschaft auch mit den Bildern von der letzten Leipziger Demo vor der Wahl. Während sich die Messe letztmalig einer hohen Nachfrage erfreut, hört und sieht man schwarz-rot-goldene Fahnen schwenkend auf dem Ring inzwischen mehr bundesdeutsche Montagstouristen als Einheimische. Die Linken haben sich zurückgezogen. Die bekannte Melodie von: Stasi in die Produktion, hat einen neuen Text: Keiner wählt die SPD. Auf dem Markt fragt ein grellrotes Plakat: »Wollen Sie einen Mercedes Benz fahren? Für die erfolgreiche Vermittlung eines Hauses oder Baugrundstückes bieten wir als Vermittlungsprämie einen Mercedes oder 5.000 D-Mark in bar.

Letztlich standen sich vor der Wahl zwei West-Lager gegenüber, die entgegengesetzte Wege anboten. Das von Kohl »mit Brachialgewalt« geschmiedete konservative Wahlbündnis Allianz für Deutschland aus CDU, DSU und DA, das unter der simplen Parole »Nie wieder Sozialismus« das Konsum-Heil in sofortiger Währungsunion und einem Anschluss der DDR an den kompletten Status quo der Bundesrepublik vorsah. Und das im weitesten Sinne linke Lager aus SPD, PDS, Bündnis 90, Vereinigte Linke, das einen behutsamen Prozess bevorzugte, der schrittweise, im europäischen Rahmen zu einer Einheit gelangt, in der die sozialen Folgekosten für beide Seiten gering gehalten werden und den DDR-Bürgern Teilhabe garantiert wird, in der sie Bewährtes und im Reformprozess Angedachtes einbringen können. Welchem Weg die West-Demagogie ungewohnten DDR-Wähler trauen würden, blieb bis zuletzt unklar.

Unübertroffen bleibt die Karikatur von Henry Büttner in der *Berliner Zeitung*. Das Wahllokal ist schon leer, dessen Chef zeigt streng auf die Uhr: fünf vor sechs. Aber vor der Kabine hockt auf dem Boden, den Wahlzettel vor der Nase, verzweifelt ein Mann und kann sich nicht entscheiden. Es bleibt ein unerklärbarer Rest über das Maß an Verunsicherung, an bis zu Panik führender Irrationalität.

Nur wenige Tage vor der Wahl hatte das Vorstandsmitglied der Mannheimer Forschungsgruppe Wahlen, Dieter Roth, gespottet: »Man hätte auch würfeln können.« Das wäre ein sehr viel billigeres Verfahren gewesen.

Es war wie beim Russischen Roulette, wenn am Ende nur noch zwei Schuss übrig sind. Einer davon enthält die tödliche Patrone. Einer bringt Erlösung, der andere das Aus. Eine irrationale Situation. Die Chance steht fifty-fifty.

In diesem Licht erscheint das Wahlergebnis doch immerhin wacker: 192 Sitze für die von Kohls Machtinstinkt mit riesigem PR-Aufwand geschmiedete Allianz für Deutschland und 176 Sitze für ein linkes Lager, das vergleichsweise knapp bei Kasse war und vor allem wie üblich viel zu zerstritten, um eine Allianz zu bilden. Würde man diesem fiktiven, aber auf Wählerwillen beruhenden Lager noch die Ergebnisse der drei verbliebenen Blockflöten-Parteien hinzurechnen, die vierzig Jahre lang wacker am Sozialismus mitgebaut haben, standen den 192 Sitzen der Allianz sogar 206 Sitze gegenüber. Die absolute Mehrheit hatten Kohls Ostleute keineswegs, weshalb Ministerpräsident Lothar de Maizière auch eine ganz große GroKo bildete, aus CDU, DSU, DA, SPD und Liberalen.

»Die DDR bleibt erst mal das Armenhaus Deutschlands«, heißt es gleich nach der Wahl im *Spiegel*. Die Mär, wonach im März 1990 so gut wie alle DDR-Bürger so schnell wie möglich mit Westgeld im blühenden Westgarten leben wollten, stimmte schon vor der Wahl nicht, das Wahlergebnis entsprach ihr nicht und die Folgen der Wahl erfüllten solche Hoffnungen nicht. Und dennoch hat sie sich bis heute gehalten.

Der eigentliche Wunsch bestand bis zuletzt darin, Eigenes in die Einheit einzubringen. Der Meinungsumschwung war einem Diktat aus Desinformationen, Zermürbung und Erpressung geschuldet. Der Kampf um Mehrheiten hatte der Mehrheit geschadet. Sie war einer Pseudo-Entscheidung zwischen angeblich zahlungsunfähiger Wirtschaft und dem Heilsversprechen der D-Mark ausgesetzt worden. Die Leute glaubten, um ihren Besitzstand zu wahren, sei es erst einmal das Beste, die Kräfte des Geldes zu wählen. Sie lieferten sich den Finanzstarken aus, in der Hoffnung, dadurch selbst stark zu werden. Sie wollten das Kapital und wählten die Kapitulation.

Nach der Wahl werden die Zonis vom *Spiegel* mit erwartbarem Spott begrüßt: »Auferstanden aus Ruinen und dem Wohlstand zugewandt, wollen wir jetzt was verdienen, halten auf die ausgestreckte Hand.«

Mit der nun einsetzenden Interpretation des per Russischem Roulette ermittelten Wählerwillens fühlen sich viele offenbar missverstanden. Bevor das neue Parlament seine Arbeit aufnimmt, stellen die DDR-Bürger in der ersten repräsentativen Meinungsumfrage im April 1990 noch einmal klar, was nun ihr Regierungsauftrag ist. (*Meinungsforscher analysieren den Umbruch*, Ch.Links-Verlag 1990, S. 86.) Nach der Einheit als solcher muss nicht gefragt werden, die steht für niemanden mehr zur Disposition. Aber 83 Prozent lehnen immer noch einen schnellen und bedingungslosen Beitritt ab. Nahezu alle, nämlich 95 Prozent, möchten, dass beide Regierungen als gleichberechtigte Partner auf das Wie der Einheit Einfluss nehmen. Das ganze Volk hat verstanden, dass der Osten eine eigene Interessenvertretung braucht. Schließlich wollen immer noch 68 Prozent das Volkseigentum erhalten und nur daneben andere Formen zulassen.

Nachdrücklicher kann nicht belegt werden, dass es eben nicht darum ging, so schnell wie möglich im Status quo des Westens anzukommen. Das Misstrauen gegen Versprechungen von Politikern aller Couleur war gewachsen, weshalb man ihnen keinesfalls sein Schicksal in die Hände legen wollte. Die von der Bürgerbewegung propagierte Basisdemokratie stand immer noch hoch im Kurs – 77 Prozent hielten es für erforderlich, das Verhandlungsergebnis ihrer Abgeordneten durch eine Volksabstimmung überprüfen zu lassen.

Das aber war einzig ein Versprechen der Modrow-Regierung. Die Geldgeber der neuen Regierung hatten nicht die Absicht, solche Flausen zu finanzieren. Hier tut sich eine Kluft zwischen Wahlverhalten und Wählerwille auf, die den nicht zu bewältigenden Spagat zwischen erhoffter Mitbestimmung und erhoffter Erlösung aus dem suggerierten Bankrott offenbart. »Das war reinster psychischer Terror nach Goebbels-Manier«, schimpfte Egon Bahr über Kohls Wahlkampf. »Die politische Agenda wurde von nun an nicht von den Revolutionären gesteuert, sondern von einem Parteienspektrum, das aus dem Westen importiert worden war«, hieß es später im *Spiegel*.

Wird Modrows nicht frei gewählte Volkskammer die Interessen der meisten DDR-Bürger letztlich besser vertreten haben als die erste und letzte frei gewählte und frei instrumentalisierte Volkskammer unter Kanzler Kohl?

DANIELA DAHN

Die Währungs-union war organisierte Verantwor-tungslosigkeit

Die Kardinalsünden auf dem Weg zur Einheit lassen sich am besten in den Verträgen nachlesen. Dem ersten Staatsvertrag über die Wirtschafts- und Währungsunion, der am 1. Juli 1990 in Kraft trat, dem nicht zufällig am selben Tag verabschiedeten Treuhandgesetz, das die angeschlagene DDR-Wirtschaft zum Privatisieren und Verschrotten freigab, und dem über tausendseitigen Einigungsvertrag vom 31. August 1990, dessen Kernstück – die Regelung offener Vermögensfragen – im Anhang versteckt war. Darin die Formel: Rückgabe der Immobilie an die alten, schon mal entschädigten Eigentümer geht vor weitere Entschädigung an sie. Die Tragweite von über zwei Millionen Rückgabeforderungen von Häusern und Wochenend-Grundstücken wollten die wenigsten Abgeordneten verstehen, wie die Parlaments-Debatten in Ost und West gezeigt haben. Alle drei Verträge zielten darauf ab, durch die Wiederherstellung alter Besitzverhältnisse alte Machtstrukturen zu restaurieren.

In den im Osten durchgesetzten Sozialisierungen, die die Unternehmer mit Hilfe der Westalliierten in der Bundesrepublik erfolgreich verhindern konnten, sahen die Kapitaleigner immer das eigentliche DDR-Unrecht. Bodenreform und Enteignungen von NS-Belasteten wurden grundsätzlich, nicht im unrechtmäßigen Einzelfall, als Instrumente des Klassenkampfes verdammt. Das Volkseigentum galt als gestohlenes Privateigentum. Doch »privare« heißt »rauben«, nicht »soziale«. Verschwiegen wird, dass gerade das Privateigentum an Grund und Boden ursprünglich seinen legalen, aber nicht legitimen Ursprung in geraubtem Gemeinschaftseigentum hatte.

Wie restaurativ die Währungsunion war, scheint wenig im Bewusstsein. Mit deren bis zum Euro führenden Konsequenzen glaubt man sich in Ost und West ausgesöhnt, ohne ihr die bis heute drückenden Lasten zuzuschreiben. Ihre Ankündigung hatte wie beschrieben zunächst enorme Hoffnungen geweckt, aber schon bald auch enorme Vorbehalte. Der Vertragsentwurf blieb streng vertraulich unter Verschluss, aber Mitte April 1990 sickerten Auszüge durch Indiskretion durch. Nun wurde klar, welcher Preis gefordert wird, damit mit dem schönen Geld kein Schindluder getrieben werden kann: Die DDR hatte mit dem Tag der Einführung der D-Mark Hoheitsrechte an die BRD zu übertragen und der Beschränkung eigner Hoheit zuzustimmen. Die wichtigsten DDR-Verfassungsgrundsätze waren aufzuheben, insbesondere die sozialistische Rechtsordnung, um endlich den Erwerb von Privateigentum an Grund und Boden und Produktionsmitteln zu gewährleisten. Die Mitwirkungsrechte der DDR-Gewerkschaft FDGB entfielen, dafür wurde erstmalig das Recht zu fristloser Kündigung eingeführt. Wer seine Währungshoheit aufgibt, ist kein ernst zu nehmender Vertragspartner mehr.

Die Kommunalwahlen in der DDR am 6. Mai 1990, nur sieben Wochen nach den Volkskammerwahlen, zeigten mit einer Million Wechselwählern den Schwund an Zutrauen gegenüber den Heilsbringern der D-Mark. Die CDU verlor 800.000 Stimmen, kleine Parteien wie Grüne, Bürgerrechtler und andere, die gegen »Deutschland, eilig Vaterland« waren, steigerten sich zusammen von zwanzig auf dreißig Prozent. Doch diese Tendenz wurde mit der D-Mark aufgekauft.

Und auch mit dem Treuhandgesetz gestoppt, dass verlangte, das auf dem Volkseigentum lastende Pfändungs-, Belastungs- und Veräußerungsverbot aufzuheben und so das unvollkommene sozialistische Volkseigentum in vollkommenes kapitalistisches Staatseigentum oder, besser noch, gleich in herkömmliches Privateigentum zu verwandeln. Der wichtigste Akt der ersten und letzten frei gewählten und von Westberatern umworbenen Volkskammer war die Enteignung des Volkes. Der SPD-Politiker Rudolf Dressler sprach von einer »schlimmen Unterlassung«: »Denn nach der staatlichen Einheit bestand die klare, historisch einmalige Chance, formales Volksvermögen in breit gestreutes Eigentum an Produktivkapital umzuwandeln, die Ostdeutschen zu Miteigentümern sanierter Unternehmen zu machen.« Volker Braun brachte das »undurchsichtige Geschäft« auf den Punkt: Das Volk gab sein Eigentum ab und ließ sich die Freiheit aushändigen.

In dem irrtümlichen Glauben, es hätte im Realsozialismus nur Staatseigentum gegeben, fiel es auch den meisten frustrierten Bürgern offenbar nicht schwer, ihr Eigentum nun einem anderen, für ökonomisch fähiger gehaltenen Staat zu überlassen. Auf Drängen von Kohl wurde der Vertrag über die Wirtschafts- und Währungsunion im Bundestag und in der Volkskammer zügig und mit großer Mehrheit verabschiedet. Formal handelte es sich um einen völkerrechtlichen Vertrag zwischen DDR und BRD. Wie bei außenpolitischen Verträgen üblich, konnte man nur mit Ja oder Nein stimmen, Korrekturen waren nicht vorgesehen. Inhaltlich aber war es für die Ostdeutschen ein hochgradig innenpolitischer, verfassungsrechtlicher Vertrag, der die Umstellung von sozialistischer Plan- auf kapitalistische Marktwirtschaft bedeutete.

Die DDR-Bürger tauschten ihre Alu-Chips gegen harte D-Mark ein und fanden am Morgen des 1. Juli die westliche Warenpracht in ihren Kaufhallen vor. Ich habe es in unserem Dorfkonsum erlebt. Es stimmt nicht, dass dort keine östlichen Waren mehr gekauft wurden, sondern diese waren komplett verschwunden. Keine gewohnte Zahnpasta, auch keine Tomaten mehr von der bäuerlichen Aufkaufstelle, die neuen etwas blass, aber immerhin aus Holland. Auch der Zeitungsständer war nicht wiederzuerkennen – neben *Bild* und *Welt* Goldmann-Taschenbücher. Und erst die Autohäuser in der Stadt! Das Konsumversprechen hat sich zur allgemeinen Begeisterung erfüllt.

Darüber hinaus sind die wichtigsten Punkte des Vertrages niemals eingehalten worden.

Kapitel II, **Art.** 10 (2): »Die Vertragsparteien wählen Umstellungsmodalitäten, die [...] die Wettbewerbsfähigkeit der Unternehmen in der Deutschen Demokratischen Republik stärken.«
Ergebnis: Siebzig Prozent der DDR-Industrie brechen nach den gewählten Umstellungsmodalitäten zusammen.

Kapitel II, **Art.** 10 (6): »Nach einer Bestandsaufnahme des volkseigenen Vermögens [...] wird die DDR nach Möglichkeit vorsehen, dass den Sparern für den bei der Umstellung 2:1 reduzierten Betrag ein verbrieftes Anteilsrecht am volkseignen Vermögen eingeräumt werden kann.«
Ergebnis: Ein verbrieftes Anteilsrecht an Schulden, Schulden und nochmals Schulden – der Schlussbilanz der Treuhand. Das vage Versprechen war eine Beruhigungspille, die sich bald als Placebo erwies.

Kapitel III, **Art.** 11 (1): »Die Maßnahmen werden so getroffen, dass sie im Rahmen der marktwirtschaftlichen Ordnung gleichzeitig [...] zu einem hohen Beschäftigungsstand und zu außenwirtschaftlichem Gleichgewicht bei stetigem und angemessenem Wirtschaftswachstum beitragen.«
Ergebnis: Im Osten werden fast vier Millionen Arbeitsplätze abgebaut, im Westen zwei Millionen geschaffen. Das außenwirtschaftliche Gleichgewicht bricht in der DDR bei stetigem und angemessenem Wirtschaftsschwund zusammen.

Kapitel III, **Art.** 13 (2): »Die gewachsenen außenwirtschaftlichen Beziehungen der DDR, insbesondere bestehende vertragliche Verpflichtungen gegenüber den Ländern des Rates für Gegenseitige Wirtschaftshilfe, genießen Vertrauensschutz. Sie werden [...] fortentwickelt sowie unter Beachtung marktwirtschaftlicher Grundsätze ausgebaut.«

Ergebnis: Die gewachsenen Handelsumsätze mit den RGW-Ländern sinken – ganz im Schutz des Vertrauens – auf ein Zehntel ihres einstigen Umfangs.

Sind Staatsverträge eigentlich weniger rechtsverbindlich als einklagbares Zivilrecht? Wie lange dürfen Politiker gegen ihre eigenen Abmachungen verstoßen, ohne zur Verantwortung gezogen zu werden?

»Steht dieser Unsinn da wirklich drin?«, wunderte sich zwei Jahre später der zum Zeitpunkt des Vertrages ungefragte Bundesbankpräsident Karl Otto Pöhl, nachdem ich ihm diese Passagen vorgelesen hatte. »Ich habe das damals gar nicht mehr gelesen, ich war so verärgert, wusste schon, dass ich zurücktreten werde«, sagte er, der inzwischen Gesellschafter bei der Privatbank Sal. Oppenheim geworden war. Es sei eine Entscheidung Politik gegen Wirtschaft gewesen, meinte Pöhl. Wenn man damals auf gleiche Weise über Nacht in der Bundesrepublik den viel stärkeren Dollar eingeführt hätte, so erklärte er mir, wäre deren Wirtschaft auf einen Schlag ruiniert gewesen.

»In der Nacht zum 1. Juli 1990 ist der gesamte Kapitalstock der DDR total vernichtet worden«, befand rückblickend auch Norman van Scherpenberg, Generalbevollmächtigter der Treuhand. Durch die dreihundertprozentige Aufwertung sei die Industrie ihrer Liquidität beraubt worden. Der Wirtschaftskolumnist des Guardian hat die Wirkung der Währungsunion zu den Bedingungen von Kanzler Kohl damals als »ökonomische Atombombe« beschrieben.

Nur die bundesdeutschen Experten der Regierung konnten nicht aufhören zu siegen. Glaubten sie ihren eigenen Märchen oder waren sie hemmungslose Demagogen? Was ist besser? Beruhte das Tamtam, das Bundeswirtschaftsminister Helmut Haussmann in der *Deutschen Wirtschaftszeitung* am 12. April 1990 machte, auf Wunschbildern oder Durchhalteparolen?

Spätestens in drei Jahren werde es in der DDR »ein Wirtschaftswunder mit zweistelligen Wachstumsraten« geben. Bereits dann könne die DDR wirtschaftlich auf dem Niveau der Europäischen Gemeinschaft sein.

Was stattdessen folgte, waren verblühende Landschaften. Nachdem 95 Prozent des Volkseigentums in westliche Hände übergegangen waren, begann eine Durststrecke von achtzehn Jahren, bis auch nur die angeblich so miese Wirtschaftsleistung der DDR von 1989 wieder erreicht war. Nach repräsentativen Erhebungen der Soziologin Yana Milev demonstrierten in den Jahren von 1990 bis 1994 drei Millionen Menschen gegen Entlassungen und Ungleichbehandlung – doppelt so viele wie während der »friedlichen Revolution«. Doch sie wurden ignoriert.

Parallel zur Deindustrialisierung sank auch die Geburtenrate um siebzig Prozent, ein verlässliches Stimmungsbarometer. Die Übersiedlerzahlen in den Westen stiegen weiter an, sie waren nach Einführung der D-Mark deutlich höher als zuvor. Ausreisen zu stoppen, war als ein Hauptgrund für das Tempo der Währungsunion angepriesen worden – die Verantwortlichen wussten von Anfang an, dass daraus nichts werden würde. Die Probleme verschärften sich. Seit Öffnung der Mauer haben über zwei Millionen Menschen die einstige DDR verlassen. In den ersten Jahren konnten drei Viertel der Ostdeutschen die bis um das Fünffache gestiegenen Mieten nicht aufbringen und hatten Anspruch auf Wohngeld. Viele waren in oft sinnlose Arbeitsbeschaffungsmaßnahmen beordert und mussten Sozialhilfe beantragen.

Dass es dieses soziale Netz überhaupt gibt, ist hoch anzuerkennen, hat aber auch mit dem Aufschwung West zu tun, den die Einheit bescherte. 1990 war das beste Geschäftsjahr der Deutschen Bank in ihrer hundertjährigen Geschichte. Und nicht nur dieses Unternehmens: So wurde es bezahlbar, die Ostdeutschen gegen ihren Willen zu dauerhaften Almosenempfängern zu degradieren. »Pampern« sagt man marktgerecht und macht keinen Hehl aus dem demütigenden Unterton.

Gegen all das ist der wirtschaftliche Corona-Lockdown ein Kinderspiel. Auch nach dreißig Jahren können die nicht mehr so neuen Bundesländer ihren eigenen Verbrauch längst nicht vollständig selbst produzieren. Bis 1988 stützten westdeutsche Bänker und Ökonomen mit ihrer Forschung die Auffassung, wonach die Wirtschaftsleistung je Einwohner in der DDR knapp hinter England und Italien lag, aber vor Spanien. (Siehe unter anderem *Wirtschaft auf einen Blick*, Bank-Verlag Köln 1988, S. 116.) Heute besteht kein Zweifel, dass Ostdeutschland in dieser Kennziffer hinter Spanien liegt.

Einige Städte können sich sehen lassen, wie Leipzig, Dresden, Erfurt oder Jena. »Doch die Positivbeispiele sind selten. Der weitaus größere Teil Ostdeutschlands ist zu einem ökonomischen Notstandsgebiet geworden, das in allen Belangen hinter dem Weststandard zurückbleibt«, schrieb *Der Spiegel* Nr. 26/2010 zum zwanzigsten Jahrestag der Einheit. Daran hat sich in den letzten zehn Jahren wenig geändert und das wird sich auch in den kommenden Jahrzehnten nicht nachhaltig verbessern. Dafür war der damalige Lockdown zu grundstürzend.

Dennoch hat man sich hierzulande mit der Einführung der D-Mark und schließlich dem Euro versöhnt. Laut Jahresbericht der Bundesregierung von 2019 geben zwei Drittel der Ostdeutschen an, dass sich ihre persönliche Lage seit 1990 deutlich verbessert hat. Ihre Städte und Gemeinden sind oft prachtvoll saniert, ihre Straßen und Bahnhöfe gut in Schuss. Sie konnten endlich reisen, wohin sie wollten, und ihre Wohnverhältnisse aufwerten, kleinere Unternehmen gründen und beinahe genauso klimaschädlich konsumieren wie ihre früher mal Brüder und Schwestern genannten Landsleute. Wenn es einer solchen Mehrheit gut geht, ist nach dem Selbstverständnis der meisten Begünstigten alles in Ordnung. Oder nicht mehr?

Schon 1994 hatte die damalige Sozialministerin Regine Hildebrandt beklagt, dass sich der sozial egalitäre Osten nunmehr mit einer Zwei-Drittel-Gesellschaft dem Westen angepasst habe. Und dabei ist es geblieben. Laut »Glücksatlas« macht sich knapp die Hälfte der Ostdeutschen Sorgen um den Zusammenhalt der Gesellschaft. Das reiche Deutschland ist heute ein Land, das neue Armut duldet, eine Unterschicht durch Hartz IV treibt, Randgruppen ausgrenzt, Asylanten kurzhält, in dem Gesundheit kostet und Bildungschancen erblich sind. All das sind auch Spätfolgen dieser wahnwitzigen Währungsunion, die schließlich dazu geführt hat, dass die Netto-Kosten der deutschen Einheit gut zwei Billionen Euro betragen haben. Die gab es nicht aus der Portokasse, sondern die sind weitgehend über Kredite finanziert worden, die längst nicht abgezahlt sind. Nach Angaben des Bundesrechnungshofes ist die Bundesschuld heute viermal so hoch wie vor dreißig Jahren. Hauptposten sind die Deutsche Einheit und erst danach die Banken-Rettungsschirme nach 2008. Diese Last wird nicht nur den nächsten Generationen vererbt, sondern hat Ost und West jahrelang die schwarze Null beschert, unter deren Entfettungsschirm die öffentliche Fürsorge für Klimaschutz, Gesundheit, Bildung, Verkehr oder Digitalisierung abgemagert ist.

(Allein Schulden nicht zu vergrößern, gilt ja heutzutage schon als solides Wirtschaften. Wie man mit einer solchen Last behaupten konnte, gut gerüstet in weitere Billionen-Anleihen zur Überbrückung des Corona-Lockdowns gehen zu können, war im kreditscheuen Osten schwer zu vermitteln. Am naheliegendsten die Vermutung, dass die Schulden einfach nicht beglichen werden. Nur die im DDR-Staatshaushalt umverteilten und rückgeführten Gewinne aus Betrieben und Kommunen, die die Treuhand in Verkennung sozialistischen Wirtschaftens nicht ohne Absicht als verzinsbare Kredite missverstand, mussten als »Altlasten« auf Heller und Pfennig abgezahlt werde.)

Wo Marktoptimierung vereinzelt und Solidarität ihren Preis hat, wo Jugendliche mit dem Abriss von Lebensräumen in emotionale Obdachlosigkeit geraten, gedeihen Gewalt, Fremdenfeindlichkeit und rechte Gedankenwut. Alles alternativlos?

Wäre eine schrittweise Einführung der D-Mark, nicht ganz so zögerlich wie einst im Saarland, wirklich nicht möglich gewesen? Die Westdeutschen wurden gar nicht gefragt, aber ihren Experten waren die zu erwartenden Folgen der überstürzten Einführung der D-Mark klar. Von Unternehmensberater Roland Berger lag ein Gutachten vor, das die vier Millionen Arbeitslose und das ganze hier beschriebene Desaster vorhersagte. Aber die Expertise landete im Panzerschrank. Warum war sie tabu? Einzige Erklärung ist die Befürchtung, dass wissende Menschen anders entscheiden könnten. Wäre sie rechtzeitig veröffentlicht worden, so ist bis heute nicht klar, ob die Parteien, die zugunsten ihres Machterhalts diese zerstörerische Walze als verlockendes Angebot priesen, wirklich gewählt worden wären. Wenn dennoch, müssten heute alle Kritiker angesichts der dann damals transparenten Demokratie verstummen. So aber war dieser in seinen ökonomischen Versprechen nie eingehaltene Vertrag die Fortsetzung der »organisierten Verantwortungslosigkeit«, die Rudolf Bahro einst der DDR-Wirtschaft attestierte.

Die unmittelbar nach der Währungsunion vom 1. Juli 1990 eintretende, rapide Verschlechterung der ostdeutschen Wirtschaft hat die im März gewählte Volkskammer im August 1990 veranlasst, der Bundesrepublik nach Artikel 23 des Grundgesetzes beizutreten.

Letztmalig sei eine Umfrage unter Ostdeutschen zitiert, die hier helfen soll, die darauffolgenden Jahrzehnte zu überspringen. Sie erschien am 2. Oktober 2019, einen Monat vor dem dreißigsten Jubiläum des Mauerfalls, in der *Zeit*. Das Fazit wurde zur überdimensionalen Schlagzeile auf Seite eins: »Die staatliche Willkür in der DDR war auch nicht schlimmer als heute.« 74 Prozent der Befragten fühlen sich heute nicht wohler als zu DDR-Zeiten! 59 Prozent der Jugendlichen und 78 Prozent der über Sechzigjährigen stimmen der Aussage zu, dass bei politischen Entscheidungen in Deutschland unzureichend auf die Meinung der Menschen in Ostdeutschland Rücksicht genommen wird. Wir erinnern uns: Niemand ist frei oder glücklich, der keinen Anteil an öffentlicher Macht hat. Nach der Zustimmung zu Hannah Arendt zu fragen, erübrigte sich. Aber die absolute Mehrheit (56 Prozent) findet, die Qualität der Schulbildung sei früher besser gewesen als heute. Eine große Zahl der oft immer noch als undankbar angesehenen Ostler rüttelt an einer Grundfeste westlichen Selbstbewusstseins. 41 Prozent behaupten, man konnte in der DDR offener reden.

Für immer frei? Etwas mehr Zufriedenheit hätte man von einer Vereinigung, die zwei Billionen Euro gekostet hat, erwarten dürfen. Von Glück wollen wir gar nicht reden.

RAINER MAUSFELD

Wende wohin?

Die Realität hinter der Rhetorik

1989 hat das Volk sich selbst zum Sprechen ermächtigt und seine Stimme gegen die Zentren der Macht politisch wirksam werden lassen. Es hat den alten Hirten die Gefolgschaft aufgekündigt und sich neue gesucht, die seine Vertreibung ins Paradies, so das treffende Bild von Daniela Dahn, organisierten. Das Paradies der kapitalistischen Warenwelt, der grenzenlosen Reise- und Redefreiheit, der individuellen Bedürfnisbefriedigung, der bunten Medienvielfalt und der unerschöpflichen Zerstreuungs- und Unterhaltungsindustrie. Keine Frage, nach den Kriterien des westlichen Vorbilds ist der Lebensstandard für eine Mehrheit der Menschen in Ostdeutschland gestiegen – und mehr noch, das Ausmaß sozialer Ungleichheit und gesellschaftlicher Spaltungen.

Für den Sieger war dies ein überwältigender Sieg, und da die Geschichte bekanntlich von den Siegern geschrieben wird, kann es keinen Zweifel geben, wer der Sieger des historischen Augenblicks ist. Es ist die kapitalistische Wirtschaftsordnung und mit ihr die Lebensformen und Annehmlichkeiten des Konsums, die sie ermöglicht. Bleibt noch die Frage, wer eigentlich die Verlierer der Ereignisse von 1989 sind. Über den Hauptverlierer gibt es wohl ebenfalls keinen Zweifel, es ist der real existierende Sozialismus, er hatte schon früh gezeigt, dass er bereit ist, seine emanzipatorischen Versprechen zu verraten und zu missbrauchen. Auch hat er in der jahrzehntelangen Systemkonkurrenz mit dem US-geführten Kapitalismus und ihren brutalen ökonomischen und militärischen Spielregeln nicht vermocht, eine Lebensrealität anzubieten, die die Bevölkerung über diesen Verrat hätte hinwegtäuschen oder sie dafür hätte entschädigen können. 1989 hat das Volk sein Veränderungsbedürfnis klar artikuliert und sich für einen besseren, demokratisch reformierten Sozialismus ausgesprochen.

»Ich wollte immer in einer Demokratie leben, aber nie im Kapitalismus«, schreibt Daniela Dahn in ihrer Abrechnung mit der Einheit *Der Schnee von gestern ist die Sintflut von heute*. Das ist eine Pflichtlektüre für alle, die die Hintergründe der sogenannten Wiedervereinigung besser verstehen wollen und zugleich mehr erfahren wollen über die Persönlichkeit des Wiedervereinigers, der Bundesrepublik.

Nach einem zunächst verheißungsvollen Aufbruch oppositioneller Gruppen in der DDR, die einen Demokratisierungsdruck aufzubauen suchten, der auch auf den Westen übergreifen sollte, wurde jedoch die friedliche Revolution, die keine war, regelrecht aufgekauft. Der Kapitalismus hat bekanntlich einen großen Magen. Wie die Geschichte ausging, ist bekannt. Die historische Chance auf eine gesamtdeutsche Verfassung, die, wie es in Paragraph 146 des Grundgesetzes heißt, »von dem deutschen Volk in freier Entscheidung beschlossen worden ist«, also die Chance einer wirklichen Demokratisierung in beiden Teilen, wurde in rigoroser Siegermentalität blockiert. In diesen Siegesstunden bewies der Kapitalismus noch einmal, dass ihm kein ideologisches System an illusionserzeugender Kraft gleichkommt. Keine andere autoritäre Herrschaftsform verfügt über so ausgefeilte Mittel, Menschen zu einer freiwilligen Knechtschaft zu verführen. Dazu gehören insbesondere Mittel zur Spaltung der Gesellschaft und zur Zersetzung von Dissens. All diese Mittel konnten 1989 höchst wirksam zur Anwendung gebracht werden, dazu noch mit singulären Renditen für die Kapitalbesitzer. Die Stimmen einer demokratischen Revolution verhallten und der kapitalistische Weg war frei zu einer – in Daniela Dahns prägnanter Formulierung – feindlichen Übernahme der DDR auf Wunsch der Übernommenen. Auch das war Demokratie, nur eben kapitalistische Demokratie, über die noch zu sprechen sein wird. Sieger und Verlierer lassen sich also leicht identifizieren, wenn man nur bereit ist, die Perspektive auf die historische bipolare Systemkonkurrenz von real existierendem US-Kapitalismus und real existierendem Kommunismus zu verengen. Doch genau eine solche Perspektivenverengung blockiert ein tiefergehendes Verständnis, denn tatsächlich geht es um sehr viel mehr als um eine solche Alternative.

Wir sollten daher auf der Suche nach den Verlierern nicht an der Oberfläche der offiziellen Rahmengeschichte bleiben, denn die Sieger stehen hier berechtigterweise in dem Ruf, in globalem Maßstab Verlierer zu produzieren. Auf materieller Ebene ist der Kapitalismus schon seiner Funktionslogik nach darauf angelegt, Verlierer geradezu im Überfluss zu produzieren. Wie dies ganz konkret funktioniert, hat die ostdeutsche Bevölkerung nach 1990 in einem von den westdeutschen Eliten veranstalteten Crash-Kurs lernen können. Zu den verordneten Lerneinheiten gehörte die systematische Zerstörung der ostdeutschen Volkswirtschaft, die Privatisierung ihres Volkseigentums, bei der achtzig Prozent des von der Treuhand verwalteten, ehemals ostdeutschen Produktionsvermögens an westdeutsche und nur sechs Prozent an DDR-Bürger fielen, sowie ein Verlust von mindestens 2,5 Millionen Arbeitsplätzen. Aus Sicht der Verlierer haben diese gesellschaftlichen Verwüstungen übrigens rein gar nichts mit der Funktionslogik des Kapitalismus zu tun, sondern sind, wie der Ostbeauftragte der Bundesregierung, Christian Hirte, 2019 feststellte, schlicht eine Konsequenz daraus, »dass die Ostdeutschen das Pech hatten, vierzig Jahre auf der falschen Seite der Geschichte gestanden zu haben«.

Ein erfolgreiches Verbrechen zeichnet sich bekanntlich gerade dadurch aus, dass es dem Täter gelingt, den Opfern die Überzeugung zu vermitteln, dass sie ihr Schicksal verdient hätten. Zu den traumatischen Lerneinheiten gehörte auch die Erfahrung, dass Korruption nicht einfach zu den Auswüchsen des Kapitalismus zählt, sondern dass sie Teil seiner natürlichen Funktionsweise ist. Es waren wahrlich paradiesische Zeiten für westdeutsches Kapital, in dem sich die Funktionslogik des Kapitalismus ungehemmt offenbaren konnte. Dennoch müssen wir bei der Suche nach den Verlierern von 1989 noch tiefer unter die Oberfläche dringen, denn es geht um mehr, es geht um den Verlust an mühsam errungener zivilisatorischer Substanz. Der folgenschwerste Verlust betrifft die zivilisatorische Leitidee von Demokratie, einer der bedeutendsten zivilisatorischen Schutzbalken gegen das rohe Recht des Stärkeren. Nachdem die Bemühungen um eine wirkliche Demokratisierung innerhalb der DDR an den machtpolitischen Realitäten zerschellt waren, erhielten die Neubürger einen weiteren Crash-Kurs im Fach »Kapitalistische Demokratie«. Daher konnten nun diejenigen, die sich das Wort Demokratie nicht durch eine pervertierte Verwendung enteignen lassen wollten, selbst erfahren, wie weit die demokratische Leitidee und die Realität der kapitalistischen Demokratie auseinanderliegen. Diese Diskrepanz ist eigentlich nicht überraschend, denn es gehört gerade zum Wesensmerkmal einer kapitalistischen Demokratie, dass sie keine ist. Der Widerspruch ist so offenkundig, dass er sich nur mit ausgefeilten Techniken der Indoktrination unsichtbar und undenkbar machen lässt. In ihrem Wesenskern und in ihrer Funktionslogik sind Demokratie und real existierender Kapitalismus in fundamentaler Weise unverträglich miteinander. Die kapitalistische Eigentumsordnung verpflichtet alle, die über kein eigenes Kapital verfügen, für fremdes Eigentum zu arbeiten, und überführt damit Arbeit in Lohnarbeit. Arbeit im Kapitalismus bedeutet also Unterwerfung unter die Verwertungsbedingungen des Akkumulationsprozesses und damit unter die Machtverhältnisse, die eine Minderheit von Besitzenden über eine Mehrheit von Nichtbesitzenden ausübt. Der Kapitalismus ist darauf angewiesen, die Minderheit der Besitzenden strikt vor den Veränderungswünschen der Mehrheit zu schützen. Daher kann er sich auch niemals eine demokratische Legitimation aus sich selbst heraus verschaffen, das ist eine Binsenwahrheit der politischen Wissenschaft. Schon Aristoteles lehnte die Demokratie ab, weil sie die Möglichkeit beinhaltet, dass die Armen, weil sie die Mehrheit bilden, das Vermögen der Reichen unter sich teilten, was Aristoteles als Unrecht ansah.

Dass Kapitalismus und Demokratie in fundamentaler Weise unverträglich miteinander sind, ist also seit ihren historischen Anfängen bekannt, so dass es danach nur noch darum ging, wie sich geeignete Mittel finden lassen, mit denen sich dieses Spannungsverhältnis so lindern oder verdecken lässt, dass eine Herrschaft der Besitzenden nicht gefährdet ist. Seit je haben also die Besitzenden großen Aufwand betrieben, solche Mittel zu schaffen. Ohne eine massive Beeinflussung der öffentlichen Meinung durch eine geeignete Form der Indoktrination würde in einer kapitalistischen Demokratie rasch offenkundig, dass es sich in Wahrheit gar nicht um eine Demokratie handelt. Historisch gingen daher die Entwicklung kapitalistischer Demokratien und die Entwicklung immer wirksamerer Techniken der Indoktrination Hand in Hand. Seit Anfang des vergangenen Jahrhunderts wurde und wird in den USA und auch bei uns, mit hohem finanziellem Aufwand und unter massiver Beteiligung der Sozialwissenschaften und auch der Psychologie, ein breites Arsenal von Techniken der Meinungs- und Affektmanipulation entwickelt. Die riesigen Fortschritte, die in hundert Jahren intensiver systematischer Erforschung von Manipulationstechniken erreicht wurden, lassen sich besser ermessen, wenn man sich die Fortschritte vor Augen führt, die in diesem Zeitraum in der Entwicklung der Unterhaltungstechnologie erreicht wurden. Der Entwicklungsabstand vom alten Stummfilm-Kino über den 3D-Digitalfilm bis zu einem Virtual-Reality-Setting lässt vielleicht erahnen, wie groß der Entwicklungsabstand von traditioneller Propaganda zu modernen Indoktrinationstechniken ist.

Zu den Verfeinerungen von Propaganda gehört nicht zuletzt, dass sie sich heute nicht mehr als Propaganda bezeichnet – sie trägt heute Namen wie »Perception Management« oder »Soft Power« – und dass sie Formen annimmt, die für die Bevölkerung immer weniger sichtbar und erkennbar geworden sind. Wie wirksam mittlerweile moderne Propaganda-Techniken geworden sind, lässt sich daran erkennen, dass ein beträchtlicher Teil der Bevölkerung dem Trugbild erlegen ist, in einer Gesellschaft zu leben, die frei von Propaganda sei. Zu diesen Indoktrinationstechniken gehört es, auch dem Wort »Demokratie« in Orwell'scher Weise neue Bedeutungen zu verleihen, die geradezu das Gegenteil von dem bedeuten, was damit ursprünglich gemeint ist. In der von George Orwell in seinem Roman *1984* beschriebenen Gesellschaft werden zentrale politische Begriffe ihres Sinnes entleert und zur Stabilisierung von Machtverhältnissen mit einem neuen Sinn belegt, Krieg ist Frieden, Freiheit ist Sklaverei, Unwissenheit ist Stärke. Wer die Sprache beherrscht, beherrscht die Gehirne und damit auch uns. Was in dem Roman von Orwell für den Leser noch leicht durchschaubar ist, wurde mittlerweile so perfektioniert, dass es uns gar nicht mehr auffällt. Denken Sie etwa an all die Begriffe aus dem großen neoliberalen Falschwörterbuch wie »Reformen« oder »Bürokratie-Abbau«, die für die Bevölkerung positiv und sinnvoll klingen sollen, tatsächlich jedoch bedeuten, Konzerne und Reiche vor einer demokratischen Verantwortung und Kontrolle zu schützen und eine Umverteilung von unten nach oben und von der öffentlichen in die private Hand voranzutreiben.

Auch das Wort »Freiheit« wurde im Neoliberalismus umdefiniert. Heute bedeutet es vor allem die Freiheit der ökonomisch Mächtigen, für den Rest der Bevölkerung besteht die Freiheit darin, sich als Konsument und als flexibel fremdverwertbares Humankapital den Bedingungen des »freien Marktes«, ein weiteres Beispiel aus dem Falschwörterbuch, zu unterwerfen. Heute ist das Orwell'sche »Freiheit ist Sklaverei« nicht nur für diejenigen, die in dem großen Niedriglohnsektor arbeiten, längst alltägliche Realität geworden. In gleicher Weise wurde in der ersten Hälfte des letzten Jahrhunderts auch die Bedeutung des Wortes »Demokratie« geradezu in ihr Gegenteil verkehrt, sodass sie nun nicht mehr Volksherrschaft, sondern Elitenherrschaft bedeutet; man spricht seitdem von der »Elitendemokratie«. In einer Elitendemokratie ist das demokratische Element im Wesentlichen darauf reduziert, dass das Volk in periodischen Abständen Vertreter aus einem vorgegebenen Elitenspektrum wählen darf. Dadurch sollte der Einfluss des Volkes im Wesentlichen auf seine Rolle als Zuschauer begrenzt werden. Im Kapitalismus könne, so Walter Lippmann, einer der einflussreichsten politischen US-Intellektuellen in der ersten Hälfte des letzten Jahrhunderts, Demokratie nur Zuschauer-Demokratie bedeuten. Von einer wirklichen politischen Partizipation müsse das Volk ausgeschlossen sein. Diese Auffassung fand begeisterte Zustimmung in relevanten Kreisen und wurde in unterschiedlichen Varianten in allen kapitalistischen Demokratien umgesetzt. Daher hatte Wolfgang Schäuble deskriptiv recht, als er 2015 bemerkte »Es darf nicht zugelassen werden, dass Wahlen etwas an der Wirtschaftspolitik ändern.« Das gilt freilich nicht nur für die Wirtschaftspolitik, groß angelegte empirische Studien renommierter US-Politologen haben gezeigt, dass der Einfluss der unteren fünfzig Prozent auf der Einkommensskala mit einem Gewicht, so wörtlich, von null in politische Entscheidungen eingeht. Der weit überwiegende Teil der Bevölkerung ist damit politisch schlicht irrelevant. Politische Präferenzen, die vom überwiegenden Teil der Bevölkerung geteilt werden, jedoch zu sehr von denen der herrschenden Eliten abweichen, beispielsweise eine stärkere Besteuerung großer Einkommen oder ein Privatisierungsverbot für sozialstaatliche Einrichtungen können durchaus artikuliert werden, bleiben jedoch bei der Wahl politisch wirkungslos. Auch ist, wie der große Demokratietheoretiker Sheldon Wolin treffend feststellte, in unseren kapitalistischen Demokratien jede Form von Dissens erlaubt und als Revolutionsprophylaxe sogar erwünscht, solange der Dissens politisch wirkungslos bleibt. So viel also zur politischen Realität in kapitalistischen Demokratien.

Wenn wir den Orwell'schen Umdeutungen politischer Begriffe entgehen wollen, müssen wir uns zunächst daran erinnern, was diese Begriffe eigentlich bedeuten. Im Falle des Demokratiebegriffs ist nach jahrzehntelanger Indoktrination die eigentliche Bedeutung von Demokratie schon fast aus dem kollektiven Gedächtnis verschwunden. Versuchen wir also, uns zu erinnern. Die in einem mühevollen Prozess der zivilisatorischen Einhegung von Gewalt gewonnene Leitidee von Demokratie bedeutet eine Vergesellschaftung von Herrschaft. In der Aufklärung wurde dies präzisiert als eine ungeteilte gesetzgeberische Souveränität des Volkes, zusammen mit einer strikten Gewaltenteilung. Der Wesenskern von Demokratie ist also Volkssouveränität. Diese bedeutet das Recht des Volkes, sich jederzeit eine Verfassung nach seinen eigenen Vorstellungen geben zu können. Zudem bedeutet es eine Unterwerfung aller Staatsapparate unter das demokratische Gesetz. Konkret heißt das, alle Machtstrukturen, die nicht demokratisch, also von unten legitimiert sind, sind illegitim und müssen beseitigt werden. In der Volkssouveränität drückt sich also das Recht auf eine politische Selbstbestimmung aus. Diese Selbstbestimmung sollte gerade sicherstellen, dass jeder Bürger einen angemessenen Anteil an allen Entscheidungen haben kann, die das eigene gesellschaftliche Leben betreffen. Zentrale Bereiche einer Gesellschaft dürfen nicht von einer demokratischen Legitimation und Kontrolle ausgeklammert werden. Da die Wirtschaft zweifellos hierzu gehört, sind – wie schon vor fast hundert Jahren der einflussreiche politische Philosoph John Dewey bemerkte – die Kriterien einer Demokratie so lange nicht erfüllt, wie die Wirtschaft autoritär organisiert und einer demokratischen Kontrolle entzogen ist. Das beantwortet noch einmal die Frage, ob es eine kapitalistische Demokratie geben kann.

Schauen wir uns nun unsere Verfassungswirklichkeit an. Im Grundgesetz findet sich zwar die Idee der Volkssouveränität in der floskelhaften Bestimmung des § 20 GG, dass alle Staatsgewalt vom Volke ausgeht, doch wird sie sogleich wieder durch den extrem repräsentativen Charakter des Grundgesetzes unterlaufen. Das Grundgesetz ist durch ein tiefes Misstrauen gegenüber dem Volk gekennzeichnet. Dieser konstitutionelle Schutz vor dem Volk genügt indes den antidemokratischen Bedürfnissen der Machteliten nicht. Schon seit den Anfängen sind diese daher bemüht, die in der Verfassung enthaltenen demokratischen Elemente zu schwächen, zu unterlaufen und zu beseitigen. Dabei bediente und bedient man sich einer systematischen Angsterzeugung durch wechselnde Feindbilder und Bedrohungskulissen, um die Duldung der Öffentlichkeit für immer weiterreichende autoritäre Maßnahmen und für einen Abbau von Grundrechten zu erreichen. Erst war es die vorgebliche Gefahr durch Kommunisten, denken wir an den Radikalenerlass und die Berufsverbote der Siebzigerjahre, dann in den Achtzigerjahren die vorgebliche Gefahr durch terroristische Kräfte aus dem Umfeld außerparlamentarischer Bewegungen, dann die vorgebliche Bedrohung durch, so Wolfgang Schäuble 1991, »die Asylantenflut«, eine Bedrohungskulisse, die mit einer bis dahin beispiellosen Hetzkampagne aus den bürgerlichen Parteien einherging, der dann zahlreiche rassistische Ausschreitungen folgten. Seit 2001 schließlich ist die Verfassungsrealität durch eine geradezu hemmungslose Selbstversorgung der Exekutive mit Sicherheitsgesetzen gekennzeichnet. All diese Bedrohungskulissen werden aufgebaut, um Polizei und Geheimdienste autoritär zu ermächtigen und von demokratischer Kontrolle zu entbinden. Stück für Stück wird auf diese Weise eine Transformation zu einem Überwachungs- und Sicherheitsstaat betrieben. Der Bürger als solcher wird als Sicherheitsrisiko für die – doch eigentlich von ihm auszugehende – Staatsgewalt angesehen. Mit einer Flut von präventiven Sicherheitsgesetzen emanzipiert sich die Exekutive endgültig vom Souverän. Die zunehmend mit autoritären Elementen durchsetzte Verfassung wird genau mit diesen Elementen vor dem Volk geschützt und der rechtliche Ausnahmezustand wird zu einem Dauerzustand. Diese Entwicklungen zeigen, dass es keine mächtigeren Verfassungsfeinde gibt als in den Apparaten der Exekutive, wie ja auch in konkreten Fällen das Bundesverfassungsgericht immer wieder festgestellt hat. Prominente Beispiele sind der »Große Lauschangriff« von 1998 und das Luftsicherheitsgesetz von 2005. Heute sieht die Verfassungsrealität so aus, dass weder von Volkssouveränität noch von strikter Gewaltenteilung noch von angemessenen Partizipationschancen die Rede sein kann. Das Parlament als Repräsentant des Souveräns ist heute zu einem Hilfsorgan der Exekutive degeneriert, sozusagen ihr Demokratie-Inszenierungsorgan. Auch die Sicherheitsapparate des Staates haben sich einer demokratischen Kontrolle weitgehend entzogen, Militär und Medien ohnehin. Zentrale Bereiche der Gesellschaft sind also längst autoritär organisiert. Auch das mit der Leitidee von Demokratie eng verbundene Völkerrecht ist heute an seinen Wurzeln zerfressen worden. Demokratie entstand nämlich aus den zivilisatorischen Bemühungen, den Frieden innerhalb der Gesellschaft und den Frieden zwischen den Völkern zu sichern. Auch dies findet seinen Widerhall im Wortlaut des Grundgesetzes, insbesondere in dem in §26 GG festgelegten strafbewehrten Verbot eines Angriffskrieges. Seit dem völkerrechtswidrigen

NATO-Überfall auf Jugoslawien, einem Angriffskrieg, an dem die Bundeswehr beteiligt war, ist Krieg wieder als Mittel der Politik legitimiert worden – wenig überraschend, denn der Kapitalismus ist auf Kriege angewiesen und trägt bekanntlich den Krieg in sich wie die Wolke den Regen.

Kurz, die Verfassungsrealität sieht so aus, dass das Volk, so die große Verfassungstheoretikerin Ingeborg Maus, realiter von den bloß Ermächtigten »übermächtigt« wird, der Souverän hat ausgedient, nun muss er nur noch so gelenkt werden, dass er bei Wahlen so will, wie er wollen soll, und er muss so überwacht werden, dass er die Stabilität herrschender Machtverhältnisse nicht gefährdet. Wenn man angesichts dieser schleichenden Entdemokratisierung den Blick auf unsere gesellschaftliche Verantwortung richtet, kann und muss man auch sagen, dass sich das Volk durch seine Duldung dieser Entwicklung und durch sein Schweigen selbst entmächtigt hat. Nun könnte man versucht sein, diese massiven demokratischen Defizite gerade zu Tugenden zu erklären, indem man argumentiert, dass eine Demokratie den Komplexitätsanforderungen moderner Gesellschaften nicht mehr gewachsen sei und das Gemeinwohl bei den rationalen und vernünftigen Eliten besser aufgehoben sei. Das ist ein beliebter und überaus geschickter Schachzug der Machteliten, und die sich darin zeigende antidemokratische Haltung führt uns wieder zurück zum Schweigen der Lämmer und zu der Metapher von Herde und Hirte. So verführerisch plausibel diese Metapher, die die politische Philosophie des Abendlandes durchzieht, auf den ersten Blick erscheinen mag, so spiegelt sie tatsächlich nur das ideologische Bemühen wider, Herrschaft über Menschen zu rechtfertigen. Denn natürlich ist der Hirte nicht dem Wohle der Schafherde verpflichtet, sondern dem Wohle des Herdenbesitzers, der jedoch kommt in dieser Metapher bezeichnenderweise gar nicht vor. Die Hirten-Metapher dient, wie die Geschichte zeigt, vor allem der Rechtfertigung von Herrschaft, erst mit dieser Metapher wird das Volk gedanklich zu einer Herde gemacht. Diese Metapher schafft die ideologische Idee eines unmündigen und launischen Volkes und verschleiert zugleich den Eigennutz derjenigen, die sich als Führer anbieten. Sie schafft erst die ideologische Unterscheidung von »irrationalem Volk« und »rationaler Führungselite«, die das Fundament der gegenwärtig herrschenden Vorstellungen von kapitalistischer Elitendemokratie bildet.

In kapitalistischen Demokratien ist Politik, wie John Dewey lakonisch bemerkte, nicht mehr als der Spielraum, den die Wirtschaft ihr lässt. In der neoliberalen Extremform des Kapitalismus ist dieser Spielraum nur noch ein Schrumpfraum, in dem die Bevölkerung als eigenständiger politischer Akteur gar nicht mehr vorkommt. Kapitalistische Demokratie bedeutet also, dass das Staatsvolk de facto von einer gesellschaftlichen Mitwirkung ausgeschlossen ist. Nur auf der Basis einer Aushöhlung demokratischer Strukturen konnte seit den Neunzigerjahren der Neoliberalismus, also der globalisierte Finanzkapitalismus, seinen Siegeszug durchführen. Die neoliberale Politik einer radikalen Umverteilung von unten nach oben und von der öffentlichen in die private Hand hat dazu geführt, dass immer breitere Bevölkerungsschichten verarmen und zugleich die Reichen mehr und mehr von Beiträgen zur Gemeinschaft entlastet werden.

Die katastrophalen Folgen der neoliberalen Zerstörung von Gemeinschaft werden trotz massivster Indoktrinationsbemühungen für immer breitere Teile der Bevölkerung spürbar und erkennbar und erzeugen ein wachsendes Empörungspotenzial und Veränderungsbedürfnis. Diese Veränderungsbedürfnisse der Bevölkerung haben jedoch durch die neoliberale Entleerung des politischen Raumes keine Adressaten mehr in der Politik und gehen somit ins

Leere. Die Folgen sind ein drastisches Ansteigen von Gefühlen der politischen Ohnmacht, von Apathie, Unsicherheit und Angst in der Bevölkerung. Diese Affekte müssen nun irgendwie bewältigt werden. Die traditionellen sozialstaatlichen Institutionen, die Gemeinschaft fördern und dadurch Identität stiften, die gesellschaftliche Sicherheit vermitteln und Angst reduzierend wirken, sind im Zuge der neoliberalen Politik massiv beschädigt oder zerstört worden. Ein wachsender Teil der Bevölkerung erleidet also schwere Verlusterfahrungen: Einen Verlust an Anerkennung, an gesellschaftlicher Wirksamkeit, an kollektiver Identität, an materieller Sicherheit, an gemeinschaftlichen Normen und Werten sowie an Vertrauen in gesellschaftliche Institutionen. Wenn über ein Fünftel der Gesellschaft in unsicheren und nicht mehr existenzsicheren Arbeitsverhältnissen arbeitet, wenn ein wachsender Teil der Gesellschaft keine politische Stimme, keine Organisationsformen, keine mediale Repräsentanz, keine Lobbyisten für eine Vertretung ihrer Interessen mehr hat, in weiten Teilen hochgradig überwacht und diszipliniert ist, kann die Bevölkerung die Bezeichnung »Demokratie« nur noch als Hohn erleben. Es ist daher wenig überraschend, dass sich die systematisch erzeugten Ohnmachtserfahrungen andere Wege einer Bewältigung suchen, denn die gegenwärtige radikal anti-egalitäre und anti-pluralistische Politik von oben erzeugt zwangsläufig affektive Gegenreaktionen von unten.

Diese Gegenreaktionen, die als »Populismus« bezeichnet werden, teilen oftmals die anti-egalitären und anti-pluralistischen Haltungen des Neoliberalismus, nur eben zugunsten anderer Gruppen. Populismus lässt sich also verstehen als eine anti-pluralistische Reaktion von unten auf eine anti-pluralistische Politik von oben. Im Rechtspopulismus verbindet sich dies darüber hinaus mit einer anti-egalitären Haltung zugunsten eines ethnisch aufgeladenen Volksbegriffs.

Die neoliberale Ideologie führt zu einer sozialen Fragmentierung der Gesellschaft und zur Zerstörung sozialer Identitäten, sie führt in allen Bereichen zu radikalen Spaltungen der Gesellschaft, diese reichen bis in die Psyche des Individuums, das im kapitalistischen Verwertungsprozess erfolgreich zu sein hat, seine Fremdverwertbarkeit optimieren und sich Flexibilitätsforderungen unterwerfen muss, die es nur durch psychische Spaltungen erfüllen kann. Auf diese Weise macht die neoliberale Ideologie das Individuum selbst für sein gesellschaftliches Scheitern verantwortlich. Die dadurch erzeugten Spaltungen und Verluste an kollektiver Identität müssen nun psychisch bewältigt werden. Der Rechtspopulismus bietet zur Bewältigung eine Form der Rekollektivierung des Scheiterns an. Er entlastet gleichsam das Individuum vom Gefühl eines individuellen Versagens, indem er eine systematische Benachteiligung der eigenen Gruppe gegenüber einer anderen, oft ethnisch bestimmten Gruppe für das soziale Scheitern verantwortlich macht – eine gesellschaftlich fehlgeleitete und gefährliche, doch psychologisch erklärbare Gegenreaktion gegen die Zerstörung von Gemeinschaft durch den Neoliberalismus. Das Aufblühen des Rechtspopulismus ist also, wie vielfach in der Fachliteratur aufgezeigt wurde, eine direkte und wenig überraschende Folge der vergangenen Jahrzehnte neoliberaler Politik, der Ideologie der Alternativlosigkeit sowie der damit verbundenen Entleerung des politischen Raumes und der Zerstörung kollektiver Identitäten.

Es ist also heuchlerisch, wenn nun die Parteien der neoliberalen Phantom-Mitte zum Kampf gegen den Rechtspopulismus aufrufen, für dessen Aufblühen sie selbst verantwortlich sind, denn damit bieten sich die Täter den Opfern als Retter an, tatsächlich jedoch nutzt die neoliberale Phantom-Mitte den Rechtspopulismus für eine weitere systematische Angsterzeugung, um sich durch eine solche Bedrohungskulisse bei Wahlen zu stabilisieren. Da dies immer schwerer fällt, bedient sich die Politik zunehmend autoritärer Maßnahmen, für die sie sich bereits präventiv rechtliche Legitimationen verschafft.

Kurz, die Dinge stehen nicht gut für die Demokratie. Damit wird die Frage immer drängender: Was tun? Die bequemste und daher beliebteste Option ist, ein paar Dinge, die uns stören, zu ändern und ansonsten im Großen und Ganzen so weiterzumachen wie bisher. Konkret bedeutet dies, auf eine Demokratisierung der Gesellschaft zu verzichten und immer wieder die Parteien zu wählen, die für die gegenwärtige Situation verantwortlich sind. Wer sich für eine solche Option entscheiden möchte, könnte zu seiner Rechtfertigung vielleicht darauf verweisen, dass die Dinge ja eigentlich gar nicht so schlecht stehen. Denn zweifellos leben wir an bevorzugten Orten und in Zeiten, deren zivilisatorische Qualität weit herausragt in einer langen und gewaltreichen Zivilisationsgeschichte, wir leben an einem Ort, an dem es seit mehr als siebzig Jahren weder Krieg noch Hungersnot gibt und der den meisten einen Lebensstandard ermöglicht, der sehr viel höher ist als der ihrer Eltern und Großeltern. Das kapitalistische Wirtschaftssystem hat breite Bevölkerungsschichten von Hunger und Elend befreit. Eigentlich gibt es also Grund genug, mit der Entwicklung unserer Gesellschaft und mit dem, was wir erreicht haben, zufrieden zu sein, denn wir können uns zu den Gewinnern und Nutznießern der gegenwärtigen Weltordnung zählen.

Nun waren aber zu allen Zeiten die Nutznießer der gesellschaftlichen Ordnung mit ihrer Situation überwiegend zufrieden, auch zu Zeiten des Kolonialismus und der Sklaverei. Auch heute jedoch müsste sich unser Bild von der Welt grundlegend ändern, wenn wir den Blick weiteten und aus der Perspektive eines anderen geografischen oder sozialen Ortes, oft nur ein paar Straßenzüge oder aber ein Kontinent entfernt, oder einer anderen Zeit, nur wenige Jahre oder eine künftige Generation entfernt, auf die Gesellschaft blickten. Wir müssten dann zugestehen, dass die mehr als vierzig Millionen Menschen, die gegenwärtig Opfer moderner Formen der Sklaverei sind, etwa in Textilfabriken in Südostasien, auf Baumwoll- und Kakao-Plantagen, dreihunderttausend Kinder allein auf Kakao-Farmen der Elfenbeinküste, Zehntausende Kinder, die im Kongo mit bloßen Händen in engen Erdlöchern von bis zu fünfzig Metern Tiefe Coltan für unsere Handys schürfen, dass sich all diese Menschen in einer weniger glücklichen Lage befinden und dass ihre Lage und die unsere irgendwie zusammenhängen. Gleiches gilt für die im Jemen von deutschen Waffen getöteten Zivilisten oder für die afrikanischen Fischer, denen die EU-Politik zu unserem Nutzen Lebens- und Arbeitsgrundlage entzieht. Diese Liste der Verlierer und Opfer unserer Lebensform ist so lang, dass irgendwann auch bei dem hartnäckigsten Verteidiger der gegenwärtigen Weltgewaltordnung die Erkenntnis aufkeimen sollte, dass sich die menschenunwürdigen Lebensbedingungen der anderen nicht einfach dadurch rechtfertigen lassen, dass diese nun einmal auf der falschen Seite der Geschichte stünden.

Die Frage, die wir uns stellen müssen ist also: Warum sind wir so blind für die zerstörerischen Folgen der kapitalistischen Weltgewaltordnung? Das Erfolgsrezept des Kapitalismus ist seit jeher, dass er uns zu einem Teufelspakt verführen will, er verspricht uns immerwährenden Fortschritt und eine kontinuierliche Verbesserung unserer Lebensstandards und sorgt zugleich dafür, dass wir unfähig sind, den dafür zu entrichtenden Preis überhaupt erkennen zu können. Die Funktionslogik des Kapitalismus beruht auf einer zur Kapitalverwertung gehörenden, radikalen Externalisierungslogik – wozu auch die gesamte staatliche Bereitstellung von Rahmenbedingungen wie Infrastruktur, Schulen, Gesundheits- und Sozialwesen gehört – und damit auf

Substanzverzehr und Schädigung von Gemeingütern. Die Plünderung von Ressourcen und die Zerstörung unserer sozialen und ökologischen Lebensgrundlagen ist also kein vermeidbares Nebenprodukt des Kapitalismus, sondern gerade Kern seiner Funktionslogik. Die für uns bequemste Handlungsoption, nur ein paar Dinge, die uns stören, zu ändern und ansonsten im Großen und Ganzen so weiterzumachen wie bisher, muss geradezu zwangsläufig ins Verderben führen.

Auch die Hoffnung, die Probleme, vor denen wir stehen, gleichsam im Dialog mit den Zentren der Macht zu bewältigen, muss als illusionär angesehen werden, denn – das zeigt bereits die Geschichte – alle großen emanzipatorischen Fortschritte wurden *nicht* im Dialog mit den ökonomisch Mächtigen erreicht, sie wurden den Mächtigen durch lange mühevolle und oft verlustreiche soziale Kämpfe abgetrotzt. Warum auch sollten die Mächtigen in einer Situation überwältigender Macht in einem ernsthaften Umfang Macht an die Machtunterworfenen abtreten? Ein Dialog ist nur erfolgversprechend, wenn die Machtunterschiede nicht zu groß sind. Emanzipatorischer Fortschritt in Richtung einer Gesellschaft von Freien und Gleichen muss also stets erkämpft werden.

Diese Grundeinsicht in die Natur von Machtbeziehungen wurde schon in der Antike klar formuliert. Vor zweieinhalbtausend Jahren hat sie der griechische Dichter Aesop in die Form einer Fabel gefasst, also einer kurzen und schlichten Erzählung, die uns in belehrender Absicht den Witz einer Sache vermitteln soll. In dieser Fabel taucht auch das uns schon vertraute Lamm wieder auf, es ist die Fabel vom Wolf und dem Lamm. Sie offenbart in wenigen Sätzen eine tiefe Grundwahrheit gesellschaftlicher Beziehungen, daher wurde sie vor allem in der Aufklärung immer wieder aufgegriffen:

»Zu demselben Fluss waren Wolf und Lamm gekommen. Der Wolf stand weiter oben und viel weiter unten das Lamm. Dann, von gewaltigem Hunger angetrieben, suchte das Raubtier einen Grund für Streit: ›Warum trübst du mir das Wasser, das ich nicht trinken kann?‹ Das Lamm antwortete: ›Wie kann ich dir das Wasser trüben? Du trinkst doch weiter oben.‹ Da der Wolf dies nicht bestreiten konnte, antwortete er: ›Vor sechs Monaten hast du mich beschimpft.‹ Das Lamm entgegnete: ›Da war ich noch gar nicht geboren.‹ Da antworte der Wolf: ›Welche Entschuldigung du auch immer hast, soll ich dich deshalb nicht auffressen?‹ Und er packte das Lamm und zerfleischte es.«

Die Fabel zeige, so der Dichter, dass bei denen, die fest vorhaben, andere zu unterdrücken und zu schädigen, Argumente nicht zählen und letztlich das Recht des Stärkeren gilt. In unserem Kontext möchte ich die Fabel noch einmal in moderner, weniger allegorischer Form erzählen, wobei Wolf und Lamm wohl keiner Übersetzung bedürfen.

Beide begegnen sich an einem Fluss, also an etwas, das zum Gemeineigentum gehört. Der Wolf, der den Fluss als sein Eigentum betrachtet, behauptet, das Lamm stünde auf der falschen Seite der Geschichte und damit seinem Appetit entgegen. Das Lamm weist diesen Vorwurf stichhaltig als unverständlich und sinnlos zurück. Daher lässt sich der Angreifer einen zweiten Vorwand einfallen und bezichtigt das Lamm der üblen Nachrede über den Aggressor. Auch dies kann das Lamm zurückweisen. Nun macht der Wolf, ohne sich um einen weiteren Vorwand zu bemühen, klar, dass es nun einmal schlicht in seiner Natur liege, andere zu schädigen und zu fressen.

Als Moral aus der Geschichte folgt, dass selbst ein rücksichtsloser Aggressor nach Vorwänden sucht, um seine Aggression zu rechtfertigen – heute ist dafür bekanntlich der Kampf für

»Demokratie und Menschenrechte« sehr beliebt –, dass er letztlich jedoch schlicht das Recht des Stärkeren für sich in Anspruch nimmt. Womit schon vor zweieinhalbtausend Jahren das Prinzip der Realpolitik, die heute die Weltgewaltordnung bestimmt, allegorisch prägnant formuliert wurde – und damit natürlich auch die zivilisatorische Aufgabe, die wir zu bewältigen haben, wenn wir nicht in einer Weltgewaltordnung leben wollen.

Wenn wir also illegitime Macht einhegen wollen, so kann dies nicht in einem Dialog mit den Mächtigen gelingen, wir benötigen dazu andere zivilisatorische Mittel, die wir uns erst kollektiv in entschlossenen sozialen Kämpfen schaffen müssen. Damit bleiben uns nur zwei Möglichkeiten: Entweder wir nehmen den Kampf auf, denn die Nutznießer einer Machtordnung haben keinen Grund, diese zu ändern, und kämpfen solidarisch in einer demokratischen Selbstermächtigung für eine wirkliche Demokratisierung der Gesellschaft. Hierfür und für eine Delegitimierung nichtdemokratischer Machtstrukturen kann es natürlich keine allgemeinen Rezepte geben, nur Lehren aus der Vergangenheit. Doch für eine demokratische Selbstermächtigung haben wir viele Wege, viele Möglichkeiten und viele Anlässe, wie gegenwärtig auch die Klimabewegungen zeigen. Oder wir finden uns mit den gegebenen Machtverhältnissen ab, machen weiter wie bisher, schweigen und überlassen es nachfolgenden Generationen, die die Folgen unseres Schweigens zu tragen haben, über die Gründe unseres Nichthandelns und über die Gründe unseres Schweigens nachzudenken.

Die Entscheidung liegt bei uns.

DANIELA DAHN

Ein Luxus anderer Art

Was bedeutet die Forderung nach einem Systemwechsel?

Die Forderung nach einem Systemwechsel ist unter Jugendlichen in aller Welt schon fast Mainstream. Das ist erstaunlich und für unsereins auch erfreulich. Der Arabische Frühling hat die Systemfrage gestellt, ebenso die Weltsozialforen, »Occupy Wallstreet«, die »Refugees Welcome«-Bewegung oder die Gelbwesten. In jüngster Zeit »Fridays for Future« und auf ihre Art auch »Black Lives Matter«. Aber über Debatten und symbolische Akte sind sie bisher alle kaum hinausgekommen. Das ist gewiss kein Vorwurf, nur eine Feststellung. Wussten sie genau genug, was sie wollten? Ist etwa ein System, das eine bessere Klima-Politik macht, schon ein gewechseltes System?

Warum gelingt es dann seit den über vierzig Jahren des »Club of Rome« und seinen Warnungen über die Grenzen des Wachstums nicht, in etwas für alle Vorteilhaftes und Lebensnotwendiges zu wechseln? Weil im Kapitalismus Profit mehr geschützt wird als Leben. Der Corona-Lockdown hat diese Gewissheit erstmalig durcheinandergebracht, aber wie er ausgeht, muss sich erst noch zeigen. Der angekündigte Green Deal wird sich jedenfalls eher als Deal denn als grün entpuppen.

Der der Rebellion unverdächtige einstige Bundesverfassungsrichter Ernst-Wolfgang Böckenförde vertrat die Ansicht, dass der Kapitalismus nicht nur kranke, sondern »seinen inhumanen Charakter« offenbare (*Süddeutsche Zeitung* vom 24. April 2009). Sein einziges Ziel sei unbegrenztes Wachstum und Bereicherung. Das Gebrechen des Kapitalismus sei nicht in seinen Auswüchsen zu sehen, sondern in seiner Leitidee und deren systembildender Kraft. Deshalb könne die Krankheit auch nicht mit »Heilmitteln am Rand« beseitigt werden, sondern nur mit »Umkehrung des Ausgangspunktes«.

Die große Frage ist also, wie die von Grund auf falsche und menschenfeindliche kapitalistische Funktionslogik von Profitmaximierung durch Wachstumszwang, von Privilegierung der Privilegierten und Schwächung der Schwachen durchbrochen werden kann. Nicht nur vorübergehend gezähmt und eingedämmt bis zur nächsten Krise, in der sie wieder voll durchschlägt. Sondern wirklich vom Kopf auf die Füße gestellt. Das heißt von Privatwohl auf Allgemeinwohl. Von Oligarchie auf Demokratie. Von Existenzangst auf Freiheit von Not und Bevormundung.

Frei (und demnach revolutionär) ist, wer das als falsch Erkannte umzukehren vermag. Doch den auf den ersten Blick für alle vorteilhaften Zielen stehen mächtige Interessen entgegen. Interessen sind an sich weder unvernünftig noch unmoralisch. Aber dominante Interessen von Minderheiten sind so schädlich wie alle Dominanz. Recht und Staat sind praktischerweise so konstruiert, dass sie die herrschende, angeblich nicht verfehlte, sondern fortschrittliche Funktionslogik in Gang halten. Frei nach Kurt Tucholsky: Politik ist die Durchsetzung wirtschaftlicher Interessen mit Hilfe der Gesetzgebung.

Denn das Privateigentum der Vermögenden ist rechtlich privilegiert. Nach einem Systemwechsel dürfte die Eigentumsgarantie großer Unternehmen nicht mehr vor staatlichen oder gewerkschaftlichen Eingriffen geschützt sein. Vielmehr wäre das Eigentum beschränkt durch ökologische, humanitäre und kulturelle Belange. Eigentum wäre kein natürliches Recht mehr. Die Eigentumsgarantie würde da ihre Grenze finden, wo sie auf Kosten der Mehrheit zu abnormem Reichtum führt. Unterhalb dieser gesetzlich zu bestimmenden Grenze, wäre das gewerbetreibende Unternehmertum geschützt, wie natürlich auch das persönlich genutzte Eigentum. Der Staat wäre nicht mehr eine Apparatur zum Schutz systemrelevanten Privateigentums auf Kosten der Allgemeinheit. Großkonzerne und Banken hätten keine Chance mehr zu sagen: Ihr bekommt Spenden, Privilegien und Posten gegen Gesetze, die uns nutzen. Die Parlamentarier verabschiedeten ihrerseits keine Gesetze mehr, mit denen sie sich auch von der Idee verabschieden, ihre Wähler zu repräsentieren. Macht würde nicht mehr auf wirtschaftlicher Überlegenheit beruhen.

Die jungen, zu Recht Unduldsamen sagen, wir Älteren hätten keinen Plan. Aber es gibt zu fast allem durchdachte Pläne, zu Gemeinwohlwirtschaft, zum Klimaschutz, zur Umverteilung von Reichtum, zu einem anderen Geldsystem, zu neuen Formen von Demokratie und Arbeit im digitalen Zeitalter, zu einer sozialen Bildungsoffensive und vielem mehr. Wozu wir tatsächlich keinen Plan haben, das ist die Frage, wie man all diese rettenden Ziele durchsetzen kann. Der auf den gesteuerten Wohlfahrtsstaat orientierte Wirtschaftswissenschaftler John Maynard Keynes sagte einst: »Die Schwierigkeit liegt nicht darin, neue Ideen zu finden, sondern darin, die alten loszuwerden.« Das wird gerade wieder augenfällig, wo nach dem weltweiten Lockdown beinahe biblischen Ausmaßes alle so schnell wie möglich in ihren Pandemie-förderlichen Alltag zurückkehren wollen. Obwohl man jetzt ziemlich gut weiß, was sich ändern müsste.

»Revolutionäre Erneuerung« forderte übrigens auch der Verfassungsentwurf, der 1989/90 im Auftrag des Runden Tisches von Juristen aus West und Ost erarbeitet wurde, aber kein Parlament hat ihn auch nur behandelt. Hätten die damaligen Forderungen etwa nach mehr sozialer Gleichheit Verfassungsrang bekommen, wäre vielleicht mancher Kampf, wie der gegen Hartz IV, nicht verloren worden. Dass der Wegfall der Systemkonkurrenz den alleinigen Sieger von allen Fesseln befreien würde, war abzusehen.

Während des Kalten Krieges zwischen den Systemen bildete der Widerstand gegen den Sowjetblock »den Grundzug praktisch aller geopolitischen Strategien und Sozialpolitiken, die der Westen seit dem Zweiten Weltkrieg entworfen hat«, wie der einstige US-Vizepräsident Al Gore schrieb. Das heißt, die Profitmacherei stand unter dem Druck, nicht nur einer kleinen

Clique, sondern möglichst vielen Menschen, jedenfalls in den westeuropäischen Ländern, mehr Wohltaten bieten zu müssen als die Kommunisten mit ihrer Praxis von Volkseigentum. Dieser Zwang ist entfallen. Dem Kapital wurden nach dem globalen Fall der System-Mauer Verwertungsbedingungen geschaffen, von denen es zuvor nur träumen konnte. Das Durchschnittseinkommen der zehn bestbezahlten Firmenchefs hat sich seither um 4.300 Prozent erhöht. Dieser Finanzadel hat jedes Maß für Anstand verloren – aber dabei gegen kein Gesetz verstoßen. Selbst die Finanzkrise hat die »Geldwesten« noch reicher gemacht.

Ökologische und soziale Forderungen würden dem Standort schaden, so hieß es. Wenn ein Bankier oder Unternehmer sein Recht wahrnimmt, alles zu tun, was nicht verboten ist, kann dies, der Systemlogik entsprechend, nicht unter Moralvorbehalt gestellt werden. Moral kostet und Kosten sind bei Strafe des Untergangs zu vermeiden – das ist das Wesen des Kapitalismus. (Hochachtung vor den Wenigen, die ihre Moral über das Risiko des Untergangs stellen.) Der normale Unternehmer kann nur die Pflichten erfüllen, die ihm und seinen Konkurrenten vom Gesetz auferlegt sind. Die Verantwortung trägt also der Gesetzgeber. Nach dessen Willen zahlt, wer das Klima schädigt, vorerst nicht. Ein striktes Umweltstrafrecht ist nicht durchzusetzen. Die repräsentative Demokratie war bisher nicht in der Lage, die zerstörerischen Potenziale des Kapitalismus auszuschalten und damit seinen kreativen Potenzen zum prägenden Durchbruch zu verhelfen. In diesem Sinne müssten unsere Repräsentanten uns repräsentieren. Zufall oder Gesetzmäßigkeit, dass es ihnen weitgehend unmöglich ist? Wer ist der Souverän?

Souveränität ist die Macht, Gesetze zu geben. In ihrer kaum beachteten Schrift »Über die Revolution« bezeichnet Hannah Arendt die Eroberung der Gesetz- und Verfassungsgebung als das eigentlich Revolutionäre der Moderne. Demokratie sei nicht einfach das Gegenteil von Totalitarismus, sondern trage den Totalitarismus als Tendenz immer in sich. Und da sie überzeugt war, dass das Volk die Macht an seine Repräsentanten verloren hat, wollte die Radikaldemokratin dem Abhilfe schaffen, durch Formen erweiterter Demokratie, nämlich einem Rätesystem. Nur das würde den Rahmen bieten, von seiner Freiheit Gebrauch zu machen, da »niemand frei oder glücklich ist, der keinen Anteil an öffentlicher Macht« hat.

Heute ist weitgehend in Vergessenheit geraten, weshalb der Ruf »Alle Macht den Räten!« einst die Mächtigen erzittern ließ. Man sollte sich noch einmal informieren: Was sind sogenannte freie Mandate, die in Wahrheit weitgehend frei vom Wählerauftrag sind? Und was gebundene Mandate, die den Bruch zwischen Bürgern und Parlament heilen könnten? Die verschiedenen Räte forderten am Anfang des 20. Jahrhunderts nicht nur die Sozialisierung der Schlüsselindustrien, sondern entmachteten auch Konzerndirektoren und selbst Kaiser und Könige dankten reihenweise ab. In allen Arbeiter- und Volkserhebungen des 20. Jahrhunderts entstanden spontan Räte oder räteähnliche Ausschüsse, in denen die Aufständischen ihre Vertretungsorgane fanden. Deshalb wollten sie diese Strukturen anstelle der Parlamente oder neben ihnen in der Staatsverfassung verankern. Die meisten der aufgekommenen Arbeiter-, Soldaten-, Bauern- und Volksräte wurden von den wiedererstarkenden, etablierten Mächten als unerwünschte Konkurrenz angesehen und nach kurzer Zeit blutig niedergemäht.

Dass Veränderung gewaltlos sein muss, ist heute Konsens. In einer modernen Demokratie sollte die Wirkkraft stärker dem Willen der Bürger entspringen und weniger dem des politischen Establishments, der Konzerne und Banken. Solange wir gegen das Bestehende nach bestehenden Regeln protestieren, ist alles okay. Widerspruch, auch radikaler, ist erlaubt, solange er nichts verändert. Bisher ist es immer wieder gelungen, Kritiker, die die Strukturen in Frage stellen, auszugrenzen, zu bedrohen, polizeilich zu verfolgen, auch ihren Protest totlaufen zu lassen, sie zu bestechen oder durch PR-Strategien angreifbar zu machen und zu zersetzen. Kapitalismuskritiker müssen heute damit rechnen, als Verschwörungstheoretiker oder gar Antisemiten verunglimpft zu werden. Die privatrechtliche Organisation von Medien und der dieser angepasste Quotenkampf der Öffentlich-Rechtlichen führt zu einer Wirkungsverstärkung von wirtschaftlicher und Kommunikationsmacht. Die durchaus vielfältige Medienlandschaft und oft breite Spanne im Diskurs enden in der Regel doch an einem heiligen Gebot: Denke systemimmanent.

Freiheit war für den großen Philosophen Hegel die Fähigkeit, mit Sachkenntnis entscheiden zu können. Tatsächlich souverän kann nur ein politisch und ökonomisch gebildeter Citoyen sein. Auch befreit von Manipulation und Desinformation. Politiker müssen ihr Wissen, das sie sich in der von den Bürgern gut bezahlten Arbeitszeit aneignen, diesen zugänglich machen. Es kann nicht sein, dass sie sich einerseits durch Lobby-Kontakte, andererseits durch vom Steuerzahler bezahlte Gutachten und Expertisen, von Einrichtungen wie dem wissenschaftlichen Dienst des Bundestages, einen Wissensvorsprung verschaffen. Es ist erfreulich, dass immer mehr Archive und Dokumente digitalisiert und einsehbar sind, aber es genügt noch nicht. »Geschäftsgeheimnis« ist weiterhin ein viel zu obsessiv gebrauchtes Mittel, Bürgern Grundlagen für Beurteilungen und Entscheidungen zu entziehen.

Der französische Soziologe Pierre Bourdieu hat die ökonomische Alphabetisierung der Massen gefordert: Was ist der Unterschied zwischen Privat-, Staats-, Gemein- und öffentlichem Eigentum? Nur in einem anderen System hätten Gemeingüter verfassungsmäßigen Schutz vor Privatisierung. Und vor feindlicher Übernahme. Das heißt, der freie Kapitalverkehr wäre eingegrenzt. Nur wer nicht aufgekauft werden kann, ist dem Zwang zur Profitmaximierung nicht ausgeliefert.

Die Eigentumsfrage ist das Kernproblem der kapitalistischen Gesellschaft geblieben. Wer die Systemfrage stellt, kommt an ihr nicht vorbei. Die in Artikel fünfzehn des Grundgesetzes als Option angebotene Gemeinwirtschaft ist verfassungsrechtlich und erst recht in der Praxis Terra incognita. Gemeineigentum war nach dem Krieg den Westalliierten als Einfallstor für die Demokratisierung der Wirtschaft schlicht unerwünscht. Und ist es den »Geldwesten« bis heute.

Das Volkseigentum konnte in der historisch kurzen Zeit seines Bestehens den ideologischen Überbau nicht demokratisieren, diese Erfahrung darf bei künftigen Versuchen nicht unberücksichtigt bleiben. Im Sozialen aber gab es durchaus emanzipatorische Entwicklungen: Die Hierarchien in Betrieben waren deutlich flacher, oft setzten die Arbeiter die Leiter unter Druck und nicht umgekehrt. Denn sie hatten ein Druckmittel angesichts der überall gesuchten Arbeitskräfte: die Drohung zu kündigen. Das warf ein schlechtes Licht auf die Leitungsarbeit und brachte die Abteilungsleiter in Bedrängnis.

In den Achtzigerjahren produzierte ich ein Originaltonhörspiel in einem Betrieb der Mikroelektronik. Der Arbeitsplatz einer 22-jährigen Facharbeiterin war durch einen Automaten wegrationalisiert worden, weshalb sie in eine andere Brigade, zu einer gleich bezahlten, aber weniger anspruchsvollen Arbeit wechseln sollte. Sie aber wollte ihre Brigade nicht verlassen, zumal darin auch ihr Freund war. Empört beschwerte sie sich in Anwesenheit meines Mikrofons bei ihrem Bereichsleiter: »Ich bin ein Arbeiter und kein Spielzeug, mit mir kann man so was nicht machen!« Das Maß an Selbstbewusstsein und Zusammengehörigkeitsgefühl an einer Basis, in der nicht jeder gegen jeden konkurrieren musste, ist heute kaum noch vorstellbar. Zumal keinerlei Forschung über die sozialen Folgen von Volkseigentum finanziert wurde. Die Zweitrangigkeit von Geld war unser Kapital.

Auch ohne Forschung gibt es zu Gemeineigentum heute recht konkrete Vorstellungen. Die Infrastruktur zur Teilhabe an Lebensnotwendigkeiten wie Natur, Wasser, Strom, Heizung, Transport, Gesundheit, Pflege und Bildung gehört nicht in das zwingend profitmaximierende Eigentum von Privaten. Genügt für den Bruch der kapitalistischen Funktionslogik die Umkehr des Ausgangspunktes, die Vergesellschaftung der genannten Gemeingüter? Oder sollten die ganze Großindustrie und die Banken in das Gemeineigentum einbezogen werden, wie es die sozialdemokratischen Parteien Europas bis in die Fünfzigerjahre forderten und die realsozialistischen Länder es praktizierten? Diese Erfahrung ist bisher nicht annähernd so analysiert worden, wie sie es verdienen würde. Wäre dieses Wissen doch Voraussetzung dafür, im zweiten Anlauf bestimmte strukturelle Fehler, Irrtümer, unsinnige ökonomische Hebel von vornherein zu vermeiden, aber auch die eingetretenen emanzipatorischen sozialen Folgen nicht zu unterschätzen.

Eine Gesellschaft, in der Gemeineigentum dominant ist, wäre die einzige, die gemeinschaftlich erwirtschaftete Überschüsse aus freiem, demokratisch ermitteltem Willen in einen Topf werfen kann, aus dem ein Luxus anderer Art erwirtschaftet wird: heilig nicht Geld, sondern Gesundheit von Mensch und Tier in unbeschadeter Natur. Ein solcher partizipativer Sozialismus, oder wie immer man das neue System nennen mag, käme einer Ordnung nahe, die die Leitidee des Kapitalismus tatsächlich umkehrt.

Doch die Gemeinschaft aller Bürger ist im Bürgerlichen Gesetzbuch, wie in allen westlichen Gesetzestafeln, als natürliche oder juristische Person unbekannt, weshalb sie kein Eigentümer sein darf und soll. Das ist der wohl wichtigste

Grundkonsens im Kapitalismus. Deshalb kennt er nichts anderes als Privateigentum in seinen verschiedenen Formen. Auch das Eigentum von Bund, Ländern und Kommunen gilt laut Artikel 903 des Bürgerlichen Gesetzbuches als Privateigentum, was Regierungen ermächtigt, weitgehend wie ein Privateigentümer damit umzugehen. Also ohne das Volk zu fragen.

Ebenso ist das Genossenschafts- oder Belegschaftseigentum gemeinschaftlich genutztes Privateigentum. In den USA gibt es seit Jahrzehnten Hunderttausende Kooperativen, Genossenschaften und belegschaftseigene Betriebe – das mag deren Mitgliedern das Leben erleichtert haben oder auch nicht, an den marktradikalen gesellschaftlichen Strukturen hat es nichts verändert. Natürlich ist es sympathischer, wenn ein Betrieb der ganzen Belegschaft gehört und nicht fernen Aktionären oder einigen Patriarchen. Aber dass die Kleinen, nur weil sie sich zusammengetan haben, es sich deshalb schon leisten können, Tag und Nacht ans Klima und das Gemeinwohl zu denken, ist eine Illusion.

Klimaschutz und Sozialpläne kosten, und wer kostspieliger produziert als die Konkurrenz, riskiert die Insolvenz. Deshalb brechen die Belegschaftseigner oder Genossenschaftler die zerstörerische Funktionslogik nicht, auch sie verhärten im Hamsterrad kapitalistischer Marktgesetze. Selbst hier zeigt sich die systembildende Kraft der Leitidee des Kapitalismus. Trotz vieler gegenteiliger Pläne existiert seit dem Ende der Systemkonkurrenz kein bewährtes Mittel, die apokalyptische Wucht des Kapitalismus aufzuhalten. Wer den Ausgangspunkt des Kapitalismus umkehren will, muss also hier ansetzen.

Es kommt verschärfend hinzu, dass sich der Kapitalismus mit seinem Rechtssystem nicht nur abgesichert hat, sondern er hat sich mit zahllosen lobbyistischen Institutionen, Verträgen, Abkommen und Gesetzbüchern eine Art juristische Ewigkeitsgarantie geschaffen. Er hat damit der Demokratie die Möglichkeit zu seiner Abschaffung weitgehend entzogen. Eine Vielzahl intransparenter, oft unkündbarer Handelsabkommen unterläuft ökologische und soziale Mindeststandards. Die EU-Verträge von Maastricht haben die Marktwirtschaft mit den sogenannten vier wirtschaftlichen Grundfreiheiten zu Deregulierung und Liberalisierung ohne demokratische Legitimation festgeschrieben. Der Vertrag kann vorsorglich nur einstimmig geändert werden, was bei 28 Staaten kaum geschehen wird. Zumal auch Weltbank und Internationaler Währungsfonds Schocktherapie fördernde Prinzipien vertreten.

Die US-dominierte NATO ist die Schutzarmee des Kapitalismus. Staaten, die es wagen, ihre Natur-Ressourcen privaten Eigentümern entziehen zu wollen, werden früher oder später zu Schurkenstaaten erklärt und mit dem selbstmandatierten Recht zu Gewalt angegriffen. Das ist viele Male geschehen. Regierungen, die verstaatlichen wollen, setzen ihre Bürger einem großen Risiko aus.

Nach Meinung vieler Wissenschaftler ist das US-Militär der größte Umweltverschmutzer der Welt. Auf seinen 7.000 Militärbasen in aller Herren Länder verbraucht, also verbrennt es täglich 50.880.000 Liter Öl – niemand sonst soll derart megatonnenweise Schadstoffe und Treibhausgase emissionieren. Selbst unbenutzte Waffen zerstören im Frieden, was sie im Krieg zu schützen vorgeben: Sie binden menschliche Kreativität für technische Todbringer, statt die Kapazitäten gegen die natürlichen Todbringer, die Geißeln der Menschen wie Pandemien, Krebs, Aids oder Malaria, zu vereinen. Krankheiten und Umweltverseuchung hängen zusammen, sie sind oft Spätfolgen von verschmutzter Luft, giftigem Wasser, von Atomwaffentests oder Uranmunition. Wer also in der Klimabewegung vorankommen will, muss mit der Friedensbewegung zusammenarbeiten. Und da zum Frieden der soziale gehört, ist auch der Klassenkampf nicht obsolet.

In Europa ist die Kluft zwischen Arm und Reich derzeit ähnlich groß wie vor der Französischen Revolution, auch wenn es den Lohnabhängigen heute ungleich besser geht. »Der jetzige Staat zerfällt in zwei Staaten, den der Armen und den der Reichen, die sich mit unversöhnlichem Hass verfolgen.« Aus welcher aktuellen Analyse ist diese Feststellung zitiert? Sie stammt von Platon, 370 vor Christi. Mit der stoischen Utopie erschien erstmalig ein »Programm des Weltbürgertums«, das damals schon nur mit Gemeineigentum vorstellbar war. Der Stoiker Kleanthes sprach von dem »gemeinsamen Herd der Welt«, über den »die Internationale aller vernünftigen Wesen« waltet. Das war schon der Traum eines globalen Souveräns, von dem es heute in der UNO zaghafte Ansätze gibt.

Systemrelevante Defizite machen nicht vor Ländergrenzen halt. Der Widerspruch zwischen globalen Problemen und nur nationalen Lösungsmöglichkeiten würde mit einem Systemwechsel überwunden werden müssen. Noch ist die europäische Demokratie eine Baustelle, die internationale eine Brache. Die NATO, auch private Geldgeber, haben die UNO weitgehend machtlos gehalten.

Im europäischen Haus aber würden dann möglichst in jedem Zimmer gleiche Sozialgesetze gelten. Der Europäische Gewerkschaftsbund würde endlich Verhandlungsmacht bekommen. Nur ein europäischer Souverän wird ein Mandat für eine EZB-Bankenaufsicht und den EURO-Rettungsfond ESM durchsetzen. Ein Systemwechsel würde auch voraussetzen, dass die Verträge von Maastricht und Lissabon einer breiten Debatte in allen Ländern unterworfen, entsprechend den Erfahrungen der letzten Jahre demokratisiert und dann Volksabstimmungen vorgelegt werden.

All das würde nicht bedeuten, dass die Völker Europas ihre Eigenart und ihre spezifischen Entfaltungsmöglichkeiten verlören, so wenig wie die Nationalstaaten, bisher weitgehend allein

Träger der Sozialstaatlichkeit, sich auflösen würden, »wie der Zucker im Kaffee« (Erhard Eppler). Doch nur gemeinsam kann Europa seine Leistungen verteidigen und weiterentwickeln, einen nicht zu ignorierenden Beitrag für eine friedliche Welt einbringen.

Ein Humanismus, der sich auf die Werte Freiheit, Gleichheit und Mitmenschlichkeit bezieht, ist neben dem Völkerrecht, das Krieg ächtet, auch Basis für ein kommendes Völkersozialrecht und ein Völkerzivilrecht. Frieden muss ein besseres Geschäft werden als Krieg. Dazu bedarf es in jener ersehnten, künftigen Grundordnung einer starken UNO.

Sind die Dimensionen eines bevorstehenden Systemwechsels verschreckend? Keinesfalls um zu entmutigen. Bauen doch auch wir Älteren mit unseren Hoffnungen auf die Energie und Entschlossenheit der eingangs erwähnten jungen Leute auf, die nicht nur freitags für die Zukunft Kämpfenden. Ihnen ist die Kraft zuzutrauen, den Wechsel, der so oder so kommen wird, nicht den Rechtsradikalen zu überlassen. Denn deren Gedanken und die sich daraus ergebenden Konsequenzen – das wäre die andere, der Mitmenschlichkeit abgewandte Seite der Medaille. Der Rückgriff auf historische Vorgänge ist eher eine Warnung, die zu erwartenden Widerstände nicht zu unterschätzen. Allein mit Straßenblockaden, Freundlichkeit und Plänen, die niemandem etwas wegnehmen wollen, wird es nicht zu schaffen sein. Denkt an Platon.

Die Erfahrungen von Rebellionen und Aufbrüchen aller Art, auch der Arbeiterbewegung und selbst die des kritisch reflektierten Realsozialismus, könnten wieder interessant sein. Es wird Ausdauer und Mut bedürfen. Und Phantasie, über neue Mittel nachzudenken. Methoden, die die Chancen und Gefahren der digitalen Medien berücksichtigen. Nach dem Lockdown auch der bürgerlichen Widerstandsrechte hat das Nachdenken darüber begonnen, wie und wo wir künftig arbeiten, müßiggehen, kaufen, reisen, essen, widerstehen, leben wollen. »Extinction Rebellion« werden den zivilen Ungehorsam weiter ausbauen. Den eigentlich verbotenen politischen Streik hat »Fridays for Future« schon erprobt. Die Gemeinnützigkeit wird sich die globalisierungskritische Attac-Bewegung nicht nehmen lassen. Ist so etwas wie Generalstreik wieder zeitgemäß? Wie schützt man soziale Revolutionen vor finanzierten und manipulierten Putschen und Umstürzen?

Die Verheißungen eines Systemwechsels, aber auch die Widerstände dagegen bewusster zu machen, hat letztlich einen Zweck: uns die Erfahrung eines weiteren, folgenreichen Scheiterns zu ersparen. Denn dann wird die Erde versinken und verbrennen.

DANIELA DAHN
RAINER MAUSFELD

Eine einmalige Gelegenheit

Gespräch

Fünf Gespräche in Form einer fortgesetzten Telefonkonferenz als Anmerkungen und weiterführende Betrachtungen zu den vorhergehenden Texten

1. Gespräch Medien, Indoktrination und Demokratiemanagement

RM In Ihrem Beitrag zeigen Sie im langen Abschnitt »Volkslektüre« anhand von reichem Belegmaterial die Techniken auf, mit denen die öffentliche Meinung in der DDR in so atemberaubend kurzer Zeit in eine Richtung gewendet wurde, die den wirtschaftlichen und geopolitischen Interessen des Westens entsprach. Allein das konkrete Quellenmaterial, das Sie präsentieren, ist in seiner Fülle und Wucht geeignet, bei Lesern Gefühle der Überwältigung, des Zornes und der Ohnmacht auszulösen. Erst recht wird es vermutlich bei denjenigen, die die Vorgänge miterlebt haben, gerade diejenigen Gefühle wieder aktivieren, die damals eine solche mediale Überflutung mit Desinformation, Panikmache und falschen Versprechungen ausgelöst hat. Wie sind Ihre persönlichen Erinnerungen daran, wie ein solches mediales Dauerfeuer, das in seiner Art für die Bevölkerung gänzlich neu war, empfunden wurde?

DD Zunächst finde ich interessant, dass selbst bei Ihnen, der Sie sowohl die Spielregeln westlicher Medien wie eben insbesondere auch die Techniken der Meinungsmache seit Langem nicht nur kennen, sondern auch erforschen, angesichts des konkreten Materials Gefühle des Erschlagenseins und des Zorns aufkommen. Es ist offenbar doch noch ein Unterschied zwischen dem theoretischen Durchblick und dem diesem Dauerfeuer unmittelbar oder nachträglich Ausgesetztsein. Ich habe durch die damalige Erfahrung immer gewusst, welcher Sprengstoff in einer solchen Analyse stecken würde, aber auch, weshalb ich mich dreißig Jahre vor dieser Arbeit gedrückt habe. Nicht nur, weil sie sehr aufwendig ist – längst nicht alles aus der Zeit ist schon digitalisiert –, sondern weil der damalige Ärger, ja die Fassungslosigkeit, wieder in einem aufkommt. Dazu hatte ich eigentlich keine Lust mehr.

Das ist nur zu verständlich. Vor allem angesichts der Erwartung, dass eine solche Arbeit in den Redaktionsstuben und in relevanten Kreisen keine Begeisterung auslösen wird. Allein das von Ihnen zu Tage geförderte empirische Material entzieht dem offiziellen und für die westliche Ideologie konstitutiven Narrativ der Wende weitgehend die Grundlage. Ihre Darstellung verletzt also in gravierender Weise politische Tabus. Folglich ist mit entsprechenden reflexartigen Reaktionen in den Feuilletons zu rechnen. Mit den üblichen Diffamierungen oder mit Beschweigen, also Verbannung aus dem öffentlichen Debattenraum. Feinsinnigere Verteidiger des Status quo werden in solchen Situationen, in denen sie mit unliebsamen Fakten konfrontiert werden, gerne akademisch grundsätzlicher und nehmen Zuflucht zu einer Methodenkritik. Werden Fakten als störend empfunden, werden sie einfach als bloße Meinungen deklariert. Auch bei Ihnen ist daher zu erwarten, dass Ihre Zugangsweise und Materialauswahl als subjektiv, als unterkomplex, als selektiv etc. kritisiert werden. Das passt natürlich irgendwie immer, weil zwangsläufig jede Art wissenschaftlicher Abstraktion und damit auch jede Analyse ihrer Natur nach auf einer Auswahl beruht. Insofern hat derartige Kritik auch immer etwas Banales. Eigenartigerweise wird ein solcher Einwand immer nur dann erhoben, wenn einem die Schlussfolgerungen, die sich aus den RM präsentierten Fakten ergeben, nicht passen. Also ein typischer Fall von Doppelstandards.

DD Was Sie beschreiben, kenne ich natürlich als Reaktionen auf meine Bücher. Ich beschäftige mich aber vorab schon lange nicht mehr mit möglichen Reaktionen, das blockiert nur. Das Material schiebt und muss raus. Dabei bin ich so genau und gewissenhaft wie möglich. Taktieren ist mir auch zu anstrengend. Es kostet ja zusätzliche Psychoenergien. Und es schadet vor allem der Wahrhaftigkeit und das merken Leser sofort.

RM Es lohnt sich wirklich nicht, sich mit derartigen reflexhaften Abwehrphrasen zu befassen. Ich würde gern noch einmal zu Ihren damaligen Erfahrungen zurückkommen: zu diesem hier ausgebreiteten medialen Dauerfeuer, das doch sicher auch enorme Psychoenergien gekostet hat.

DD Es war mehr als aufregend. Zumal die meisten Menschen vor dreißig Jahren in noch ganz anderen Feuern standen. Neben der Euphorie über die begonnene Selbstermächtigung entstanden sehr bald existentielle Ängste: ob die Treuhand ihren Betrieb abwickelt und sie ihre Arbeit und auch noch ihr Haus oder Wochenendgrundstück an »Alteigentümer« verlieren, ob sie die Miete noch aufbringen werden oder ob es eine Stasi-Akte über sie gibt, in der vielleicht falsche, diskriminierende Dinge stehen, ob menschliche Beziehungen kaputt gehen. Die Medien wurden, soweit ich das verfolgen konnte, aufmerksam und staunend zur Kenntnis genommen und hatten viel Einfluss, aber aufgrund der vielen anderen Probleme fehlte auch die Kraft, sich kritisch mit ihnen auseinanderzusetzen. Auch bei mir. Die vertraute Kluft zwischen eigener und medialer Wahrnehmung schrieb sich unerwarteterweise einfach fort. Erst als sich jetzt die Perspektive eröffnete, dass wir hier etwas zusammen machen würden, habe ich die Gunst genutzt praktisch in der Obhut eines Kognitionsforschers und Spezialisten für Techniken der Manipulation – mich zu diesem Rückblick durchzuringen. Auch neugierig darauf, was er uns sagen würde.

»Wie sich die verwirrte Herde auf Kurs halten lässt.«

… was sich dazu sagen lässt, ist leider wenig erbaulich. Der Westen verfügt über ein einzigartiges Arsenal höchst raffinierter psychologischer Manipulationsmethoden. Das wird seit mehr als hundert Jahren mit großen Forschungsanstrengungen entwickelt und verfeinert. In diesen psychologischen Techniken einer Bevölkerungskontrolle hat der Westen gegenüber dem Osten einen kaum vorstellbaren Forschungsvorsprung. Der Grund ist einfach: Kapitalistische Demokratien sind, wie man schon früh erkannte, wegen der freien Wahlen darauf angewiesen, bei den Wählern den Eindruck völliger Freiheit aufrechtzuerhalten und zugleich sicherzustellen, dass diese so wählen, wie sie wählen sollen. Das ist machttechnologisch nur mit höchstem Aufwand zu bewältigen. Die dazu erforderlichen Methoden wurden mithilfe der Psychologie und der Sozialwissenschaften in vielen Jahrzehnten zur Perfektion entwickelt und in Dutzenden von Fällen im innen- und außenpolitischen Kontext erprobt. Hierüber gibt es eine große Menge an Literatur. **RM**

Auch die psychologischen Techniken der Kontrolle von Dissens sind in kapitalistischen Demokratien überaus subtil angelegt. Sie durchziehen alle Sozialisationsinstanzen. Dadurch sind sie für uns praktisch unsichtbar und im Normalfall auch kaum spürbar. Wir schwimmen gleichsam wie ein Fisch im Wasser in ihnen, ohne überhaupt eine Vorstellung von ihnen zu haben. Seit den historischen Anfängen kapitalistischer

 Demokratien war den jeweiligen Machteliten klar, dass eine solche Herrschaftsform nur stabil sein kann, wenn man die tatsächliche Macht für die Bevölkerung weitestgehend unsichtbar macht. Daher werden seit mehr als hundert Jahren Sozialtechnologien entwickelt, mit denen man die »verwirrte Herde« so auf Kurs halten kann, dass sie dennoch überzeugt ist, frei und ohne Lenkung ihren eigenen Bedürfnissen zu folgen. Ein Projekt des Demokratiemanagements, das sich als immens erfolgreich erwiesen hat. Konkurrenzlos erfolgreich sogar. Dies alles ist also bereits seit langer Zeit in kontinuierlicher Anwendung. Auch für Extremsituationen, die eine besonders große Wirksamkeit in sehr kurzer Zeit erfordern, liegt ein Arsenal von Methoden seit Langem in der Schublade der ökonomischen und politischen Zentren der Macht.

1989 konnte man also sehr kurzfristig auf lang erprobte und höchst ausgefeilte Techniken zurückgreifen. Insofern überrascht es nicht, dass sie beim Zusammenbruch der DDR mit so durchschlagendem Erfolg ihre Wirksamkeit bewiesen haben. Doch bergen historische Situationen, in denen für die Mehrheit der Bevölkerung eine Lebensform und ein ganzes gesellschaftliches Weltbild zu Bruch geht, trotz ausgefeilter psychologischer Kontrolltechniken ein beträchtliches Restrisiko für die Wirksamkeit westlicher Manipulationsversuche. Denn die Dynamiken, mit denen sich neue Identitäten und Solidaritäten bilden, sind kaum vorhersehbar und damit nur schwer kontrollierbar. Damals zerfielen ganze Werteordnungen, die Orientierung und sozialen Zusammenhalt vermittelten. Mit solchen gesellschaftlichen Umwälzungen musste zwangsläufig auch eine Erschütterung der gewachsenen Identitäten einhergehen, massive Gefühle der Desorientierung und Unsicherheit brachen auf und schon vorhandene wurden verstärkt. Wie haben Sie damals diese Dynamiken erlebt? Welche Werte, welche Solidaritäten galten denn noch?

Das war natürlich individuell sehr verschieden. Wir kamen ja in der DDR auch aus einer kontrollierten Öffentlichkeit. Aber das war eher eine konträre Kontrolle. Da ging es nicht darum, ob es neben den politischen Absichten auch reißerisch genug ist, um die Verkaufszahlen zu erhöhen, sondern im Gegenteil. Es wurde strikt darauf geachtet, dass ja nichts gedruckt wird, was unerwünschte Aufregung auslösen würde. Dass viel Kritisches einfach weggelassen wurde, war das Ätzende. Diese geistige Bevormundung war auf ihre Art auch demütigend – kein Vertrauen mit den eigenen Leuten über die Probleme zu reden, die sie aus dem Westfernsehen sowieso erfuhren. Das war der Grund, weshalb ich mich als junge Redakteurin 1981 aus dem DDR-Fernsehen zurückzog und seither Bücher mache. Da ist der Spielraum, übrigens damals wie heute, deutlich größer als in den Massenmedien.

Aus heutiger Sicht ist es eher erstaunlich, zu welchen für derzeitige Verhältnisse Traumauflagen es die Zeitungen dennoch gebracht haben – die *Junge Welt* zuletzt auf 1,6 Millionen. Man konnte niemanden zwingen, für eine bestimmte Zeitung die meist obligatorischen 15 Pfennig auszugeben. Als Korrektiv und Ergänzung zu den Westsendern wurden die eigenen Medien durchaus wahrgenommen. Weil da das, was Sie »eigene Werte« nennen, verhandelt wurde. Man hatte auch gelernt, zwischen den Zeilen zu lesen, und auch das Nichterwähnte war eine Nachricht. Was man weder gelernt noch erwartet hatte, war mit der Unseriosität der Boulevardpresse umzugehen, aber vor allem mit der Missachtung journalistischer Mindeststandards in den »Qualitätsmedien«. Drastische Fake News waren nach meiner Erinnerung in den DDR-Medien doch eher die Ausnahme.

Beim Nachlesen war für mich das Bemerkenswerte, mit welchem Selbstbewusstsein und wie lange die Ostdeutschen sich mehrheitlich gegen eine Vereinnahmung durch die BRD zu wehren versucht haben. Werte kippten nicht so schnell. Da musste dann schon ganz tief in den Werkzeugkasten der Manipulation gegriffen werden, um die robusten Brechstangen herauszuholen. Wie deutlich Sie herausarbeiten, dass die Sozialwissenschaften seit Langem an der Verfeinerung der Techniken arbeiten, die Psyche der Menschen den Wünschen der jeweiligen Machthaber zu unterwerfen, ist eindrucksvoll und auch erschreckend. Ebendas von David Hume beschriebene »Wunderwerk«, weshalb es ein so überraschend leichtes Spiel ist, Macht auszuüben. Ich habe mich gefragt, ob die Wissenschaft diese Methoden durch die Analyse der politischen Praxis gewonnen hat oder ob es umgekehrt war. Haben sie den Machthabern aus ihren Kenntnissen der Psyche untertänigst Mittel in die Hand gegeben, die diese dann mehr oder weniger bewusst anwenden?

Psychotechniken der Macht

RM Die Antwort darauf ist ganz eindeutig: Die Aufträge für diese Forschungen kamen aus den Machtzentren. Zwar hat es schon lange vor Entstehung der modernen Wissenschaften eine ausgefeilte Praxis psychologischer Methoden der Machtausübung gegeben. Sie bezogen sich vor allem auf Techniken der Angsterzeugung oder Methoden politischer Rhetorik, wie sie vor allem im antiken Rom zur Blüte kamen. Denken Sie etwa an Cicero. Doch die systematische Untersuchung psychologischer Techniken der Machtausübung entstand erst sehr viel später. Dabei entstanden neue akademische Fächer, insbesondere die Sozialwissenschaften. Auch die Psychologie war bis Anfang des letzten Jahrhunderts überwiegend eine Grundlagenwissenschaft. Sie beschäftigte sich also mit Fragen, die von pragmatischen Anwendungskontexten weit entfernt waren.

Durch Anwendungsfragen und Bedürfnisse, die aus politischen und ökonomischen Bereichen an die Psychologie herangetragen wurden, entstanden in der Psychologie Bestrebungen, sich von der Grundlagenorientierung zu lösen und gleichsam auf direktem pragmatischem Weg auf einen Anwendungsnutzen zu zielen. Verstärkt wurden diese Bestrebungen dadurch, dass für praxisbezogene Forschungen unvergleichlich größere finanzielle Förderungsmittel winkten. Auf diese Weise entstanden Bereiche, die sich damals als »Psychotechnik« bezeichneten und heute Angewandte Psychologie heißen. Diese praxisorientierten Fächer gelangten durch ihre engen Verbindungen zu wirtschaftlichen Bereichen in wenigen Jahrzehnten zu einer großen Blüte und dominieren seither das Fach. Vor allem die stark wachsende Werbeindustrie hatte große Erwartungen an die Psychologie. Im gesellschaftlichen Bereich zeigte sich zunehmend das Spannungsverhältnis von Kapitalismus und Demokratie. Gewerkschaften und soziale Bewegungen gewannen an Einfluss und wurden von den Machtzentren als so bedrohlich erlebt, dass man große Summen in die Entwicklung psychologischer und sozialtechnologischer Methoden investierte, durch die sie sich spalten und zersetzen lassen. Daher lag bereits vor dem Zweiten Weltkrieg ein äußerst wirksames Instrumentarium an Methoden des Meinungsmanagements, der unsichtbaren Indoktrination, der Spaltung und Zersetzung und vieles mehr vor, mit dem man schon damals das »demokratische Risiko« in kapitalistischen Demokratien sehr wirksam begrenzen konnte.

DD Welche gesellschaftlich relevanten Fragen in den angewandten Wissenschaften untersucht werden, ergibt sich also folgerichtig daraus, für welche Forschungen jemand Geld bereitstellt. Für Laien ist es doch ganz intransparent, dass offenbar der Marktmechanismus längst auch die Forschung, also die Universitäten ergriffen hat. Was finanziert wird, wird auch erforscht, was nicht, eben nicht. Ist es so? Und warum erfährt man darüber nicht mehr?

RM Moderne Machtausübung erfolgt stets arbeitsteilig zwischen unterschiedlichen Sektoren von Machteliten. »Halt du sie dumm, ich halt sie arm« war im Feudalismus die Arbeitsteilung zwischen Feudalherr und Priester. Heute sind Massenmedien, Unterhaltungsindustrie und der gesamte Bildungs- und Wissenssektor so eng mit den Kapitalsektoren verwoben, dass sich ihre Interessen im Kern decken. In gewisser Weise sind in kapitalistischen Demokratien politische Infantilisierung und soziale Prekarisierung Erfordernisse derselben Funktionslogik.

Was nun die universitäre Forschung betrifft, so sind die Mechanismen ökonomischer und politischer Steuerungen intensiv untersucht worden. Doch sind diese Dinge in der Tat in der Öffentlichkeit kaum bekannt. Nicht etwa, weil diese kein Interesse daran hätte. Im Gegenteil. Doch gelangt das Wissen über die Art und Weise, wie die systematische Erforschung von Manipulationstechniken von politischer und ökonomischer Seite gefördert wurde, erst gar nicht in den öffentlichen Debattenraum. Denn die großen Medien sind fest in die ökonomischen und politischen Machtstrukturen eingebunden und haben naturgemäß kein Interesse daran, entsprechendes Wissen öffentlich werden zu lassen. Und Intellektuelle, die eher über die Möglichkeiten verfügen, sich in den öffentlichen Debattenraum einzubringen, sind durch die durchlaufenen Sozialisationsfilter und die Karrieremechanismen so gut vorgefiltert, dass die Wahrscheinlichkeit gering ist, dass sie ein subversives Wissen öffentlich und damit politisch wirksam machen könnten. Eine solche Filterung ist in ihrer psychischen Durchdringungstiefe so erfolgreich, dass sie in aufrichtiger Überzeugung abstreiten würden, dass es dazu überhaupt etwas zu wissen gibt.

Autoritäre versus psychologische Bevölkerungskontrolle

DD Falls wir der Durchdringungstiefe gerade noch entkommen sind – verraten Sie einen Geheimtipp, was man über jene Manipulationstechniken lesen sollte, um einigermaßen davor gefeit zu sein? Und was über das Unsichtbarmachen von Macht, damit wir Sehende werden? Es ist eine einmalige Gelegenheit.

RM … das bringt mich in eine gewisse Verlegenheit. Denn einen solchen Geheimtipp, durch den wir ohne allzu große Mühen die Machenschaften der Manipulation durchschauen könnten, gibt es nicht. Unser Geist ist so komplex, dass es eine nahezu unbegrenzte Zahl von Variablen und Eingriffsmöglichkeiten von außen gibt, also gleichsam von *backdoors*, über die psychische Prozesse beeinflusst werden können. Die psychologische Literatur hierzu ist kaum mehr zu überschauen. Populärwissenschaftliche Darstellungen, die einen angemessenen Eindruck von diesen Dingen liefern, gibt es leider nicht. Einige psychologische Aspekte spreche ich in meinen Büchern an. Auch im Bereich der Verhaltensökonomik, die sich mit menschlichem Verhalten in wirtschaftlichen Situationen beschäftigt, lassen sich, freilich aus affirmativer Sicht, unter den Stichworten »*soft power*« oder »*nudging*« populäre Darstellungen von Manipulationstechniken finden.

Es gibt aber eine ganz ausgezeichnete Fachliteratur, die aus sozialhistorischer Perspektive die Entwicklung psychologischer Methoden des Demokratiemanagements nachzeichnet, also von Methoden, durch die sich Denken, Fühlen und Verhalten für Zwecke der Machtausübung beeinflussen und soziale Bewegungen spalten lassen. Drei Standardwerke möchte ich anführen. Dazu muss ich einmal ins Regal greifen, damit ich auch kurz etwas zum Inhalt sagen kann.

Das Buch der Historikerin Elisabeth Fones-Wolf *Selling Free Enterprise. The Business Assault on Labor and Liberalisms* beschreibt auf der Basis von reichem Quellenmaterial die vielschichtigen Programme eines ideologischen und propagandistischen Bürgerkriegs, den das organisierte Kapital in der Zeit nach dem Zweiten Weltkrieg gegen die organisierte Arbeiterschaft geführt hat, um gewerkschaftlichen Widerstand zu brechen und das Bewusstsein der Bevölkerung im Interesse der Kapitalbesitzer neu zu formen. Der Sozialpsychologe Alex Carey beschreibt in seinem Buch *Taking the Risk out of Democracy. Corporate Propaganda versus Freedom und Liberty* für die Zeit nach dem Ersten Weltkrieg bis in die Siebzigerjahre die sozialpsychologischen und sozialwissenschaftlichen Programme, mit denen die Wirtschaftseliten versuchten, gesellschaftliche Solidaritäten und Klassenidentitäten zu zerstören und mit einer Massenpropaganda die Grundlagen von Demokratie zu unterminieren. Der Sozialhistoriker Steve Fraser vergleicht in seinem faszinierenden Buch *The Age of Acquiescence: The Life and Death of American Resistance to Organized Wealth and Power* das sogenannte vergoldete Zeitalter der wirtschaftlichen Blüte der USA am Ende des 19. Jahrhunderts mit der Zeit des »Konsumkapitalismus« nach dem Zweiten Weltkrieg, in der Solidarität als Grundlage sozialer Bewegungen systematisch zerstört wurde. Dabei untersucht er, durch welche Indoktrinationsmethoden es zu der politischen Apathie gekommen ist, die unser gegenwärtiges »Zeitalter der Billigung und Duldung« kennzeichnet.

DD Wir haben meines Wissens im Osten nicht mal erfahren, was der Klassenfeind da so mit seinen Lohnabhängigen trieb. Und hatten wir eigentlich Vergleichbares?

Nein, eine vergleichbare Entwicklung psychologischer Manipulationstechniken gab es im Osten nicht. Das lässt sich bereits an einem Vergleich erkennen, wie groß und wie ausdifferenziert innerhalb der universitären Fächer die Bereiche der Sozialpsychologie und der Sozialwissenschaften waren. Im Westen waren sie ganz zentral und wurden daher in ihrer Entwicklung mit immensen Summen gefördert. Denn die Stabilisierung von Machtverhältnissen erfolgt hier vor allem auf psychologischem Wege. Auch Kultur- und Unterhaltungsindustrie sind dazuzurechnen. In autoritären Gesellschaftsformen jedoch können Machttechniken, die auf die Psyche zielen, sehr viel gröber beschaffen sein, beispielsweise Angsterzeugung und krude Orwell'sche Propaganda. Auch können sie – oder sollen sogar – der Bevölkerung durchaus bewusst sein. Die Menschen sollen ruhig meinen, was sie wollen, solange sie sich in ihrem Verhalten beugen. In autoritären Gesellschaftsformen stehen also physische Formen von Gewalt im Vordergrund, also Panzer, Polizei, Geheimdienste und andere Wege einer Verhaltenskontrolle. Hier ging es vor allem um krude Propaganda und krude Verhaltenskontrolle. **RM**

Dennoch gab es überall auch Sekretäre für Agitation und Propaganda, war nicht Angela Merkel in ihrer FDJ-Zeit auch eine? Das galt als revolutionäres Kampfmittel, war aber oft durchsichtiger Voluntarismus, selten geschliffenes Argument – die Abwesenheit von raffinierten Techniken war offensichtlich. Dazu eine Frage an den Psychologen: Ist es nicht möglich, dass Macht, die vor allem auf Kontrolle des Körpers und des Verhaltens zielt, obwohl sie wohl immer auch psychische Wunden und soziale Verwerfungen mit sich bringt, zumindest eine kleine Chance lässt, dass sich ein intaktes Ich durch innere Distanzierung erhält und sich damit der Macht teilweise entzieht? **DD**

RM Ja, das ist ein psychologisch ganz wichtiger Punkt. Durch die hohe Komplexität unserer Psyche ist es allerdings schwierig anzugeben, wann und unter welchen Bedingungen eine solche psychische Spaltung als Schutzmechanismus wirksam werden kann. Doch lenkt Ihr Punkt den Blick darauf, warum es eigentlich in der historischen Ausdifferenzierung von Herrschaftstechniken eine Entwicklung hin zu psychologischen Techniken gegeben hat. Die Herrschenden wollten nicht nur das Verhalten kontrollieren, sondern tiefer zugreifen und die eigentlichen Ursachen des Verhaltens, also die Psyche der Machtunterworfenen, kontrollieren. Harold Lasswell, einer der Begründer der modernen Politikwissenschaft, bemerkte 1930, dass der Zugriff auf die Psyche sehr viel wirksamer und kostengünstiger sei als repressive Methoden. Das war der Kern des großen westlichen Projekts eines Demokratiemanagements. Im »freien Westen« sind also die Anforderungen an Techniken einer Machtstabilisierung sehr viel höher. Hier werden sehr subtile Mittel benötigt, um in gewünschter Weise auf der Klaviatur unseres Geistes spielen zu können. In den vergangenen Jahren haben historische Studien aufgezeigt, dass die ökonomischen und politischen Zentren der Macht immer dann bereit waren, demokratische Entwicklungen zuzulassen, wenn für sie die Kosten der Repression zu hoch geworden waren. Man sieht: Demokratie kann sich für die Mächtigen lohnen, zumindest, wenn sie die Form einer kapitalistischen Demokratie annimmt. Diese Formen von Demokratie sind für die Zentren der Macht völlig risikofrei. Sie stellen – wie auch empirische Studien aus dem Bereich der Politischen Ökonomie aufzeigen – die kostengünstigste Form einer Revolutionsprophylaxe dar.

2. Gespräch
Wendevorgänge und manipulierte Geschichtsschreibung über die DDR

Auch unter dem Aspekt »Agitation und Propaganda« stand die Begegnung der Ostdeutschen mit der (kapitalistischen) Demokratie unter keinem günstigen Stern. Denn wie gezeigt war die Privatisierung des mehr oder weniger öffentlichen Raums auch oft reichlich plump und durchsichtig, von feinen Mechanismen war da weniger zu spüren als von skrupellosen. Der Westen hatte sich trickreich zum Vollstrecker und Vollender, also Beender der »friedlichen Revolution« ermächtigt und konnte fortan gar nicht mehr aufhören zu siegen. Niemand konnte ihm die Kosten von Repression in Rechnung stellen. Im Gegenteil, offene Diffamierung und Verachtung nicht nur des zweifellos angeschlagenen politischen Personals brachte Gewinn, sondern mehr oder weniger auch der gesamten Intelligenz als ideologisch indoktriniert, der Sportler als gedopt, der Ingenieure als untauglich und selbst der Arbeiter als echter deutscher Disziplin entwöhnt, schließlich aller als ein Volk von Spitzeln und Bespitzelten und von da nicht weit zu unredlichen Erwerbern von Häusern und Grundstücken, die eigentlich redlichen Westeigentümern gehörten. Bis auf die eilfertigsten Wendehälse galten alle aus dem Realsozialismus als jenseits westlicher Werte und Zivilisation. DD

Mir war bei der Arbeit an der »Volkslektüre« noch mal Sigmund Freuds *Totem und Tabu* in die Hände gefallen, eine Schrift, die Thomas Mann übrigens für Freuds bestes Werk hielt. In jungen Jahren war mir nicht aufgefallen, mit welch herablassenden, heute würde man sagen politisch inkorrekten Begriffen, er da von den Primitiven, von unzivilisierten, wilden und halbwilden Völkern spricht. Das war seinerzeit Common Sense im Umgang mit diesen Menschen. Und nicht so verschieden wurden die Eingeborenen in Ostdeutschland von den selbsternannten Zivilisatoren behandelt. Wie ethnologische Studienobjekte – in deren Reservat man eine Safari macht und staunt: Diese merkwürdige Population bewegt sich noch in kollektiven Horden, weiß nichts von westlicher Wertegemeinschaft, nach der es ergiebiger ist, den Weg zur Tränke allein einzuschlagen. Sie sind reif fürs Panoptikum, abgespeist mit dem Glasperlenspiel: Wir kümmern uns um eure Betriebe, Immobilien und den Grund und Boden, ihr bekommt dafür unsere Freiheitsmurmeln.

Freud beschreibt immerhin auch, dass es ein vorgöttliches Tabu war, Besiegte, sogar Getötete, respektlos zu behandeln. Es gab eine Furcht, ja Ehrfurcht vor den Geistern der Besiegten. Man musste sich nachträglich mit ihnen versöhnen, die besten Bissen für den einstigen Feind bereithalten. Von dieser, vielleicht kann man sagen Naturethik, hat sich offenbar nichts in die Neuzeit retten können. Die besten Bissen wurden genüsslich vor den Augen der Unterlegenen verteilt. Wehe dem Sieger, blieb da nur zu sagen.

RM Freuds große Studie, die ja den Untertitel »Einige Übereinstimmungen im Seelenleben der Wilden und der Neurotiker« trägt, ist in der Tat durch eine Perspektive kultureller Überheblichkeit und durch eurozentrische Ressentiments gekennzeichnet. Das war typisch für seine Zeit, und es ist wohl heute immer noch, wenn auch ideologisch kunstvoll verschleiert, ein charakteristisches Merkmal der »westlichen Wertegemeinschaft«. Das findet auch Ausdruck in der massiven kollektiven Geringschätzung der gewachsenen Lebenskultur der DDR. Im ersten Kapitel beginnen Sie Ihre Darstellung mit den Worten: »Denn das Leben wird vorwärts gelebt und rückwärts verstanden.« Liegt bei der DDR nicht genau darin das Problem, dass sie nämlich in der offiziellen Geschichtsschreibung nur rückwärts, also von ihrem

Ende her behandelt und gerade dadurch in wichtigen Aspekten nicht verstanden wird, die sie von ihren Anfängen her eben auch kennzeichneten? In der Wahrnehmung der Westdeutschen ist das Wissen darüber wohl recht mager, das Ende überschattet alles, was vorher war. Werden hier nicht systematisch blinde Flecken im Geschichtsbild erzeugt, um den Sieger gegenüber dem Verlierer makellos erscheinen zu lassen?

»Wer die Gegenwart kontrolliert, kontrolliert auch die Vergangenheit.«

DD Das ist vollkommen richtig. Wenn die revolutionären Ansätze nicht in der beschriebenen Art aufgekauft worden wären, wäre auch die westliche Geschichtsschreibung nicht derart gekippt. Denn sie war selbst im kalten Krieg teilweise aufgeschlossener und sachlicher, eben wegen des offenen Endes. So gab es eine relativ vorurteilsfreie Forschung zum Systemvergleich. Ich greife auch mal ins Bücherregal. Das größte deutsche Wirtschaftsforschungsinstitut DIW hat seit 1974 ein *Handbuch DDR-Wirtschaft* herausgegeben, das mehrfach aktualisiert wurde. Die 1985 erschienene Auflage wies eine Gesamtverkaufszahl von 84 000 aus und machte zum Beispiel darauf aufmerksam, dass sich die Handelsbilanzsituation verbessert habe und die DDR damit die Voraussetzung geschaffen habe, der Tilgung ihrer Kredite weiter pünktlich nachzukommen. Oder Karl-Heinz Eckardt: *Die DDR im Systemvergleich. Didaktisches Sachbuch* (was für ein Genre!) *zum Verständnis von Plan- und Marktwirtschaft*. Rowohlt-Verlag 1984, mit einer Auflage von 44.000 Exemplaren. Die beiden Fazitkapitel lauten: »DDR: Gesellschaftliche Sicherheit und persönliche Unfreiheit.« und »Bundesrepublik: Persönliche Freiheit und gesellschaftliche Unsicherheit.«

Unter diesem Generalverständnis wird beschrieben, wie die DDR-Bürger nach dem Mauerbau nicht mehr bereit waren, sich selbst nur mit den Augen westlicher Kritiker zu sehen, sondern »einen Teil ihrer persönlichen Selbstachtung gerade aus der Identifizierung mit den immer größer werdenden Erfolgen in Wirtschaft, Sport und Politik« schöpften. Die Wirtschaftspolitik habe den DDR-Bürgern im Laufe der Jahre »eine Art zweites deutsches Wirtschaftswunder« beschert. Der Lebensstandard hatte im Vergleich zu den übrigen Ländern des Ostblocks denselben Abstand wie der der Bundesrepublik zum restlichen Westeuropa. Mit Verweis auf Vollbeschäftigung, Preisstabilität und größere soziale Gleichheit wird vermutet, »dass der bisherige Verlust von persönlicher Freiheit nicht ein Opfer ohne jeden Gegenwert war«.

Eine Grafik des DIW überrascht mit den Kurven des Zuwachses des Bruttosozialproduktes von DDR und BRD zwischen 1961 und 1983. Während die DDR-Kurve langsam, aber stabil, fast ohne Schwankungen steigt, springt die bundesdeutsche wie eine wilde Fieberkurve mal über, ab 1970 meist aber unter die DDR-Kurve, 1983 liegt ihr Wachstum bei Null, das der DDR bei vier Prozent. Selbst in den letzten fünf Jahren ist das Wachstum der DDR-Wirtschaft nie auf null gesunken. Warum war der Lebensstandard im Westen dennoch unvergleichlich höher?

Das Buch zum Systemvergleich gibt auch hierauf mögliche Antworten. Unter dem Druck von Arbeitslosigkeit und verschärfter Konkurrenz auf den Weltmärkten habe die Bundesrepublik ihre Arbeitsproduktivität überproportional steigern können. Für die Ostdeutschen kam strafverschärfend hinzu, dass sie keine Ahnung hatten, wie weitgehend der angepriesene Wohlstand auf Verschuldung beruhte. Auch die Westdeutschen haben weit über ihre Verhältnisse gelebt. Durch Konjunkturprogramme zur Steigerung des Konsums habe die Verschuldung ein Ausmaß angenommen, das nach Meinung der Opposition verfassungswidrig gewesen sei, heißt es in jenem Buch. Eine weitere Grafik zeigt, wie parallel zu den Haushaltsausgaben die Staatsverschuldung stieg. Erst später stellte sich heraus: Ging die DDR 1990 mit knapp zwanzig Milliarden D-Mark, also gut zehn Milliarden Euro Schulden in die Einheit, so weist das Statistische Bundesamt im selben Jahr der BRD eine Erblast von 538 Milliarden Euro aus. Also das Fünfzigfache. Das waren aber wenigstens Schulden in eigner Währung, während die DDR Valuta-Schulden hatte, die nur über Export zu begleichen waren, was immer schwieriger wurde. Doch Schwierigkeiten auch auf der anderen Seite. Ganz fremd für Ostler der Befund im Systemvergleich, dass ein Viertel der Bundesbürger ohne Sozialhilfe in Armut leben müsste. Das Narrativ von Bankrott gegen Superwohlstand war von der Vorwende-Forschung in keiner Weise gedeckt.

RM

The winner takes all – sogar die Deutungshoheit über die Vergangenheit des Verlierers. Schon Orwell wusste: »Wer die Vergangenheit kontrolliert, kontrolliert die Zukunft. Wer die Gegenwart kontrolliert, kontrolliert auch die Vergangenheit.« Das ist nach der Wende im Westen mit einer dramatischen gesellschaftlichen Durchdringungstiefe gelungen. Das ist auch daran erkennbar, dass man hier auf Verwunderung oder gar Empörung stößt, wenn man nur die Frage stellt, ob es nicht in der DDR neben all dem Schlimmen und Verwerflichen auch etwas gegeben haben könnte, das vom Grundsatz her im Vergleich zur Bundesrepublik als emanzipatorischer Fortschritt anzusehen ist – das also als Praxis oder als Leitidee hätte übernommen werden sollen. Doch allein die Frage zu stellen, gilt als obszön. Denn der Westen sieht sich als die beste aller möglichen Welten, also als alternativlos, und somit auch als Kulminationspunkt emanzipatorischer Bestrebungen. Jede Übernahme, etwa sozialer Rechte, würde dieses Selbstbild beeinträchtigen und ginge mit der Gefahr einher, alte Fragen wiederzubeleben, ob es nicht emanzipatorische

 Alternativen zum real existierenden Kapitalismus gibt. Das muss natürlich unbedingt vermieden werden.

DD Sicher, diese Art der Darstellung der DDR gehört zu der gewendeten Geschichtsschreibung, für die es mit der Einheit enorme staatliche Gelder für eine auf Diktatur, Stasi und Repression verengte Forschung gegeben hat – ganz nach dem Muster der wiederbelebten Totalitarismus-Theorie. Diese Forschung war aufschlussreich und berechtigt, aber eben total, um nicht zu sagen totalitär, einseitig. Trotz aller stalinistischer, zentralistischer, bürokratischer, dogmatischer, unrechtmäßiger Strukturen waren dennoch auch emanzipatorische Ansätze gelungen, mit weitreichenden Folgen für die Beziehungen der Menschen untereinander. Und zwar nicht nur in der Theorie, sondern in der Praxis. Darauf gab es keinerlei Neugier. Die SPD wollte plötzlich nichts mehr davon wissen, dass wortwörtliche Punkte aus ihrem aktuellen Parteiprogramm zumindest ansatzweise nur in der DDR verwirklicht waren: Abbau der Klassenvorrechte, mehr Gleichheit in der Verteilung von Einkommen und Vermögen, Beteiligung aller am Produktivvermögen, Verhinderung von Bodenspekulation, Vorrang von Nutzungsrechten, also Miete oder Pacht bei Grundstücken, Vergesellschaftung als demokratisches Element und Förderung des Genossenschaftsgedankens, Zurückdrängen des Einflusses von Banken und Versicherungen auf Grundentscheidungen der Wirtschaft, Gleichberechtigung von Mann und Frau, Kindergärten und Ganztagsschulen, elternunabhängige Bildungschancen, Zugang zu Kultur und Sport für alle. Auch die Forschung interessierte sich nicht mehr für diese Themen.

Und den Grünen ist erst recht nicht aufgefallen, dass einige ihrer wortwörtlichen Programmziele nur auf der anderen Seite umgesetzt wurden: Neuorientierung beim Umgang mit Grund und Boden, also Verfügung gesellschaftlich steuern,

Mietpreisbindung, Abschaffung des Berufsbeamtentums, Trennung von Kirche und Staat, keine Gewaltdarstellung in Medien, Vorrang der Schiene vor der Straße, auf Straßen Höchsttempo 100, weg vom Autozwang durch preiswerten öffentlichen Nah- und Fernverkehr, eine Studienfinanzierung, die Studenten nicht zwingt, nebenbei erwerbstätig zu sein, Streichung des § 218, kostenlose Pille.

Diese grundstürzenden Eingriffe konnten in der DDR in Angriff genommen werden, weil die Politik durch die Abschaffung des derartig vernünftige Ziele bremsenden privatwirtschaftlichen Eigentums einen größeren Handlungsspielraum hatte. Auch das Modell für die Landwirtschaft war überlegen. Gegen das Verspielen dieses historischen Fortschritts gab es aus den eigenen Reihen heftigen Widerstand. Aber genau solche Zusammenhänge sind bis heute hochtabuisiert.

… es würde ja auch bedeuten, dass Fortschritt nicht nur mit der erst hochgejubelten und dann runtergemachten Bürgerbewegung verbunden war, sondern auch vorher schon da war … **RM**

Auch dafür war die systemvergleichende Forschung sensibel. Da ich das Buch zum Systemvergleich nach 35 Jahren erstmalig wieder in der Hand habe, sei mein Erstaunen weitergegeben: Es wird zwar erwähnt, dass sich Ende der Siebzigerjahre eine oppositionelle Friedensbewegung formierte, die dann übrigens die Keimzelle für die bürgerbewegten Gruppen der Wendezeit bildete, aber ausführlicher behandelt diese Forschung eine Opposition »in den Kreisen von Parteifunktionären wie bei unteren und mittleren Führungskräften in Verwaltung und Wirtschaft«, die verbunden war mit Kritikern aus den Reihen der Intelligenz an den Hochschulen und im Künstlermilieu. Hier seien Entwürfe für einen demokratisierten Sozialismus entwickelt worden, die »eine fast systembedrohende Brisanz« gehabt **DD** hätten. Genannt werden Rudolf Bahros 1977 erschienenes Buch *Die Alternative* oder das ein Jahr später im Spiegel veröffentlichte Manifest von SED-Oppositionellen. Aber auch diese teilweise zu Identifikationsfiguren gewordenen Kräfte waren als Mitgestalter der Einheit nicht willkommen, sie wurden eher diffamiert und ausgegrenzt.

Stimmungslage in der Zeit der Wende

RM Eine so tiefgreifende manipulierte Geschichtsschreibung über die DDR wird sich ja zwangsläufig auch in der kollektiven Psyche niederschlagen und mit tiefen Verunsicherungen der gesellschaftlichen Identität einhergehen. All das könnte eine Erklärung für die Leichtigkeit liefern, mit der sich ein Stimmungsumschwung bewerkstelligen ließ. Es gab lange aufgestaute Sehnsüchte und Bedürfnisse, die in vermutlich überhöhten Phantasien und Idealisierungen über kapitalistische Lebensformen resultierten und auch durch das Westfernsehen intensiviert wurden. Eine derartige psychische Konstellation tiefer Verunsicherung in Verbindung mit starken Bedürfnissen nach einem Erhalt des Ersehnten bietet natürlich eine geradezu ideale Grundlage zur Manipulation. Versprechen auf »Erlösung« und auf emotionale Sicherheit, Versprechen auf Sicherheit der eigenen Lebensplanung sowie Versprechungen auf lang entbehrte und nun konkret werdende Reise- und Konsummöglichkeiten können hier eine überwältigende Wirksamkeit entfalten. Gerade wegen des lang andauernden erlebten Mangels. Wie haben Sie die damalige »Seelenlage« empfunden? Lieferte sie bereits ideale psychologische Voraussetzungen, die sich manipulativ für westliche Interessen ausnutzen ließen? Das würde zumindest ein Erstaunen etwas relativieren, dass es in so kurzer Zeit zu einem solchem Umschwung der Stimmung kommen konnte.

Die »Seelenlagen« um mich herum, und man kam mit besonders vielen, auch neuen Menschen damals sehr substanziell in Kontakt, kippten sehr schnell von großer bis größter Hoffnung und Begeisterung in Verunsicherung und Desillusionierung. Sicher war es so, wie Sie sagen, dass das große Bedürfnis, endlich in der Glaubwürdigkeit angekommen zu sein, die Menschen auch leichtgläubig machte. Aber uns wurden auch sehr schnell die Grenzen aufgezeigt, also klargemacht, wo der Unterwerfungshammer hängt. Bärbel Bohley, die ich wegen ihrer fehlenden Bereitschaft zur Anpassung schätzte, beklagte in dieser Zeit, dass Bündnis 90 eine Anfechtung für die Parlamente sei und die Demokratie im Westen nur eine andere Spielart unserer früheren Unmündigkeit. Das war auch im Westen nicht zu übersehen: Jürgen Habermas sprach bekanntlich von einem Anschluss- und Unterwerfungsszenario, das keinen politischen Handlungsspielraum zulässt. **DD**

... angesichts dessen muss es wie bitterer Spott klingen, wenn es im Grundgesetz heißt, die Wiedervereinigung sei »vollendet«. Ein solches Attribut klingt erhaben, nach Erreichen einer guten Gestalt. Plattdrücken ist jedoch, wie Gottfried Benn einmal bemerkte, noch keine Formgebung. Eigentlich müsste es »vollzogen« heißen. Die Wortwahl »vollendet« bringt wohl eher die ausschweifende Selbstzufriedenheit des Vollstreckers zum Ausdruck ... **RM**

Ja, selbstzufrieden und in gewisser Weise auch selbstgenügsam. In der Wendezeit sagte mir ein westdeutscher Fernsehredakteur, er sei gespannt darauf, wie die Ostkollegen nun den Windkanal überstehen würden, durch den alle durchmüssten. Das war wie ein Warnschuss, denn auch ich war anfangs ziemlich naiv und dachte, wenigstens die Meinungsfreiheit könne uns nun niemand mehr nehmen. Ich war seit Jahren freischaffend, aber **DD** sprach nun mit den Kollegen, die das Glück hatten, von einem öffentlich-rechtlichen Sender übernommen worden zu sein, meist vom MDR. Ich sah ihre Beiträge. Ich machte Erfahrungen mit Redaktionen großer Zeitungen. Und mir war völlig klar, ich würde es festangestellt auch in keiner Westredaktion aushalten, wirklich in keiner. Natürlich kommt niemand ganz um Kompromisse herum, aber es gibt Variationsmöglichkeiten.

Anfangs wurden meine Bücher heftig angegriffen. So heftig, dass ich mit Hilfe einer Hamburger Kanzlei mehrere Klagen wegen Verleumdung und Unterlassung führen musste. Die ich immer gewonnen habe. Mit der Justiz habe ich letztlich nur gute Erfahrungen gemacht. Vielleicht war das einer der Gründe, weshalb meine Kritiker von mir abgelassen haben und zur Methode des Ignorierens übergegangen sind. Aber auch das kannte ich schon aus der DDR. Die Leser finden einen ja doch. Die Zeiten, in denen sich Bücher einzig vor Rezensenten behaupten müssen, sind vorbei. Längst müssen sich Rezensenten auch vor Büchern behaupten. Die Leser sind souveräner geworden. Manipulation hat auch ihre Grenzen. Ist das nicht auch erfreulich?

3. Gespräch
Wissenschaft zwischen theoretischer Neugierde und Herrschaftsmittel

Um an Ihre Zuversicht anzuknüpfen, es ist natürlich erfreulich, wenn Manipulation zunehmend ein Thema wird und an Grenzen stößt. Ich bin aber nicht ganz so optimistisch, welche Möglichkeiten einer gedanklichen Souveränität Leser unter gegenwärtigen Indoktrinationsbedingungen überhaupt haben können. **RM**

Welche persönlichen Erfahrungen haben Sie als Universitätsprofessor und Autor gemacht? **DD**

Meine persönlichen Erfahrungen mit meinen politischen Beiträgen sind, wenig überraschend, genau so, wie es angesichts der üblichen Methoden des Dissensmanagements und des bewährten Diffamierungsvokabulars zu erwarten ist. Wäre es anders, würde es ja die Richtigkeit und politische Relevanz des von mir dargestellten Materials in Zweifel ziehen. Berechenbarkeit hat eben auch ihr Gutes. Im wissenschaftlichen Bereich habe ich nur gute Erfahrungen gemacht, vielleicht auch, weil es am Anfang meiner akademischen Laufbahn noch Nischen gab, in denen Reste der Humboldtschen Universitätsidee Unterschlupf gefunden hatten. **RM**

Gibt es wirklich noch universitäre Bereiche, die sich externen Einflüssen, seien es politische oder ökonomische, entziehen können? Das wäre ja ein Paradies … **DD**

… nur graduell natürlich. Auch zu Humboldts Zeiten waren die Universitäten in politische Machtstrukturen eingebunden. Humboldt war ja selbst einmal Minister, wurde aber wegen liberaler **RM**

Umtriebe entlassen. Wir dürfen also die Dinge im Rückblick nicht zu sehr idealisieren. Dennoch sind hinsichtlich externer politischer Zugriffe die graduellen Unterschiede zwischen Disziplinen enorm.

Mein eigener wissenschaftlicher Arbeitsbereich ist da in einer vergleichsweise günstigen Lage. Er liegt, falls wir uns einen kleinen Abstecher hier leisten wollen, im Bereich der Kognitionsforschung, nämlich in der Untersuchung sehr abstrakter Funktionsprinzipien des menschlichen Geistes. Dabei geht es um die Frage, wie der menschliche Geist – oder wenn man so will, unser Gehirn – all die Bedeutungskategorien hervorbringt, die unser Erleben kennzeichnen. Konkreter geht es darum, wie genau die Bedeutungskonzepte und Sinneinheiten beschaffen sind, die zur Natur unseres Geistes gehören und die wir als Menschen gleichsam mit auf die Welt bringen. Auf welchen Funktionsprinzipien beruhen all diejenigen mentalen Leistungen, die in der Natur einzigartig, also humanspezifisch sind? Worauf beruht unsere Sprache, die durch eine unerschöpfliche Kreativität des Ausdrucks gekennzeichnet ist? Warum sind wir, im Unterschied zu anderen Lebewesen, in der Lage, mentale Zustände und Intentionen anderer zu erfassen? Warum vermögen wir zu einer gegebenen Erfahrungssituation gleichzeitig unvereinbare mentale Perspektiven einzunehmen? Welche Funktionsprinzipien unseres Geistes ermöglichen uns eine solche geistige Multiperspektivität, die nicht nur eine kognitive Voraussetzung für die Erfindung der Schrift ist, sondern aus der wir in der Malerei, im Theater oder Kino auch großen kulturellen Genuss ziehen?

DD Als fachlicher Laie hat man oft schon Mühe mit der akademischen Sprache. Gibt es wirklich von Natur aus vorgegebene Bedeutungskonzepte? Sind Konzepte nicht gerade etwas Geistiges? Mal abgesehen davon, dass der Geist auch nur auf biologischer Basis funktioniert. Aber Bedeutung scheint mir nicht von Natur aus vorgegeben. Oder was kann man sich unter vorgegebenen Bedeutungskonzepten vorstellen?

RM Wir sind nun einmal biologische Wesen und keine Engel, was ja auch seine Vorteile hat. Daher sind all unsere Leistungen, körperliche wie mentale, durch die Natur unserer Ausstattung bestimmt und begrenzt. Wir können also nicht einfach lernen, Flügel zu entwickeln, obwohl es in unserem Alltag, vor allem angesichts wachsender Verkehrsprobleme, sehr zweckmäßig wäre. Wir können auch nicht lernen, UV-Licht oder Magnetfelder wahrzunehmen. Wir können allein aus unseren Erfahrungen nicht die Befähigung zu einer Multiperspektivität erlernen. All die Leistungen, die den menschlichen Geist auszeichnen, lassen sich nicht einfach dadurch erklären, dass wir sie als erlernt, also durch Erfahrung erworben, deklarieren. Denn dann würden wir uns im Kreis drehen und müssten die Frage beantworten, warum nur der Mensch sie erlernen kann und nicht auch Bonobos, Delphine, Graupapageien und Kakadus oder Nacktmulle – die alle wiederum über Befähigungen verfügen, die für uns als Menschen selbst durch intensivstes Lernen nicht zu erreichen sind. So verfügen beispielsweise Nacktmulle über eine bewundernswert solidarische soziale Organisation. Ihre sozialen Fähigkeiten würden, wenn sie für uns erlernbar wären, manche unserer großen gesellschaftlichen Probleme lösen – freilich wiederum zu einem Preis. Damit überhaupt etwas erlernbar ist, muss eine geeignete Grundlage hierfür bereits von Natur aus verfügbar sein. Pointiert gesagt, können wir nichts lernen, was nicht bereits im Kern in uns angelegt ist. Denn wenn eine Bedeutungskategorie nicht bereits in irgendeiner Form in uns angelegt ist, können wir sie auch durch Erfahrung nicht erlernen, weil wir ein zu ihr gehörendes Objekt gar nicht als solches erkennen könnten. Platon war der

Erste, der dies in aller Klarheit erfasst hat. Für die Sprache hat Chomsky dies mit großer Präzision und Erklärungstiefe aufgezeigt.

Die Leistungen unseres Geistes beruhen also auf etwas, das von Natur aus in unserem Geist bereits vorgeformt und im Verlaufe unserer individuellen Entwicklung durch Erfahrung ausdifferenziert wird. In Experimenten der neueren Säuglingsforschung – mit Säuglingen, die teilweise erst wenige Stunden alt sind – konnte man faszinierende Einblicke gewinnen, über welche Rohformen von Bedeutungskategorien der Säugling bereits vor jeder Erfahrung verfügt, sie also mit auf die Welt bringt. Was wir als »Realität« wahrnehmen, ist folglich tatsächlich eine Leistung unseres Geistes, die durch die uns bereits von Natur verfügbaren Bedeutungskategorien bestimmt wird. Die von unserem Geist erzeugte »Realität« ist demnach etwas grundsätzlich anderes als das, was von der Physik als »Realität« postuliert wird – auch wenn unser Alltagsverstand der unbeirrbaren Überzeugung ist, die Realität wahrzunehmen – Kant lässt hier grüßen.

DD Jaja, auch Goethe: Am farbigen Abglanz haben wir das Leben. Aber die Physik hat das Leben nur als farblose Formel. Vektoren in einem Kräfteparallelogramm, die vorbeischießen an jeder Einsicht, jedem Gefühl, jeder Transzendenz. Muss die Wissenschaft versuchen, all diese sich scheinbar ausschließenden Realitäten zusammenzudenken, um der ganzen Wahrheit ein kleines Stück näherzukommen? Im Streit zwischen sich widersprechender Relativitätstheorie und Quantenmechanik hat Albert Einstein die Kategorie der »versteckten Variablen« eingeführt, die wir nicht kennen und die uns daher etwa über die Rolle des Zufalls im Unklaren lässt. Er sprach sogar von »spukhafter Fernwirkung«, die zu falschen Schlüssen führen kann. Postum ist Einstein in dem Streit unterlegen, die Quantenmechanik konnte mehr Beweise vorlegen. Aber das ist kein Makel, sondern hat die Erkenntnis vorangetrieben. Der Geist konnte seine »erzeugte Realität« also modifizieren. Das nennt man wohl Fortschritt. Aber wohin führen uns Ihre Fragen nach der Natur von Bedeutungskategorien hier eigentlich?

Die Beschäftigung mit naturwissenschaftlichen und auch mathematischen Grundlagenfragen ist, pointiert gesagt, gänzlich nutzlos. Sie folgt also nicht Nutzenerwägungen, sondern einem reinen Bedürfnis, die Dinge der Natur zu verstehen, ihre Wahrheit zu enthüllen. Auch das ist eine geheimnisvolle Besonderheit des menschlichen Geistes. Alle Menschen streben, wie Aristoteles bemerkte, von Natur aus nach Erkenntnis. Erkenntnis als Selbstzweck, ohne Beachtung eines äußeren Nutzens. Eigenartigerweise – die Gründe verstehen wir bislang nur unzureichend – erlangte die theoretische Neugierde, sich für Dinge zu interessieren, die mit der Alltagsrealität nichts zu tun haben und die uns nichts angehen, nur einmal in der Zivilisationsgeschichte eine kulturprägende Bedeutung – nämlich bei den alten Griechen. Das ist besonders deswegen überraschend, weil etwa chinesische, mesopotamische oder indische Kulturen den Griechen in vielerlei Hinsicht weit überlegen waren. Die Griechen – genauer muss man sagen, diejenigen unter ihnen, die durch ihre materielle Lebenssituation von Alltagssorgen befreit waren und Zeit zum philosophischen Müßiggang hatten – stellten jedoch Fragen, die sonst niemand stellte und die losgelöst von allen Alltagsbelangen waren. RM

Sie fragten: Was ist eigentlich *die* Wahrheit? Was ist eigentlich *das* Gute? Was ist eigentlich *das* Gerechte? Was ist eigentlich *die* Zahl? Sie waren nicht einfach daran interessiert, ob eine konkrete Aussage wahr, eine konkrete Tat gut oder gerecht, eine konkrete Rechenkalkulation richtig ist. Die griechischen Philosophen wollten die Dinge aus einer von allen persönlichen Interessen losgelösten, eben aus einer objektiven Perspektive sehen. Sie wollten die Welt gleichsam aus Gottes Auge sehen. Eine Anmaßung, die dann zum Konzept der Naturwissenschaften geführt hat. Fast 2000 Jahre blieb sie für Alltagsbelange nahezu irrelevant, dann gewann sie plötzlich – Galilei sei genannt – an Bedeutung: Die griechische Frage nach dem Wesen der Zahl führte zur Entdeckung der reellen Zahlen und unzähligen anderen Wesenheiten, die eine Zumutung und Beleidigung für den gemeinen Menschenverstand sind, wie dies ja auch für Newtons Konzept der Gravitation und für Einsteins Relativitätstheorie gilt. Und führte schließlich zum Computer und zur Atombombe. Aus der aus Alltagssicht sinnlosen und absurden theoretischen Neugierde ergaben sich Einsichten in die Natur, zu denen unser gemeiner Alltagsverstand nicht fähig ist und die mit Konsequenzen verbunden sind, die den Gang der Zivilisation für immer veränderten.

Die kognitionswissenschaftlichen Fragen, mit denen ich mich beschäftige, sind also reine Grundlagenforschung. Das heißt, sie sind für gesellschaftliche Anwendungsfragen vergleichsweise irrelevant und daher auch in geringerem Maße politischen Interessen und Nutzenbetrachtungen unterworfen als andere Bereiche der Psychologie.

Wissenschaft und Ideologieproduktion

DD Ich hätte gedacht, dass der Reiz an der Grundlagenforschung auch darin liegt, ziemlich sicher sein zu können, dass irgendwann irgendwas davon im Alltag unentbehrlich sein wird.

Sie haben sich auch mit angewandter Psychologie beschäftigt, also mit Fragen der Meinungsmanipulation und mit den Beiträgen, die die Psychologie zur Bevölkerungskontrolle und des, wie Sie es nennen, »Demokratiemanagements«

geleistet hat. Und auch mit der Entwicklung von Techniken psychologischer Folter. Wie waren die Reaktionen auf diese Arbeiten?

RM Ja, ich habe mich, völlig unabhängig von meinen wissenschaftlichen Arbeitsbereichen, seit je auch mit politischen Fragen im Schnittbereich von Psychologie und Gesellschaft beschäftigt. Als 2008 in den USA geheime Dokumente bekannt wurden, die belegten, wie umfassend und zentral die Psychologie – und insbesondere die *»American Psychological Association«* (APA), die größte psychologische Berufsvereinigung der Welt – an der Entwicklung und Durchführung von Methoden der sogenannten weißen Folter in Guantánamo beteiligt war, habe ich dies im Detail auch bei uns in die Öffentlichkeit gebracht. Wie zu erwarten stand, wurden dann auch für mich die subtilen Mechanismen zur Begrenzung unerwünschter Haltungen deutlicher spürbar. Für einen Jungwissenschaftler, der noch keine unkündbare Position hat, hätte dies die Aussichten auf eine universitäre Karriere deutlich geschmälert. Die deutsche psychologische Fachgesellschaft DGPs ist sehr eng mit der APA verbunden. In vielen Fächern sind die universitären Karrieremechanismen so beschaffen, dass Forschungskontakte in die USA unabdingbar sind. Es gibt also wirksame und im Normalfall unsichtbare Mechanismen, Wissenschaftler mit politisch unerwünschten Ansichten herauszufiltern. Dass die USA hierbei eine besondere Rolle spielen, liegt in der Natur der Machtverhältnisse. Grundsätzlich kann man sagen, dass eine Dominanz über machtrelevante Wissenschaften Teil des US-Anspruchs auf eine globale *»full spectrum dominance«* ist, also auf eine globale Dominanz, militärisch wie wirtschaftlich, des Landes, der See, der Luft und des Weltraums und aller begleitenden Ressourcen, des Cyberspace, des Bereichs der öffentlichen Meinung und eben auch relevanter Bereiche der Wissensproduktion.

DD Aber mit Verlaub, diesen unilateralen Anspruch auf die Welt haben die USA vielleicht zwei Jahrzehnte nach dem Abgang des Realsozialismus durchgehalten. Und dabei mit all ihren Kriegen viel Schaden angerichtet. Inzwischen bröckelt die Fähigkeit zu führen, man kann sagen zum Glück, aber gleichzeitig in geradezu mitleiderregender, surrealer Weise. Wenn der Frust in einer Bevölkerung so groß ist, dass sich eine Mehrheit nur noch mit der Wahl des provozierendsten Personals rächen kann, dann ist die Dominanz selbst mit Machttechniken wohl nicht mehr aufrechtzuerhalten, dann kommen ganz neue, zunächst unberechenbare psychische Mechanismen ins Spiel. Alle führenden Medien sind gegen den Präsidenten – das war so nie vorgesehen. In vielen Kriegen haben diese Medien versagt, aber jetzt ist man geneigt, sich auf ihre Seite zu schlagen, selbst wenn sie nur die Interessen der rationaleren Eliten vertreten. Kommt denn da die Wissenschaft noch hinterher?

RM Wir sollten aber nicht vergessen, dass der Anspruch auf eine *»full spectrum dominance«* unter Barack Obama zwar geringfügig verkürzt, doch ansonsten in voller Aggressivität aufrechterhalten wurde. Obama führte, laut New York Times, länger und gegen mehr Länder Kriege als jeder US-Präsident vor ihm. Was die großen Medien betrifft, bin ich weniger optimistisch als Sie. Denn diese sind ja selbst in Kapitalverhältnisse und politische Machtverhältnisse eingebunden. In den vergangenen Jahren sind in den USA zweifellos die Konflikte zwischen unterschiedlichen ökonomischen Elitensektoren wieder verstärkt aufgeflammt. Diese Konflikte waren unter Clinton, Bush und Obama, aus unterschiedlichen Gründen, verdeckt oder vermindert. Die großen Medien haben sich nur *innerhalb* dieser im Konflikt liegenden Elitengruppierungen auf die aussichtsreichste Seite positioniert. Eine Hoffnung auf Aufgabe des hegemonialen Anspruchs der USA und ihrem Werkzeug der NATO vermag ich darin nicht zu sehen.

Nein, so weit würde ich auch nicht gehen. Ich wollte nur darauf hinweisen, dass die von Ihnen beschriebenen Manipulationstechniken nicht nur den gerade Herrschenden zur Verfügung stehen, sondern natürlich auch den konkurrierenden Machtgruppen. Über die Möglichkeiten eines repressionsfreien Diskurses in Medien mache ich mir auch keine Illusionen. Denken Sie nur an den offenen Brief über die gegenwärtige Unmöglichkeit einer offenen Debatte, den viele der wichtigsten US-Intellektuellen im Juli 2020 in Harpers Magazin veröffentlicht haben. Zwar gäbe es lautstarke Forderungen etwa nach Polizeireformen, mehr sozialer Gleichheit oder besserer Bildung, aber gleichzeitig würde ein intolerantes Klima auf allen Seiten die Grenzen dessen, was öffentlich noch ungestraft gesagt werden darf, permanent einengen. Unliebsame Bücher und Artikel würden zurückgezogen, ihre Autoren ausgegrenzt, Forscher entlassen. Autoren, Künstler oder Journalisten würden um ihre Existenzgrundlage fürchten, wenn sie mehr als erlaubt vom Konsens abweichen oder auch nur ungenügenden Eifer beim Zustimmen zeigten. **DD**

Diese Entwicklungen sind wirklich sehr bedrohlich, gerade weil sie schleichend erfolgen und zum Teil »von unten«, also aus sozialen Bewegungen, etwa durch Identitätsdebatten, selbst erfolgen. Das scheint auf den ersten Blick paradox zu sein. Es ist jedoch das Resultat systematischer Spaltungsstrategien, mit denen die Zentren der Macht seit jeher versuchen, emanzipatorische Bewegungen zu zersetzen und dadurch politisch zu neutralisieren. Durch eine systematische Förderung von »political correctness«, Identitätspolitik und »cancel culture« sind diese Spaltungsstrategien so erfolgreich, dass sich soziale Bewegungen immer aggressiver gegenseitig bekämpfen. Damit betreiben sie das Geschäft der Mächtigen, die wiederum, etwa über Zuteilung von Aufmerksamkeit in den Feuilletons oder durch Fördermittel, diese Prozesse in die gewünschte Richtung lenken. **RM**

RM Aber noch einmal zurück zu unserer Eingangsfrage, wie sich verschiedene Wissenschaften im Ausmaß politischer Einflüsse unterscheiden. Dies hängt in einem konkreten Fall davon ab, von welcher politischen und ökonomischen Relevanz ein Fach ist. In der theoretischen Mathematik beispielsweise ist dies deutlich weniger ausgeprägt. Fächer wie Ökonomie, Soziologie, Politologie oder Sozialpsychologie hingegen sind traditionell weitgehend durch US-Perspektiven dominiert. Wer hier aus der Reihe tanzt, wird die strukturell etablierten sozialen universitären Karrierefilter, die gerade wegen ihrer Unsichtbarkeit äußerst wirksam sind, nur mit geringer Wahrscheinlichkeit passieren können. Schon die Auswahl eigener Forschungsthemen wird über solche Karrierefilter gesteuert. Forschungsthemen, die mit ökonomischen Interessen in Konflikt stehen könnten oder die in irgendeiner Weise die Stabilität herrschender Machtverhältnisse gefährden könnten, sind einer akademischen Berufslaufbahn nicht gerade förderlich. Das kann dann sogar ganze Fächer prägen. Die Ökonomie sowieso, die an den Universitäten zu einer ideologischen Monokultur und zu einer Art mathematisierter Wirtschaftstheologie verkommen ist.

DD Oh ja, das ist unübersehbar. Eine Pseudowissenschaft, die seit Jahrzehnten für dasselbe Problem sich ausschließende Lösungen der gegensätzlichen Schulen anbietet. Auf Nachfrage orientierter Keynesianismus mit staatlichen Eingriffen contra auf Angebot setzenden Monetarismus mit neoliberaler Schocktherapie. In konkreter Wissenschaft verbieten sich Antagonismen, die Gesellschafts»wissenschaften« sind von dienender Art. BWL – ziemlich verhurt …

… aber auch gesellschaftswissenschaftliche Fächer, in denen es zeitweise durchaus auch politisch einflussreiche emanzipatorische Ansätze gab, unterliegen diesen externen Machtdeterminanten. Es ist zum Beispiel aufschlussreich, dass eine der zentralen Basiskategorien des Gesellschaftlichen, nämlich Macht, in der Soziologie kaum noch vorkommt. Es geht dann nicht mehr darum zu erforschen, wie in der gegenwärtigen historischen Situation Macht organisiert und wirksam ist. Macht und damit auch politische Verantwortlichkeiten sind im Nebel von »Kulturen« verschwunden. In den dominierenden Vorstellungen der gegenwärtigen Soziologie werden Gesellschaften nicht durch Machtverhältnisse geprägt, sondern durch Kulturen: Sei es eine Kultur des Narzissmus, eine spätmoderne Emotionskultur, eine Kultur der neuen Sensibilitäten, eine Kultur der Selbstverwirklichung, eine Kultur des kosmopolitischen Lebensstils, eine Kultur der neuen Sachlichkeit und so weiter. Man spricht in der Kultursoziologie von Risikogesellschaften, Externalisierungsgesellschaften, Gesellschaften des Zorns, Gesellschaften der Singularitäten, Gesellschaften des … – was immer einem auch sonst noch bei einer Beschreibung der gegenwärtigen Gesellschaft auf- oder einfällt. Nur eben keine Gesellschaft, die durch ökonomische Machtverhältnisse geprägt ist.

4. Gespräch
Kapitalmacht und Wahlen

DD Wenn wir bei den ökonomischen Machtverhältnissen anschließen, kommen wir nicht umhin, über Eigentum zu sprechen. Und über den gesellschaftlichen Einfluss von Kapitalmacht, der mit Eigentum zusammenhängt. Ein großes Thema. Und ein ganz zentrales, wenn man über Freiheit sprechen will. In den sogenannten Wirtschaftswissenschaften ist die Kategorie Eigentum erstaunlich unterbeleuchtet – suchen Sie mal in irgendeinem Wirtschaftslexikon nach »Staatseigentum« in der Marktwirtschaft – gibt es nicht. Da mag sich die Risikogesellschaft nicht festlegen. Man sollte meinen, dass in einem so eigentumsfixierten System das Goldene Kalb besonders exakt definiert ist. Und vor allem, dass es hinreichend Rechtsmaterie zu den einzelnen Formen gibt – weit gefehlt. Nur zum *Privateigentum* gibt es ein ganzes, in seiner Grundhaltung auf dem antiken Römischen Recht basierendes Bürgerliches Gesetzbuch. Zu *Gemeineigentum* dagegen, immerhin eine im Grundgesetz angebotene Option, gibt es null Gesetze, keinerlei juristische Handhabe. Darüber soll und darf gar nicht erst nachgedacht werden. Deshalb musste ja unser subversives Volkseigentum, das eben mehr war als Staatseigentum, so schnell verschwinden. Gemeineigentum ist des Teufels, angeblich inkompatibel mit sozialer Marktwirtschaft. Aber auch *Vergesellschaftung* ist alles andere als ein klarer Vorgang – was genau bedeutet das und wem genau gehört es dann? Das sind die entscheidenden Fragen, denn in einem Staat mit Eigentumsgarantie sitzt der Eigentümer immer am längeren Hebel.

DD Besonders intransparent ist der Begriff *öffentliches Eigentum.* Das sogenannte öffentliche Eigentum ist nach dem Nestor für Öffentliches Recht und ehemaligen Verfassungsrichter, Hans-Jürgen Papier, eine »Leerformel«, ein »Etikettenschwindel«. Es gibt auch kein öffentliches Eigentumsrecht, weil es nämlich kein öffentliches Eigentum gibt. Was ja eine Form von Gemeineigentum wäre. Was schwindelnderweise öffentliches Eigentum genannt wird, gehört der Öffentlichkeit nicht, es ist ihr quasi nur zur Nutzung geliehen. Diese Leihgabe kann, ohne die Öffentlichkeit zu fragen, von Regierungsbeamtem jederzeit zurückgenommen werden, ohne dass die Bürger etwas dagegen tun können – was sie hinreichend als Nichteigentümer ausweist. Eigentum von Bund, Ländern und Kommunen berechtigt nach § 903 BGB zum Herrschaftsrecht über eine Sache, ist also eine privatrechtliche Verfügungsform. Das ist natürlich alles hochgradig verwirrend und intransparent, was es auch sein soll. Eigentlich genügt es zu verstehen, dass es im Kapitalismus juristisch gesehen nichts anderes als Privateigentum gibt. *Genossenschaftliches Eigentum* ist schließlich auch gemeinschaftlich genutztes Privateigentum.

RM Ihre Diagnostik ist wirklich äußerst erhellend und aufschlussreich. Ebenso erhellend ist die Tatsache, dass all diese Dinge in der Öffentlichkeit so gut wie unbekannt sind. Das Thema Eigentum wird geradezu aggressiv aus dem öffentlichen Debattenraum verbannt. Zweifellos ist es *das* zentrale Thema der Stabilisierung von Macht in kapitalistischen Demokratien. Sie sprechen es ja in Ihrem Kapitel zum Systemwechsel an und behandeln es ausführlich in Ihrem Buch *Wir sind der Staat! Warum Volk sein nicht genügt*. Das Thema des Eigentums und der daraus resultierenden Kapitalmacht führt uns auf zwei weitere Aspekte, die wir hier kurz ansprechen sollten, nämlich die Themen politische Verantwortung sowie den Einfluss von Kapitalmacht auf Wahlen.

Der große US-Soziologe Charles Wright Mills bezeichnet bereits Anfang der Sechzigerjahre die US-amerikanische Form der Demokratie als ein »System der organisierten Verantwortungslosigkeit«. Das ist keineswegs eine Fehlentwicklung, sondern gerade der Witz kapitalistischer Demokratien. Auch dieses Thema der politischen Verantwortlichkeit wird im Debattenraum möglichst klein gehalten und zumeist banalisiert. In der Soziologie wird es nur am Rande behandelt. Und die Kultursoziologie pflegt lieber ihren Garten der Kulturen. Damit leistet sie einen nicht unerheblichen Beitrag, dass sich auch die Frage politischer Verantwortlichkeiten in einem diffusen Nebel verflüchtigt. Da es keine politischen Verantwortlichkeiten gibt, sondern nur noch »Kulturen«, sind letztlich »wir alle« für unsere Situation verantwortlich. Eine wahrlich autopoetische Entstehung der Machtverhältnisse einer kapitalistischen Demokratie. Eine solche Haltung findet natürlich das Wohlgefallen der Mächtigen und ist daher einer akademischen Karriere in der Soziologie sehr förderlich.

Die Paradoxie, mit der eine solche Auffassung behaftet ist, ist dennoch nicht ganz zu verbergen: Denn breit angelegte empirische Studien in der Politologie belegen akribisch, dass »wir alle«, die wir nicht zu den oberen wenigen Prozent auf der Einkommens- und Vermögensskala gehören, nur ein vernachlässigbares Gewicht bei allen relevanten politischen Entscheidungen haben.»Wir alle« sind also eigentlich politisch irrelevant. Weil wir nämlich keine Eigentümer sind. Wenn es jedoch um politische Verantwortung geht, sind»wir alle« auf einmal wieder verantwortlich.»Wir alle« müssten den Blick auf uns selbst richten und uns ändern, damit die Welt zu einem besseren Ort werden kann.

Der Neoliberalismus hat mit seiner Markttheologie und mit seiner Naturalisierung des freien Marktes, dessen Naturgesetzlichkeiten man sich zu unterwerfen habe, diesen Trick, politische Verantwortung verschwinden zu lassen, zu höchster Virtuosität gebracht. Es gibt Taten. Daran lassen die gesellschaftlichen und ökologischen Zerstörungen der vergangenen Jahre keinen Zweifel. Doch es gibt keine Täter mehr – außer natürlich»uns alle«. Mit der Vorstellung von Taten ohne Täter entstand im politischen Bereich eine moralisch ganz neuartige Kategorie menschlichen Handelns – ein philosophisches Wunder des Verschwindens von Verantwortung und eine weitere gedankliche Absurdität des an Absurditäten so reichen neoliberalen Denkens.

DD Das Verbrennen der wahren Verantwortung kennzeichnet ja den gesamten Prozess der Einheit, da braucht man nicht erst an die Treuhand – ein weiteres Wort aus dem Falschwörterbuch politischer Indoktrination – zu erinnern. Der Lauf der Dinge wird einfach einem imaginären Wählerwillen unterschoben, der von der Politik hochgradig instrumentalisiert und bewusst falsch interpretiert wurde. Nach meiner zugegeben mühevollen Analyse war ich doch überrascht, wie zweifelsfrei und letztlich einfach das nachzuweisen ist. Die meisten Großmedien waren der Blasebalg für dieses Feuer, sie können mit ihrem Tamtam die Hände nicht in Unschuld waschen und behaupten, sie hätten nur in treuem Glauben die Realitäten wiedergegeben, wie sie nun einmal waren.

Was sind freie Wahlen?

RM … das bringt mich noch einmal zu Ihrer Presseschau der »Volkslektüre« zurück. Der empörendste Befund ist eigentlich die siegestrunkene Hemmungslosigkeit, mit der eine freie Meinungsbildung der DDR-Bevölkerung behindert und blockiert wurde. Ganz ungeniert und offen wurde hier von außen massive Wahlbeeinflussung betrieben. Es lohnt sich, das Ausmaß dieser Wahlbeeinflussung in Relation zu jüngeren tatsächlichen oder vorgeblichen Versuchen einer von außen kommenden Beeinflussung demokratischer Wahlen zu setzen, die im Westen größte Empörungen ausgelöst haben. Größer kann Heuchelei wohl nicht sein.

DD Auch ich sehe mit großer Sorge, wie die Autorität von Wahlen schmilzt. Also der letzten Illusion, einen Einfluss zu haben. Wie klein der sowieso ist, haben Sie in Ihrer Dresdner Rede auf desillusionierende Weise beschrieben, insbesondere mit Bezug auf US-Autoren wie Sheldon Wolin, ein Demokratietheoretiker übrigens, dessen Bücher in den USA Millionenauflagen erreicht haben, hier aber nicht übersetzt sind. Da sei das transatlantische Bündnis davor. Heute wird oft schon im Vorfeld befürchtet, dass Wahlen gefälscht werden könnten. Ein Grund, sie anschließend auch nicht zu akzeptieren. Man behauptet einfach, sie wären gefälscht, wie im Falle Milošević im September 2000. Als nach Jahren intensiver juristischer Ermittlungen und Vernehmung Hunderter Zeugen festgestellt wurde, dass sie nicht gefälscht waren, war der demokratisch Gewählte, aber Weggeputschte, längst tot. Umgekehrt wird inländische Propaganda und ausländische Einmischung bei Wahlen eine immer bedrohlichere Gefahr für die Demokratie. Das haben wir in der kleinen DDR im März 1990 nun wirklich intensiv erlebt.

Zu den nicht erfüllten Hoffnungen der Ostdeutschen gehörte die auf endlich akzeptable, demokratische Wahlen. Der Cyber War tobt seit Jahren zwischen allen Großmächten, auf den unsozialen Medien, auf eigens eingerichteten Fernseh- und Rundfunkkanälen, mit Hilfe von Regime-Change NGOs wie *Otpor* oder *National Endowment for Democracy*. Ich greife mal zu meinem

Zettelkasten, weil ich unlängst erst ein hübsches Zitat des früheren CIA-Chefs James Woolsey in der NZZ gefunden habe: Die USA seien sehr geübt in diesem Spiel, räumt er da ein, aber sie täten dies im Gegensatz zu Russland »für gute Zwecke und die Demokratie«. Die guten Zwecke erweisen sich dann oft als Kampf um Rohstoffe und freie Märkte. Die fruchtbaren Schwarzerdeböden in der Ukraine, als Kornkammer Europas schon von Hitler begehrt, sind heute fest in den Händen westlicher Konzerne. Die Ukraine ist dafür das ärmste Land Europas.

Alles angeblich Wählerwille. So gesehen sind auch Wahlen mit ihrem Propaganda-Rucksack, den jeder in die Wahlkabine mitschleppt, ein geeignetes Mittel, Macht und politische Verantwortung unsichtbar zu machen. Aus Sicht der Mächtigen sind Wahlen dann erfolgreich, wenn die unteren Schichten unbemerkt gegen ihre Interessen gewählt haben. Oder zu Haus geblieben sind.

Und das ist die Regel. Dabei sind auch diese Zusammenhänge recht gut erforscht, aber auch diesen Erkenntnissen bleibt der Weg ins öffentliche Bewusstsein versperrt. Aus der empirischen Forschung geht hervor, dass die USA die wahren Profis des Metiers sind. Die New York Times erinnerte 2018 – am 17. Februar – an die lange Geschichte von massiven US-Einmischungen in fremde Wahlen. Dabei erwähnte sie auch die Studie des Politologen Dov H. Levin, der zeigte, dass sich zwischen 1946 und 2000 Russland 36 Mal in Wahlen im Ausland eingemischt hat, die USA jedoch 81 Mal. Alles sogar auf Wikipedia nachlesbar. Für Journalisten unserer Qualitätsmedien offensichtlich nicht zugängliches Geheimwissen oder gar Fake News. **RM**

Eine der folgenschwersten Einmischungen war die in die russischen Präsidentschaftswahlen 1996. Boris Jelzin, dem zuzutrauen war, dass er mit seinem Glauben an die empfohlene **DD**

Schocktherapie die Wirtschaft des Konkurrenten ruinieren würde, kam wegen seines Tschetschenien-Krieges in Umfragen nur noch auf fünf Prozent. So bezog ein Wahlkampf- und PR-Team von Bill Clinton eine Etage im Moskauer Hotel »President«. Von privaten Sponsoren hatten sie 100 Millionen Dollar Wahlkampfhilfe im Gepäck. Davon wurde ein Desinformations- und Medienfeldzug bezahlt, der in seiner Drastik dem in der DDR in nichts nachstand. Jelzin gewann haushoch – zwei Jahre später war Russland zahlungsunfähig. Eine neue Kaste von Oligarchen hatte die Fäden in der Hand. Erklären Sie mir als sozialisierter Westdeutscher, was freie Wahlen sind?

RM Die feine oder gar unfeine Ironie will ich mal überhören. Wahlen in kapitalistischen Demokratien *können* gar nicht psychologisch frei sein. So wie auch der Markt des Erwerbs von Konsumgütern gar nicht frei sein kann, sondern im Kapitalismus massiv durch Werbung bestimmt ist. Es werden also nicht einfach die zum Leben und zur Befriedigung natürlicher Bedürfnisse erforderlichen Produkte angeboten. Die Produktwerbung vermittelt vielmehr die Illusion, dass mit dem Erwerb von Waren eine ganze Lebensform, ein Lifestyle erworben werden kann. Das hatte Edward Bernays, ein Marketinggenie, auch seiner selbst, und ein Vater der modernen Propaganda, schon in den Zwanzigerjahren des letzten Jahrhunderts erkannt, als er in großen Kampagnen Zigaretten für Frauen als »Fackeln der Freiheit« bewarb. Genauso skrupellos und erfolgreich gelang es ihm 1954, den CIA-Putsch in Guatemala gegen den demokratisch gewählten Präsidenten als »Kampf für Demokratie« zu verkaufen. Produktmarketing und politische Propaganda entwickelten sich also Hand in Hand. Ohne massivste psychologische Steuerung des Käuferverhaltens, also ohne Werbung, würde der vielbesungene freie Markt, wenn nicht gar der Industriekapitalismus selbst, zusammenbrechen. In gleicher Weise würde die vielbesungene kapitalistische

Demokratie ohne massivste Steuerung des Wählerverhaltens, also ohne Wahlkampagnen und Medienindoktrination, kaum aufrechtzuerhalten sein.

Produktwerbung und Wahlkampagnen unterlaufen gerade das, was sie rhetorisch zu fördern vorgeben. Produktwerbung unterminiert die Idee oder besser die Ideologie freier Märkte, denn Märkte können gar nicht frei sein, wenn die Marktchancen eines Produktes davon bestimmt sind, mit welcher Kapitalkraft jemand Werbekampagnen für sein Produkt inszenieren kann. Wahlwerbung unterminiert die normative Idee, dass die Wähler frei von äußerer psychologischer Manipulation abwägen können, welchen politischen Programmen sie den Vorzug geben

Sie setzen Produkt- und Politiker-Werbung tatsächlich gleich? Der Politiker als Ware? **DD**

Wahlwerbung will doch eine freie Urteilsbildung über gesellschaftliche Verhältnisse in gleicher Weise unterminieren wie Produktwerbung eine freie Urteilsbildung über ein Produkt. Beide dienen geradezu dazu, die Aufmerksamkeit vom eigentlich zu beurteilenden Objekt abzulenken und Illusionen zu stiften, die den Wähler oder Käufer von einer vernünftigen Interessenabwägung abhalten sollen. Produktwerbung stellt daher eine Marktverzerrung dar und Wahlwerbung eine Verzerrung des gesellschaftlichen Willens. Beiden geht es darum, uninformierte oder fehlinformierte Konsumenten beziehungsweise Wähler hervorzubringen, um Interessen von Kapitalbesitzern durchzusetzen. Wer also über die finanziellen Mittel verfügt, entsprechende Kampagnen zu entwickeln und zu organisieren, kann andere in ihrer Urteilsbildung und in ihren Entscheidungen beeinflussen und ihnen damit gleichsam seinen Willen aufzwingen. **RM**

Wahlen in kapitalistischen Demokratien *können* somit gar nicht psychologisch frei sein, da hier die Wahlchancen davon abhängen, mit welcher Kapitalkraft politische Kandidaten durch Spenden Einfluss auf politische Parteien nehmen und Werbekampagnen inszenieren können, mit welcher Kapitalkraft sie also den Parteien- und Meinungsmarkt beherrschen können. Dabei spielen neben Lobbyismus, der mittlerweile die Form institutionalisierter Korruption angenommen hat, vor allem die Medien eine zentrale Rolle. Solange die Massenmedien in privater Hand oder eng in politische und ökonomische Machtstrukturen eingebunden sind, kann es keinen freien und unverzerrten öffentlichen Debattenraum geben und damit auch keine Wahlen, die man als psychologisch frei bezeichnen könnte.

Realität und Rhetorik von Wahlen in kapitalistischen Demokratien klaffen also, mit gewaltigen gesellschaftlichen Folgen, weit auseinander. Dennoch gelangt all dies nicht in den öffentlichen Debattenraum. Mehr noch: Die sogenannten Qualitätsmedien, die diesen Debattenraum überhaupt erst schaffen, beharren geradezu aggressiv darauf, dass die normativen Vorstellungen psychologisch freier demokratischer Wahlen im Großen und Ganzen auch der gesellschaftlichen Realität entsprächen …

DD So steht es ja auch in den Schulbüchern. Und wenn einer daherkommt und dankenswerterweise das Risiko auf sich nimmt, uns alle mit Hilfe zeitgemäßer Whistleblower-Methoden aufzuklären, wie Julian Assange, dann wird er jahrelang, wenn nicht für immer, lebensbedrohend eingelocht. Wie geht eigentlich der Westen mit seinen wirklich Tabus brechenden Dissidenten um?

RM Normalerweise durch gut erprobte Methoden des Ausgrenzens und Mundtotmachens, wie es 1989 mit den DDR-Dissidenten und Bürgerechtlern gelungen ist. Die Ereignisse von 1989 illustrieren lediglich noch einmal diesen schlichten Sachverhalt – wenn auch in einer historisch besonders herausragenden Drastik, wie der Ertrag Ihrer Recherchen im Detail belegt …

DD Andere drücken diesen »schlichten Sachverhalt« doch noch viel drastischer aus. In seinem Buch »Unsere Revolution« beschreibt der zwar populäre, aber für die indoktrinierte US-Bevölkerung dennoch nicht mehrheitsfähige Bernie Sanders, wie in immer mehr US-Staaten die Interessen der Hochfinanz den Wahlausgang entscheiden. Nicht nur, weil sie mit ihrer massiven Finanzierung den Wahlkampf dominieren, diese Oligarchen kaufen auch Gesetzgeber, Richter und Medien. Zweck ist nicht nur, ihr riesiges Eigentum zu schützen, nein, sagt Sanders, sie wollen die ganze Regierung besitzen. Die Kandidaten seien dann nur noch »Angestellte ihrer Geldgeber«. Er hat das ja alles aus nächster Nähe beobachtet. Statt sich um die Belange ihrer Wähler zu kümmern, würden die Abgeordneten irrwitzig viel Zeit damit verbringen, Geld für den nächsten Wahlkampf aufzutreiben. Was bedeutet, mit ihrem Programm den Geldgebern zu imponieren. Was da abläuft, sei eine »absolute Schande«, schimpft er. Das große Geld müsse aus der Politik herausgehalten werden.

Nun könnte man einwenden, ganz so viel Geld sei bei Wahlen in Europa noch nicht im Spiel. Hier ist alles eine Nummer kleiner, keine absolute Schande, sondern nur eine relative. Aber selbst bei den kleinen DDR-Wahlen haben letztlich die gewonnen, für die die meisten West-Millionen geflossen sind. Kann man denn generell sagen, Kapitalkraft schlägt den Wählerwillen?

RM Aber ja, das kann in kapitalistischen Demokratien gar nicht anders sein, es sei denn, Marktverhältnisse sind streng demokratisch begrenzt und reglementiert. Das würde bedeuten, dass der Markt in die demokratische Gesellschaft eingebettet ist und nicht, wie heute, die Gesellschaft in den Markt. Das ist eigentlich eine alte wirtschaftshistorische Erkenntnis.

Der subjektive Eindruck der Wähler hierzu ist kein verlässlicher Indikator. Auch bei der Produktwerbung sind die

Käufer eines Produkts fest davon überzeugt, sich aus gänzlich freien Stücken für dieses und gegen jenes Produkt entschieden zu haben. Das ist gerade der Witz von guter Werbung und von guter Propaganda: Sie muss unbewusst und unsichtbar bleiben, sonst wirkt sie nicht. Um einen Eindruck von der Größe des Effektes zu erhalten, den Kapitalkraft auf Parteien und Wahlen hat, müssen wir uns die empirische Forschungsliteratur hierzu ansehen. Diese Frage wird seit mehr als drei Jahrzehnten im Bereich der Politischen Ökonomie ausgiebig untersucht. Allein in den letzten Jahren sind hierzu unzählige Studien renommierter Politikwissenschaftler erschienen, unter anderem aus Harvard, Yale, Princeton oder vom MIT – also Forschung an Elite-Universitäten, keine skurrilen Außenseiter. Seit Jahrzehnten erhellt Studie um Studie die Realität hinter der Rhetorik und zeigt akribisch auf, dass die Kapitalkraft, also Geld, einen überwältigenden Einfluss auf Parteien und Wahlen in kapitalistischen Demokratien hat.

DD Wo kann man denn diese erhellenden Arbeiten nachlesen?

RM Wenn ich aus der Fülle der Studien nur eine einzelne anführen würde, würden wohl Verteidiger der gegenwärtigen Machtverhältnisse sofort den Vorwurf der Einseitigkeit und Unterkomplexität der Auswahl erheben. Aber im Ernst, hier ist ein wichtiges, wenn auch schon älteres Beispiel, das Buch des Politikwissenschaftlers Thomas Ferguson *Golden Rule: The Investment Theory of Party Competition and the Logic of Money-Driven Political Systems.* Darin untersucht er am Beispiel der USA den Einfluss des Kapitals auf die Möglichkeiten zur Artikulation des Wählerwillens. Er zeigt im Detail, wie sich in den jeweils historischen Situationen mächtige Industrie- und Finanzsektoren in flexibler Weise zur Finanzierung von Parteien- und Wahlkampagnen zu Interessenblöcken zusammengeschlossen haben, mit dem Ziel, ihre Interessen

durch eine Kontrolle des politischen Systems durchzusetzen.
Die Entstehung dieser Formen von Kapitaleinflüssen auf Parteien und Wahlen geht, wie Ferguson nachweist, vor allem auf die Zeit von Roosevelts New Deal zurück. In der Folgezeit gewannen sie enorm an Gewicht. In Zeiten, in denen ökonomisch starke Sektoren widersprüchliche Interessen hatten, gab es politische Konflikte zwischen Elitegruppen und damit auch Spielraum für Demokratisierungen. In Zeiten, in denen sie in größerem Maße in ihren Interessen übereinstimmten, gab es weniger Spielraum für soziale Fortschritte. Doch stets sind es die ökonomisch starken Akteure, die Parteiprogramme festlegen, Kandidaten finanzieren und die Zwänge und Grenzen festlegen, innerhalb derer politische Entscheidungen getroffen werden können.

Die Übernahme der DDR ist historisch nur eine weitere Illustration dieser Funktionslogik kapitalistischer Demokratien. Resümierend stellt Ferguson fest, die Wähler seien weder zu dumm noch zu desinteressiert, ihren Interessen politisches Gewicht zu geben; sie seien lediglich zu arm. Eigentlich eine Binsenwahrheit kapitalistischer Demokratien, doch nun empirisch quantitativ untermauert. Fergusons Buch, ein Klassiker, ist auch schon mehr als zwanzig Jahre alt, seitdem wurden Dutzende von weiteren akribischen Studien zu diesem Thema veröffentlicht. Dabei wird eines deutlich: Die Situation hat sich seitdem dramatisch verschlechtert.

Wer's gerne aktueller wünscht, greife zum kürzlich erschienenen Buch von Martin Gilens und Benjamin Page: *Democracy in America? What has gone wrong and what we can do about it.* Und wer zu solcher Fachlektüre weder Zeit noch Lust hat, kann auch einfach einen Blick darauf werfen, in wessen Diensten unsere Repräsentanten sich ihre kargen Mandatsbezüge aufbessern und in wessen Dienste sie nach dem Ende ihres politischen Mandats oder Amtes treten. Alles im Kern eigentlich offen, wenn man nur sehen will.

 Die Aussage, Wahlentscheidungen in kapitalistischen Demokratien würden psychologisch freie Entscheidungen von Wählern repräsentieren, widerspricht in einem solchen Maße der Realität, dass es schon einer heroischen Verleugnungsleistung bedarf, die Befunde all dieser empirischen Studien zu ignorieren. Dennoch sind all diese grundlegenden Erkenntnisse im öffentlichen Raum nicht verfügbar. Es gibt sie zwar, doch zugleich gibt es sie nicht, sie sind unsichtbar. Kapitalkraft ermöglicht eben auch, die Wahrnehmung der Realität massiv zu trüben, jedenfalls der in den Medien vermittelten Realität.

DD Aber wem ein demokratischer Aufbruch am Herzen liegt, der kann sich doch mit all dem nicht abfinden. Wenigstens aus Eigennutz nicht, weil nicht mehr zu übersehen ist, wie ein hochfrustriertes Kleinbürgertum die Mitte radikalisiert und damit einem Überwachungsstaat Vorschub leistet, der wiederum ein demokratisches Miteinander immer unmöglicher macht. Natürlich spüren wir unsere Ohnmacht. Ich habe bereits vor 25 Jahren am Ende meines Buches *Westwärts und nicht vergessen* provozierende, weil sich der Aussichtslosigkeit bewusste Vorschläge gemacht: Verzicht nicht nur auf Wahlkampffinanzierung, sondern auf Wahlkämpfe überhaupt. Damit auch auf die Natur und Geist beleidigenden Plakate mit ihren Nonsens-Botschaften. Selbst für die Poster der Grünen müssen Wälder gerodet werden. Ohne Geld wird es auch in den unsozialen Medien überschaubarer werden. Das Verbreiten von Fakes wird presserechtlich verfolgt. Die Meinungsfreiheit bleibt ein hohes Gut, aber nicht die Freiheit, anonym Propaganda-Gift zu streuen.

Von einem Bruchteil des eingesparten Geldes erhalten alle Haushalte kostenlos eine auf grauem Recycling-Papier gedruckte Broschüre mit den kurzzuhaltenden Wahlprogrammen der Parteien, denen wiederum ein Gutachten einer unabhängigen Bürgerkommission vorangestellt wird, was aus den Versprechungen dieser Partei bei den letzten Wahlen geworden ist. Im Anhang vielleicht die Website-Adressen der Kandidaten. Das Parlament beauftragt die Fernsehanstalten, sich ihrer herausragenden Verantwortung entsprechend seriös zu verhalten. Das heißt, kein Wahlkampf auf den Privatsendern, sehr reduziert auf einige Rededuelle und andere gleichberechtigte Formen in den öffentlich-rechtlichen.

Diese Vorschläge gelten natürlich als naiv und weltfremd, was sie auch sind. Zeigen sie doch, dass die eigentlichen Probleme tiefer liegen und letztlich zu der Frage führen, ob ein Systemwechsel notwendig und möglich ist.

RM Bevor wir dazu kommen, sollten wir vielleicht Vorschläge erwägen, die nicht ganz so bedenkenlos vom Tisch gefegt werden können.

DD Neben aller Wahlbeeinflussung durch Propaganda ist nicht einzusehen, weshalb die natürliche und künstliche Intelligenz des 21. Jahrhunderts nicht ausreicht, wenigstens fälschungssichere Wahlmethoden zu entwickeln. Ich war schon erschrocken, in dem Urteil des Bundesverfassungsgerichtes vom März 2009 zu lesen, dass der Einsatz von Wahlcomputern bei den Wahlen zum 16. Bundestag grundgesetzwidrig war. Die Verwendung dieser bestimmten Bauart hatte keine nachträgliche Kontrollmöglichkeit sichergestellt. Es hätte zumindest noch ein Papierprotokoll hinterlegt werden müssen. Zwar gab es keine Hinweise auf Missbrauch, weshalb nach Abwägung die Wahlen nicht wiederholt werden mussten. Aber das Gutachten des Chaos Computer Clubs war erschreckend. Die Soft- und Hardware der niederländischen Bauart sei trivial und veraltet gewesen und habe mit geringem Aufwand manipuliert werden können. Und zwar derart, dass Stimmen noch vor ihrer Speicherung anderen

Parteien zugeschoben werden konnten. Was nachträglich nicht mehr zu rekonstruieren sei.

Gab es nicht den Verdacht von manipulierten Wahlcomputern auch 2000 bei der US-Schicksalswahl zwischen Al Gore und Bush junior? Die Stimmauszählung im entscheidenden Florida dauerte über einen Monat und endete für Bush mit einem Vorsprung von gut 500 Stimmen. Auch Nachzählungen an den Computern brachten keine Klarheit. Hätte die Weltgeschichte anders laufen können?

Ich glaube dem belorussischen Präsidenten Lukaschenko seine 80 Prozent natürlich auch nicht, aber ebenso wenig einen Wahlsieg der völlig unbekannten Oppositionsführerin. Nun kann man nicht so lange neu wählen, bis alle zufrieden sind. Aber wenn im internationalen Recht zum Zwecke der Befriedung der Welt eine fälschungssichere Methode vorgeschrieben würde, könnten sich Autokraten dem ohne totale Blamage wohl nicht entziehen. Es kann ja auch wieder naiv sein, aber kann nicht zumindest gesichert werden, dass die abgegebenen Wahlzettel versiegelt und nach einem Volksbegehren zur Überprüfung bereitgehalten werden müssen? Aber dafür oder gern auch für bessere Ideen machen sich Regierungen nicht stark – geht es nicht, wollen sie nicht?

5. *Gespräch* Über die Hoffnung auf eine Wende, die den Namen verdient

Eigentlich wollten wir, einer Idee des Verlages folgend, nach gegenseitiger Kenntnisnahme unserer Texte nur ein kleines Gespräch über sich dazu ergebende Anmerkungen führen. Nun gehen wir in die fünfte Runde und wenn der Redaktionsschluss nicht schon überschritten wäre, würde uns wohl gar nicht auffallen, dass es Zeit ist, zum Ende zu kommen. Zumal wir gar nicht wissen können, ob nicht unterwegs schon so mancher Leser ausgestiegen ist. **DD**

Das Risiko geht man in Büchern natürlich immer ein, der Leser hat gottlob keine Anwesenheitspflicht, wenigstens hier, bei uns, ist er der Souverän. Dennoch vermute ich, dass die Erwartung auf mögliche Lösungsansätze, auf einen Blick nach vorn, hoffen lässt, Leser an Bord gehalten zu haben oder jetzt wieder einsteigen zu lassen. Haben sie nicht sogar einen Anspruch darauf? Man kann doch nicht einfach mit scharfen, gut belegten Analysen desillusionieren und sich dann aus dem Staub machen. Zumindest das Ziel muss klar werden. Denn wer das Ziel nicht kennt, kann sich auch im Weg nicht irren. Wir alle brauchen also halbwegs konkrete Vorstellungen darüber, in welcher Art von Gesellschaft wir leben wollen. Und in welcher wir nicht leben wollen. **RM**

Richtig. Dennoch kommt, auch bei Veranstaltungen, in dieser Schlussrunde der großen Erwartungen, immer ein Unbehagen in mir auf. Jetzt also muss die Welt gerettet werden. Und zwar möglichst so, dass es niemandem wehtut. »Hannemann, geh du voran! Du hast die größten Stiefel an.« Das macht mich mit meiner Schuhgröße 36 manchmal beinahe wütend. Denn die **DD**

Leute mögen gar nicht, wenn man zugibt, überfordert zu sein. Und wenn man darauf besteht, dass nach den Vorlagen, die man geliefert hat, Lösungen nun bitte schön gemeinsam gefunden werden müssen. In der von mir analysierten Realität glaube ich mich einigermaßen auszukennen. Aber für alles Künftige überwiegen Zweifel und Fragen. Ich mag die Attitüde des dauerhaften Bescheid Wissens nicht. Aber das einzuräumen, verstößt schon gegen die Spielregeln, macht einen angreifbar. Nur wer lautstark darauf besteht, recht zu haben und zu wissen, wo es langgeht, wird ernst genommen. Die meist deprimierenden Befunde, die wir auch in diesem Buch zur Kenntnis geben – und da glaube ich für beide sprechen zu können –, bereiten ja auch uns alles andere als Vergnügen oder Genugtuung. Dahinter steckt ein Leidensdruck durch die beschriebenen Missstände. Und die Hoffnung, dass Erkenntnis nicht lähmt, sondern motiviert. »Wer seine Lage erkannt hat – wie sollte der aufzuhalten sein?«

RM … auf dem Weg zu seinem gewünschten Ziel. Wir brauchen aber stets, um uns nicht zu verlaufen, eine klare und nüchterne Analyse darüber, was unser momentaner Ausgangspunkt ist. Auch darüber wird es unterschiedliche Vorstellungen geben. Wir werden uns also verständigen müssen. Die Befunde, die wir hier angeführt haben, sind für jeden nachprüfbar und liefern wichtige Aufschlüsse darüber, wo wir uns gesellschaftlich gegenwärtig befinden. Alles weitere kann, wie Sie zu Recht betonen, nur in gemeinsamen Anstrengungen bewältigt werden. Für Lösungen kann es weder verbindliche Vorgaben noch allgemeine Rezepte geben. Das Fehlen von Einvernehmlichkeit ist gerade das Wesen des Politischen. Und das Wesen der Demokratie besteht gerade darin, egalitäre Prozeduren anzubieten, durch die sich diese Pluralität auf friedlichem Wege zu einem politischen Handeln führen lässt. Wir alle werden uns also auf diese kollektiven Anstrengungen einlassen müssen.

Systemwechsel als Umkehrung des Ausgangspunktes

Was nun das Ziel betrifft, so sprechen Sie in Ihrem Kapitel mit dem Zitieren von Böckenfördes Forderung einer »Umkehrung des Ausgangspunktes« die berechtigte Frage der Notwendigkeit eines Systemwechsels an. Ernst-Wolfgang Böckenförde, einer der angesehensten Staatsrechtler der Bundesrepublik, war ein Konservativer und keiner revolutionären Umtriebe verdächtig. Umso interessanter ist die Haltung, die er hier zum Ausdruck bringt. Und auch die Tatsache, dass diese radikale Bemerkung gerne übersehen und verschwiegen wird. Das ist nicht überraschend, denn diese Bemerkung formuliert ja nichts anderes, als dass die destruktive Funktionslogik des Kapitalismus einen Systemwechsel notwendig und unvermeidbar macht. RM

Ja, für die Notwendigkeit dieses Wechsels gibt es inzwischen sehr viele, sehr gut begründete Wortmeldungen. Auch von Konservativen, die sich um Demokratie und Liberalismus sorgen und ein Abdriften in faschistoide Verhältnisse befürchten. Der alte Jahrhundertstreit bezieht sich immer noch auf die Frage, wie man zu diesem Wechsel kommt. Durch beharrliche reformerische Transformation oder durch einen friedlich-revolutionären Bruch mit der ganzen, von Böckenförde angesprochenen Funktionslogik. Nach allem, was ich in den letzten 30 Jahren erlebt habe, glaube ich nicht mehr an systeminterne Lösungen. Also an Lösungen innerhalb eines Systems, in dem sich die großen Produktionsmittel und das Finanzvermögen in Privateigentum befinden und staatlichen Schutz genießen, um größtmöglichen Gewinn erzielen zu können. Priorität von Gewinn schließt Priorität von Gemeinwohl aus. Aber ich räume ein, dass nicht wenige, von mir sehr geschätzte Mitstreiter das anders sehen. Der Zweifel bleibt mein ständiger Begleiter. DD

RM Ein Streit, der seinerzeit die Arbeiterbewegung von ihren Anfängen an begleitet hat. Reformismus ist eben keine »Umkehrung des Ausgangspunktes«, sondern ein Bemühen um Verbesserung *innerhalb* der gegebenen Machtverhältnisse. Die Erfolgsaussichten eines solchen Weges wurden schon früh bezweifelt, prominentes Beispiel ist Rosa Luxemburg. Historisch diente der Reformismus den ökonomisch Mächtigen zumeist als eine Art Revolutionsprophylaxe. Er ist ein Abfederungsprogramm. Selbstverständlich können symptomatische Reformen als Notbehelf oder auch als emanzipatorische Taktik notwendig und nützlich sein. Als grundsätzliche Strategie, die sich mit dem Ziel eines »Kapitalismus mit menschlichem Antlitz« verbindet, ist der sozialdemokratische Reformismus jedoch gescheitert. Wie die vergangenen Jahrzehnte zeigen, hat er den neoliberalen Finanz- und Konzernkapitalismus mit seinen Exzessen erst ermöglicht und den Widerstand dagegen geschwächt. Für einen Reformismus ist es längst zu spät. Nach dem spektakulären Scheitern des Realsozialismus ist das zweite große Scheitern der Neuzeit, nämlich das des sozialdemokratischen Reformismus, sicher nicht ohne Absicht in seiner grundsätzlichen Vergeblichkeit weitgehend unreflektiert geblieben. Die Illusion muss aufrechterhalten werden, selbst wenn die einstige Volkspartei Schritt um Schritt in eine geradezu mitleiderregende Bedeutungslosigkeit abstürzt. Zu diesem Scheitern gehört auch, dass selbst die beiden anderen linkeren Parteien – entgegen früheren programmatischen Äußerungen – kaum noch tiefer ansetzen, nämlich am »Ausgangspunkt« selbst, also am Kapitalismus.

DD Ich kann mir eine wirkliche Erneuerung der SPD nur vorstellen, wenn sie die Kehrtwende von Bad Godesberg hinter sich lässt. Damals hat sie begonnen, sich im Kapitalismus einzurichten. Bemerkenswerterweise gehört zum Selbstverständnis vieler Politiker, dass der Kapitalismus längst überwunden sei. Dieser

Begriff ist inzwischen doch so negativ besetzt, dass man damit lieber nichts zu tun haben möchte. Als ich mich vor Jahren in einem Streitgespräch mit Wolfgang Schäuble kritisch zum Kapitalismus äußerte, bestand er darauf, dass wir doch keinen hätten, sondern in der sozialen Marktwirtschaft leben würden. Zu näheren Definitionen ist es nicht gekommen. Nach der reinen Lehre verhindert der Staat in der sozialen Marktwirtschaft durch seine Ordnungspolitik und Kontrollfunktion den Missbrauch des Kapitals zu Zwecken, die die Gemeinschaft schädigen.

Kann davon angesichts der immer provozierender werden Kluft zwischen Besitzenden und Habenichtsen, angesichts von Steueroasen, die zu schließen der Staat genauso wenig willens und in der Lage ist wie zum überfälligen Erheben einer Transaktionssteuer, auch nur ansatzweise die Rede sein? Gerade die Finanzkrise hat doch gezeigt, wie Banken auf Kosten des Steuerzahlers saniert wurden, um sie dann wieder dem unkontrollierten Treiben hochriskanter Geschäftsmodelle wie Hedgefonds zu überlassen. Diese machen Geschäfte mit Devisen und Wertpapieren, die sie gar nicht besitzen – die sogenannten Leerverkäufe. So werden die berüchtigten Finanzblasen immer größer. Diese Praktiken wurden nur vorübergehend verboten, um sie dann schnell wieder zuzulassen. Auf wessen Wunsch? Der Europäische Gerichtshof hat sogar bestätigt, dass es erlaubt ist, Leerverkäufe zu verbieten. Aber der Gesetzgeber hat keinen Gebrauch davon gemacht. Wer ist der Souverän? Diese Fonds haben gerade skrupellos den durch die Pandemie bedingten Druck auf die Weltwirtschaft ausgenutzt, um mit noch mehr Leerverkäufen zu spekulieren.

RM Jenseits staatlicher Kontrolle blühen kriminelle Strukturen, wie sie uns gerade vom Unternehmen Wirecard vorgeführt werden.

DD Richtig, die Regierung kann nicht behaupten, von den Machenschaften überrascht worden zu sein. Schon vor zwölf Jahren haben Whistleblower auf Marktmanipulation hingewiesen. Doch die Anwälte von Wirecard sind äußerst aggressiv gegen Journalisten oder Konkurrenten vorgegangen. Kritiker sollen beschattet worden sein. Ermittlungsverfahren gegen das Unternehmen wurden eingestellt. Wegen ihrer Berichterstattung ist die Financial Times auf Unterlassung und sogar auf Entschädigung der Aktionäre verklagt worden. Investigative Verlage gehen ein hohes Risiko ein. Statt gegen das Unternehmen hat die Staatsanwaltschaft München gegen Journalisten ermittelt. Als es nicht mehr zu vermeiden war, ist der Ex-Vorstandschef von Wirecard verhaftet, aber umgehend gegen eine Kaution von fünf Millionen Euro freigelassen worden. Alle Menschen sind schließlich vor dem Gesetz gleich. Sie müssen dieselbe Chance bekommen, ihren Schreibtisch aufzuräumen. Als Braun wieder verhaftet wurde, hatte er Anspruch auf Rückzahlung der Kaution. Was macht es mit einem Amtsgericht, wenn es seinem Delinquenten erst mal fünf Millionen zu zahlen hat?

Nun werden Sündenböcke gefunden werden. Die Frage wird sein, ob das, was sie getan haben, zwar verwerflich war, aber vom Gesetz dennoch nicht verboten. Was nicht verboten ist, ist erlaubt und kann nicht unter Moralvorbehalt gestellt werden. Genau so funktioniert Kapitalismus. Der Cum Ex-Betrug der Hamburger Warburg-Bank hat den Verdacht genährt, dass Spenden und gute Kontakte in die Politik Gnade vor Staatsanwälten einbringt. Wie vieler Beweise bedarf es denn noch, bis die Einsicht wächst, dass der verfilzte Staat mit seiner angeschlagenen Gewaltenteilung die Finanzmächtigen nicht kontrollieren kann und nicht kontrollieren will?

RM Auch dies ist keine Fehlentwicklung, sondern gerade der Witz des Finanzkapitalismus. Schäubles Bemerkung, wir lebten in einer sozialen Marktwirtschaft, soll dies nur rhetorisch verdecken. Ein beliebter rhetorischer Verwirrungstrick, den Verteidiger der gegenwärtigen Machtverhältnisse gerne gegen Kritiker benutzen, besteht in der Behauptung, *den* Kapitalismus gäbe es doch gar nicht. Man erklärt das Ziel der Kritik einfach für nicht existent, indem man subtile Unterscheidungen anmahnt, die bestenfalls in universitären Seminarräumen ihre Berechtigung haben. Denn ein derartiger Einwand gilt gleichermaßen für nahezu alle -ismen. Beispielsweise für *den* Faschismus, wie er heute verstanden wird, nämlich als extrem nationalistische, extrem hierarchische rechtsextreme Herrschaftsform. Es sei denn, man will den Begriff auf den italienischen Faschismus von Mussolini beschränken, womit es dann heute per Definition keinen Faschismus mehr geben kann. Auch *den* Liberalismus gibt es nicht, sondern ein ganzes Spektrum von Liberalismen. Und *den* Neoliberalismus ohnehin nicht. Dennoch gibt es in einer konkreten historischen Situation charakteristische Eigenschaften und Praktiken bestimmter Wirtschaftsformen, wie Sie sie gerade auch beschrieben haben, die dazu berechtigen, vom real existierenden Kapitalismus zu sprechen.

Nur um einem verbreiteten Missverständnis vorzubeugen: Lohnarbeit, Geld und Märkte gab es, von archaischen Gesellschaften abgesehen, wohl zu allen Zeiten, doch sie allein machen noch keinen Kapitalismus aus. Kapitalismus bedeutet die Herrschaft des Kapitals. Und diese hat einen identifizierbaren Anfang vor etwa 500 Jahren. Und sie hat in unterschiedlichen historischen Perioden und an unterschiedlichen Orten ganz unterschiedliche Formen angenommen. Eine solche Herrschaft des Kapitals ist dadurch gekennzeichnet, dass sie über den Bereich des Wirtschaftslebens hinaus die gesamte Gesellschaft zu durchdringen und den gesamten gesellschaftlichen Reichtum als Waren zu behandeln sucht.

DD Gerade diese Durchdringung beweist doch immer wieder erneut die mangelnden Abwehrmechanismen des Staates. Es gab meines Erachtens eine historische Ausnahmesituation, in der die westeuropäischen Staaten den Unternehmen Wohlstand für alle abtrotzen konnten, weil sie einen unsichtbaren Verbündeten hatten: die Systemkonkurrenz. Seit nach dem Zweiten Weltkrieg die Systemfrage offen war und solange sie durch Aufbauerfolge auf beiden Seiten offenblieb, konnte man wohl von sozialer Marktwirtschaft sprechen. Aber auch nur in Europa, für alle anderen hatte die Ausstrahlung von sozialer Sicherheit im Osten schon keine unmittelbare Kraft mehr. Das beweist erneut, dass soziale Marktwirtschaft zumindest der Systemkonkurrenz bedarf, wenn nicht eines anderen Systems.

RM Mit dem Wegfall einer Systemkonkurrenz wurden dann das »Ende der Geschichte« und die goldene Epoche der Alternativlosigkeit ausgerufen. Der Neoliberalismus war damit entfesselt und konnte seinen globalen Siegeszug antreten. Und der bestand vor allem darin, die großen Konzerne und Kapitalbesitzer ein für alle Mal gegen jede Form demokratischer Kontrolle und Rechenschaftspflicht abzuschotten. Damit hat er auch den beschriebenen Reformismus, den der Industriekapitalismus stets zu seiner Stabilisierung und zum Schutz vor sich selbst benötigt hat, weitgehend unmöglich gemacht. Dadurch können sich nun die destruktiven Momente des Kapitalismus ungehemmt entfalten.

Die Forderung nach einem Systemwechsel ist nun mit der Herausforderung konfrontiert, die Art eines gewaltfreien Transformationsprozesses anzugeben, der vom jetzigen Zustand zu einem gewünschten führen kann. Wo kann man ansetzen, wie weit kann man gehen? Beispielsweise nur bis zu den Löhnen oder gar bis zu den Wurzeln, zum Eigentumsrecht? An die Wurzeln der Missstände zu gehen haben auch die Reformer, die sich gerne als »kapitalismuskritisch« bezeichnen, noch nie gewagt.

DD Weil die Eroberung der Gesetzgebung schon die Grenze zum Revolutionären überschreitet. Der Kapitalismus kann nur noch dadurch stabil gehalten werden, dass ökonomische Macht gegen demokratische Einflüsse abgeschottet wird. Diesen Prozess gilt es gleichsam umzukehren, also den Zugriff der Basis auf die Gestaltung der eigenen Gesellschaft möglich zu machen.

RM Das ist wohl der entscheidende Punkt: Ein Ende des Kapitalismus kann nur aus der Bevölkerung selbst kommen. Er muss von unten, also durch eine massiv erweiterte Demokratisierung, delegitimiert werden. An seinen destruktiven Folgen allein wird der Kapitalismus sicherlich nicht zugrunde gehen. Auf einen aus sich selbst erfolgenden Zusammenbruch ist nicht zu hoffen. Die Geschichte belegt die extrem große Anpassungsflexibilität des Kapitalismus. Bedrohlicherweise auch über den Umweg des Faschismus. Er würde selbst größte ökologische Desaster und soziale Verwüstungen überstehen, etwa in Form von Massenarmut und Massenarbeitslosigkeit, auch wenn er sich dabei mit sehr viel niedrigeren Profitraten zufriedengeben müsste. Die Machtposition der Kapitalbesitzer würde auch in großen Krisen erhalten bleiben. Doch die Risse und Brüche in der Wand, die Rhetorik und Realität trennt, werden immer sichtbarer.

Hat das Virus die Demokratie befallen?

DD Wenn es in diesem Buch um das Tamtam massenhafter Beeinflussung von Meinungen ging und um das Tabuisieren unerwünschten Widerspruchs, dann kommen wir am Ende an einem aktuellen Bezug nicht vorbei – die Corona-Krise. Waren die Unruhen im

Herbst 1989 die ersten revolutionären Bestrebungen vor laufender Kamera im digitalen Zeitalter, so ist Covid-19 die erste Pandemie mit permanentem Livestream. Weltweit hat das eine bislang völlig unbekannte Dynamik gebracht. Pandemien hat es schon immer gegeben, aber nie stand am Anfang ein so strenger, dramatischer Lockdown. Mit den Bildern der wie ausgestorben wirkenden Acht-Millionen-Stadt Wuhan bekam das Virus vom ersten Tag an die mediale Wucht einer Neutronenbombe. Diese Virusbombe löste weltweit Angst aus, auch Panik.

Ich unterstelle zunächst keinerlei Absichten. Das Virus war da, die Technik war da, die Wirkung blieb nicht aus. Nun ist es interessant, wie die einzelnen Akteure mit der Situation umgingen. Politiker standen unter dem nicht zu beneidenden Druck, verantwortungsvoll zu reagieren, obwohl sie, wie Virologen auch, herzlich wenig über das neue Virus wussten. Unwissen einzugestehen bringt nur Verlust an Gefolgschaft, ob nun in der Politik oder im Meinungsmanagement. Das Wissen war zu klein, die Konsequenzen zu groß. Ich mische mich nicht in die inneren Angelegenheiten der Medizin ein. Aber als Publizistin können mir grobe Nachlässigkeiten, Widersprüche und Unterlassungen in der Argumentation nicht entgehen.

RM Die Corona-Krise ist ja tatsächlich eine Multi-Krise. In ihr kreuzen und verbinden sich sehr unterschiedliche Krisen, die bereits länger erwartet wurden. Dazu gehört auch eine Systemkrise des globalisierten Finanzkapitalismus, die sich auf diese Weise fast unsichtbar gemacht hat und damit ihre Kosten wieder kurzerhand auf die Gemeinschaft umlegen kann. Covid-19 bringt lediglich wie ein Katalysator sehr grundlegende Probleme der gegenwärtigen Wirtschafts- und Gesellschaftsordnung zum Vorschein.

Zu Beginn wies die durch das Virus hervorgerufene Krise die Besonderheit auf, dass es unter westlichen ökonomischen und politischen Eliten nach anfänglicher Verleugnung jeglicher Gefahr zu einer Art Elitenpanik kam und anschließend zu einem chaotischen Überbietungswettbewerb der politischen Entscheidungsträger, durch möglichst drastische Maßnahmen Führungskompetenz zu demonstrieren. Ich gehe also auch davon aus, dass am Anfang Angst und Unsicherheit bei politischen Entscheidungsträgern herrschten. Das lag vor allem daran, dass die genaue Risikoverteilung gänzlich unbekannt war. Das heißt, die genauen Einflüsse, die das Virus auf die relevanten hochgradig gekoppelten wirtschaftlichen und gesellschaftlichen Systemvariablen hat. Und diese relevanten Systemvariablen beziehen sich neben Produktion und Konsum vor allem auch auf die politische Legitimation des Systems, also auf den Grad der gesellschaftlichen Zustimmung und das Wahlverhalten der Bürger.

Aus Sicht der Mächtigen lässt sich diese Krise aber auch als ein einzigartiges globales Feldexperiment betrachten, das sagenhafte Chancen bietet, repressive Methoden weiterzuentwickeln und zu erproben, durch die sich endlich die Risiken einer demokratischen Bedrohung beseitigen lassen. Die Methoden digitaler Überwachung, einschließlich der Bemühungen um eine Abschaffung des Bargelds, und die Methoden der Repression werden also einen gewaltigen Entwicklungsschub erfahren. Das Charakteristische an diesen neuen Entwicklungen ist, dass sich hier Methoden aus dem autoritären Arsenal, die vor allem auf den Körper und das Verhalten zielen, mit den zuvor von uns angeführten Methoden der Bewusstseinsmanipulation verbinden.

In der Corona-Krise ist der autoritäre Geist, der auch im Kapitalismus immer latent oder offen vorhanden ist, wieder ganz offen sichtbar geworden. Die Krise zeigt in besonderer Weise, wie schnell die Zentren der Macht bereit sind, die demokratische Maske fallen zu lassen und autoritär durchzuregieren. Alles natürlich stets nur zum Wohle des Volkes. Wie schnell war das Parlament quer durch alle Parteien bereit, sich selbst in ein Wachkoma zu versetzen. Wie bereit sind, wieder mal, alle großen Medien, der Regierung kritiklos zu folgen und sich zu deren Sprachrohr zu machen. Wie schnell ist der öffentliche Debattenraum wieder auf die Positionen der Regierung geschrumpft und wie ungehemmt werden Abweichungen davon aggressiv diffamiert. Bei mir werden also Erinnerungen wach. Was für eine berechtigte Aufregung hat es einst in der Bundesrepublik um die Notstandsgesetze gegeben. Obwohl die Notstandsgesetze offiziell nie aufgehoben wurden, hat in der jetzigen Krise niemand gewagt, darauf zurückzugreifen. Das hätte wohl zu viel Widerstand hervorgerufen. Dafür hat man jetzt ein anderes Instrument entdeckt, das dafür nicht, zumindest nicht direkt, gedacht war: das Infektionsschutzgesetz. Und macht davon exzessiven exekutiven Gebrauch. Mit Grundrechtseinschränkungen, die eine Vielzahl renommierter Juristen als beispiellos in der Geschichte der Bundesrepublik bezeichnen.

DD Wir entscheiden uns jetzt für Menschenleben gegen die Wirtschaft, hieß es stolz in Politik und Medien. Das fand ich atemberaubend, denn in der bisherigen Menschheitsgeschichte war es immer umgekehrt. Woher die plötzliche und durchaus löbliche Ehrfurcht vor dem Leben? Wie war es mit einem Mal möglich, im Namen des Humanismus selbst die Spielregeln des Profits und der Ignoranz außer Kraft zu setzen? Denn bisher war man mit den Zusammenhängen von Krankheit und Tod deutlich ignoranter umgegangen. Weltweit sterben jährlich Millionen, auch bei uns Zigtausende, die mit ähnlich konsequenten Zugriffen zu retten gewesen wären. Aber sie alle waren keine Livekamera am Krankenbett wert, keine propagandistische Neutronenbombe. Nehmen Sie nur die sich regelmäßig wiederholende Angabe der WHO, wonach pro Jahr sieben Millionen Menschen an verschmutzter Luft sterben. An giftigem Feinstaub, der sich in den Lungen festsetzt und dort Entzündungen und Krebs auslöst, aber auch Herzkrankheiten. Auf meine Nachfrage bei der WHO erfuhr ich, dass nach der jüngsten Studie in Deutschland jährlich 37.000 Menschen vorzeitig an von uns allen verschmutzter Luft sterben. Sie hätten länger leben können, wenn sie in einem Luftkurort gewohnt hätten, so die klare Auskunft. Aber ihr Tod ist in der selektiven Wahrnehmung untergegangen. Die Bereitschaft, sich ablenken zu lassen, ist erstaunlich. Die Studie des nun so berühmt gewordenen Robert Koch-Institutes über die jährlich rund 20.000 Toten durch vermeidbare Krankenhauskeime in Deutschland ging auch völlig unter.

Das ist kein Grund, nun im Angesicht des Virus dieselben Fehler zu machen. Selbstverständlich muss man, solange wir nicht genug wissen, lieber vorsichtig sein, insbesondere mit den Risikogruppen. Aber all unsere Fürsorge und unser ganzes Mitgefühl nur auf die potenziellen Opfer eines Virus zu lenken hat auch etwas Ignorantes. All die verschobenen Operationen und abgebrochenen Therapien zu anderen Krankheiten haben auch Opfer verlangt, die jetzt in die sogenannte Übersterblichkeit eingehen. Warum wird dieses einschüchternde Spiel mit der Statistik getrieben? Allabendlich werden die neuesten Zahlen der »im Zusammenhang mit Corona« Verstorbenen vermeldet. Die Zahl kommt immer beängstigender an die 10.000 heran. Völlig aus allen Kontexten gerissen, erfüllt sie keinen anderen Zweck, als mit der scharf gehaltenen Virusbombe einzuschüchtern.

Ein seriöser Umgang mit Statistik müsste den Sachverhalt nach meinem Verständnis etwa so darstellen – ich verwende abgerundete Zahlen, es geht nur um die Größenordnung: In Deutschland sterben jährlich fast eine Million Menschen. Seit über einem halben Jahr ist das Land von einer Pandemie betroffen. In dieser Zeit sind mehr als 500.000 Menschen verstorben, etwa 10.000 von ihnen hatten sich nachweislich mit dem Coronavirus infiziert. Ob diese Patienten zum Zeitpunkt ihres Todes überhaupt noch an dem Virus litten, ob das oder eine Vorerkrankung die Todesursache war, hätte letztlich nur durch Obduktionen festgestellt werden können. Dies ist in den seltensten Fällen geschehen.

Der Bundespräsident erklärt diese Patienten nun ausnahmslos alle zu Corona-Opfern und will der Toten öffentlich gedenken. Sicher hat die Trauer um jeden Einzelnen dieser Menschen große Anteilnahme verdient. Aber mehr als die Trauer um Krebstote oder Opfer der Umweltverschmutzung? Bei der Bekämpfung dieser Todesursachen könnten wir wesentlich weiter sein, wenn die Politik nicht viel Geld in ein völlig überholtes Sicherheitsverständnis stecken würde. Viren, Bakterien und Schadstoffe fliegen unter jedem Radar hindurch und lassen sich von Waffen nicht abschrecken. Politiker, die Trauer um Opfer verschiedener Erkrankungen derart hierarchisieren, müssen sich nicht wundern, wenn bei den Gegnern der Maßnahmen die Vermutung aufkommt, es müsse eine disziplinierende Absicht dahinterstecken. Dazu gibt es bislang nur Mutmaßungen. Aber mehr Geld für Polizei und Verfassungsschutz zeigt schon die Richtung. Erinnern wir uns an Hannah Arendt: Demokratie trägt Totalitarismus als Tendenz immer in sich. Vor dieser Gefahr zu warnen, ist nach meinem Verständnis das berechtigte Anliegen der Demonstranten.

Fakt ist, nur ins Verhältnis gesetzt können Gefahren einigermaßen eingeschätzt werden. Mündigen Bürgern muss ein gewisser Spielraum zugebilligt werden, Risiken im eigenen Leben selbst zu ermessen. Darüber hätte es eine öffentliche Debatte ohne Anfeindungen geben müssen, im Parlament, in den Medien, in Bürgerversammlungen. Unzumutbare Einschränkungen wie das Verbot, sterbende Angehörige zu besuchen, waren zu jedem Zeitpunkt ein klarer staatlicher Übergriff. Selbst während einer Infektion gilt das Recht. Hat das Virus die Demokratie befallen?

Keine Frage, die Maßnahmen sind chaotisch, widersprüchlich und sachlich völlig intransparent. Durch die gegenwärtig verfügbaren Kenntnisse zu Covid-19 lassen sie sich nicht begründen. Es sind eher machtpolitisch motivierte Maßnahmen. **RM**

Die genannten Vergleiche sind mit großer Vorsicht zu betrachten. Wir müssen sehr sorgfältig fragen, was eigentlich aus ihnen folgt und auf welchen Voraussetzungen solche Folgerungen beruhen. Die Prämisse, die ihnen stillschweigend zugrunde liegt, ist die Annahme, dass es ein vorrangiges Ziel des Staates sei, die Gesundheit seiner Bürger zu schützen. Nur vor dem Hintergrund einer solchen Annahme würden derartige Vergleiche überhaupt sinnvoll sein. Eine solche Prämisse ist jedoch in der Sache falsch und daher irreführend. Sie beruht auf einem Missverständnis der Rolle und Funktion des Staates. Der sich in der Zeit der Aufklärung herausbildende bürgerlich-kapitalistische Staat hat nie primär dem Allgemeinwohl gedient. Er stellt eine institutionelle Verdichtung sehr komplexer kapitalistischer Sozial- und Klassenbeziehungen dar, wie sie für die kapitalistische Produktionsweise unverzichtbar sind. Vorrangiges Anliegen eines Staates ist daher die Stabilisierung dieser Verhältnisse. Der Staat ist also seiner Natur nach kein moralischer Akteur. Er hat seinem Wesen nach weder ein Interesse am Gemeinwohl noch an der Gesundheit seiner Bürger. Sonst würde er weder Kriege führen noch breite Teile seiner Bevölkerung zu Gunsten einer kleinen Minderheit in die Armut treiben.

Wir waren all die Zeit auch neugierig auf Dissens und hatten trotz guten Willens Mühe, einen ernsten zu finden. Corona ist offenbar ein so emotionales Thema, dass man mit seinen Gedankengängen auch mal unvorsichtig wird, wofür ich nicht undankbar bin. Ganz sicher ist Moral nicht der oberste Zweck von Staaten, das ist vielmehr der Schutz der Eigentumsordnung. Ich würde dennoch nicht so weit gehen zu sagen, der Staat sei generell **DD** kein moralischer Akteur, also Politiker hätten keine moralischen Motive. Mal ganz davon abgesehen, dass sie vom Grundgesetz zum Schutz der Bürgerrechte verpflichtet sind, hinter denen eine politische Moral steckt. Ich kann mir kaum vorstellen, dass jemand ausschließlich aus Gründen der Karriere und des Erhalts der jeweilen Machtstruktur in die Politik geht.

Ich sehe keinen Grund, von der Annahme abzuweichen, dass Politiker zu einem von ihnen imaginierten Fortschritt beitragen und deshalb auch geliebt werden wollen. Und dass sie deshalb gelegentlich an das Gemeinwohl denken – allein schon weil sie wiedergewählt werden wollen. Immerhin ist der Sozialetat der größte im Haushalt. Zweifellos geraten sie auf diesem Weg immer mehr in Handlungszwänge der Logik von Parteien und der einer auf Privateigentum basierenden Wirtschaft, dazu haben wir einiges gesagt. Das ist sicher ein schmerzhafter Anpassungsprozess. Und zweifellos werden moralische Argumente für Interessen permanent auf das Widerlichste missbraucht – jeder Krieg ist mit einer moralischen Begründung begonnen worden. Ein unmoralischer Akteur ist der Staat auf jeden Fall. Und dennoch will ich glauben, dass einem Gesundheitsminister die Gesundheit der Leute am Herzen liegt. Die Politiker stehen alle unter einem enormen Druck.

RM Politiker sind natürlich als Menschen moralische Akteure, so wie auch Vorstandsvorsitzende von Konzernen oder Generäle. Die Institutionen und Organisationen, denen sie dienen, sind es jedoch ihrer Natur nach nicht. Auf indirektem Wege können aber Fragen eines Gemeinwohls oder der Gesundheit der Bevölkerung staatliches Handeln beeinflussen. Nämlich dann, wenn sie zur Aufrechterhaltung kapitalistischer Produktionsprozesse notwendig sind. Oder wenn sie zur Sicherung der Legitimität des Staates notwendig sind, sich also auf die öffentliche Wahrnehmung und das Wahlverhalten auswirken könnten. Insbesondere können Staaten auf indirekte Weise tatsächlich zu moralischen Akteuren werden, wenn moralische Kategorien von der Basis der Gesellschaft über demokratische Mechanismen für staatliches Handeln wirksam gemacht werden. Vereinfacht gesagt: Je demokratischer Staaten sind, umso stärker werden sie auch zu moralischen Akteuren.

Auch die Corona-Krise können wir nur verstehen, wenn wir uns klarmachen, dass es – und dabei bleibe ich – bei staatlichem Handeln nicht primär um die Gesundheit der Bevölkerung geht. Gerade die Bewältigung von Pandemien ist kein gesundheitlicher Selbstzweck, sondern sie gehört überwiegend zum Bereich der inneren Sicherheitsarchitektur von Staaten. Ginge es also wirklich vorrangig um Gesundheit, würden wir schon lange über die Folgen der Ökonomisierung des Gesundheitswesens, über die gesundheitlichen Folgen von Hartz IV oder der Einführung prekärer Arbeitsverhältnisse diskutieren. Oder über die Entschlossenheit der Bundesregierung, nicht nur die Lagerung, sondern auch die einsatzbereite Aufstellung von Atomwaffen in Deutschland zu gewährleisten, wohlwissend, dass bei einem Angriff der USA auf Russland die deutsche Bevölkerung das atomare Schlachtopfer wäre.

Machtstrategisch ist der Staat freilich darauf angewiesen, in der Bevölkerung die Illusion aufrechtzuerhalten, dass es tatsächlich um Fragen der Gesundheit ginge, weil er andernfalls in der Bevölkerung Empörung auslösen und damit wiederum seine Legitimität und Stabilität gefährden würde. Diese Funktionslogik des Staates muss zwangsläufig für die Bevölkerung sehr verwirrend erscheinen. Vor allem, wenn sie, wie gegenwärtig, von einem tatsächlich wirren und chaotischen Handeln der Exekutive und von einer Überflutung mit medialen Ablenkthemen begleitet wird. Die auf diese Weise erzeugte Unsicherheit lässt sich dann wiederum zur Angsterzeugung für Machtzwecke nutzbar machen. Ein Kreislauf der Erzeugung von Verwirrung und Angst, dem nur schwer zu entkommen ist. Die gesellschaftlichen Begleiterscheinungen der dadurch ausgelösten starken irrationalen Affekte und der dadurch erzeugten sozialen Spaltungen zeigen sich immer deutlicher. Und werden sicherlich weitere Vorwände für eine Verstärkung autoritärer und repressiver Maßnahmen liefern.

DD Die dann immer weniger akzeptiert werden. Denn die Folgen des Außerkraftsetzens von Grundrechten werden für viele immer bedrohlicher.

RM Zweifellos. In der Bevölkerung wird dies zwangsläufig zu politischen Radikalisierungen führen, die dann wiederum als Vorwand für weitere autoritäre Maßnahmen genutzt werden. Wie schon beim Kampf gegen den Rechtsextremismus ist die Politik darauf angewiesen, die Bedrohungskulisse der von ihr zur Gefahr erklärten Bewegungen aufrechtzuerhalten, sie braucht Rechtsextreme bei Demos, die Reichsflagge vor dem Reichstag und Flaschenwerfer auf der Demo, wie in Hamburg beim G20-Gipfel, um der Polizei eine Möglichkeit zu geben, die von ihren Dienstherren zuvor ausgerufenen Bedrohungsszenarien auch herzustellen und ihnen damit im Nachhinein recht zu geben.

Doppelter Blick auf Protestbewegungen

RM Erschreckend finde ich, wie hoch in der Gesellschaft die Bereitschaft zu einer freiwilligen Selbstentmündigung ist. So etwas ist nur möglich, wenn die psychologische Grundlage dafür bereits tief in den Köpfen verankert ist. Im 16. Jahrhundert begann man, sich über die »freiwillige Knechtschaft des Menschen« zu wundern. Die seither perfektionierten Methoden zielen darauf, dass die Menschen sich mit Lust unterwerfen und sich dabei, wie 1985 der Medienwissenschaftler und Kulturkritiker Neil Postman schrieb, zu Tode amüsieren. Wenn sich die Dinge so weiterentwickeln wie bisher, wird man das wohl wörtlich nehmen müssen.

Aber die Selbstentmündigung ist alles andere als flächendeckend. Ich bin eher erstaunt und auch erfreut, wie viele Menschen sich trotz der medialen Killerbilder nicht einschüchtern lassen. Aber nun sind es auch gleich wieder die Falschen, die sich erheben. Die Bürgerrechtler sind in der Wendezeit mit der Forderung nach Basisdemokratie angetreten. Dabei unterlagen wohl viele, auch ich, dem Irrtum, die Basis sei eine Art Verlängerung des eigenen Ichs. Die Basis denkt und handelt wie wir, sie ist unsere Verstärkung. Oder wir sind die personifizierte Basis. Schon bald stellte sich der eigentlich nicht überraschende Befund heraus, dass die Basis ausnahmslos alles in sich vereint. Die Menschen sind unpolitisch oder parteinah, kleinbürgerlich oder radikal, harmoniebedürftig oder provozierend, friedfertig oder wütend. Alles erlaubt, alles kein Problem, die Grenze des Tolerierbaren ist uns klar: faschistisches, gewalttätiges, fremdenfeindliches, antisemitisches Verhalten. DD

Was zuzuordnen mitunter auch nicht ohne Absicht geschieht. RM

Eben, die Praxis von Protestbewegungen ist vertrackter. Ich erlaube mir dazu eine letzte, nur vermeintliche Abschweifung. Vielleicht erinnert man sich noch an die Proteste zum G8-Gipfeltreffen im Juli 2001 in Genua, bei denen der Student Carlo Giuliani erschossen wurde. Berlusconi war gerade einen Monat im Amt, als seine Regierung mit 20.000 Polizisten die Stadt teilen ließ, in die »rote Zone« für die Mächtigen und in den Teil, in dem nur auf Druck internationaler NGOs ein eingeschränktes Demonstrationsrecht bestand. Als sich die aus vielen Ländern DD angereisten, etwa 200.000 Demonstranten friedlich der Zone näherten, begannen die Polizisten die Stadt in ein blutiges Schlachtfeld zu verwandeln. 500 Schwerverletzte mussten in Krankenhäuser eingeliefert werden. Amnesty International sprach von Menschenrechtsverletzungen, die in der jüngsten europäischen Geschichte ohne Beispiel sind. Drei internationale Juristenorganisationen gründeten die Ermittlungskommission »Grundrechte und Globalisierung«, die auch einige Kulturschaffende kooptierte. Wohl, weil ich schon mal eine Untersuchungskommission zu Polizeigewalt mitgeleitet hatte, auch gegen friedliche Demonstranten, damals am Ende der Honecker-Ära, durfte ich dabei sein. Die G8-Protestler hatten sich in Vorahnung falscher Beschuldigungen gut vorbereitet: Sämtliche zu mobilisierende Anwälte und Dokumentarfilmer waren im Geschehen, wir hatten hinreichend Zeugenaussagen und Filmmaterial.

So habe ich mit eigenen Augen und Ohren wahrgenommen, was ich sonst nicht für möglich gehalten hätte. Nach offizieller Version war die Gewalt von den Demonstranten ausgegangen, von Vermummten aus dem schwarzen Block. Während einreisende Jugendliche an der Grenze schon wegen eines Taschenmessers oder schwarzen Badeanzuges Scherereien bekamen, war in einem Video zu sehen, wie unter den Augen der Polizei aus einem LKW in der abgesperrten Zone mitten in der Stadt Stahlstangen an junge Männer verteilt werden, die sich anschließend schwarz einkleiden. Vor versteckter Kamera unterhalten sich Leute, die wie aus dem schwarzen Block aussehen, kollegial mit Polizisten. Gestikulierend erteilt ein Vermummter den Carabinieri sogar Befehle, denen sie gehorchen. Augenzeugen haben später vor der Kommission bestätigt, dass »Agents Provocateurs« die friedlich Protestierenden unterwanderten, um die ganze Demonstration als gewalttätigen schwarzen Block niederknüppeln zu lassen.

Seither komme ich von dem doppelten Blick nicht mehr los. Die Infiltration von Protestbewegungen ist auch hierzulande belegt. Ich habe auf Demos selbst merkwürdige Dinge erlebt, die *taz* oder Webseiten wie *BürgerInnen beobachten die Polizei und Justiz* haben berichtet, wie verdeckte Ermittler Straftaten begehen, etwa in Stuttgart auf Kommando Steine und Flaschen werfen. Unter den Protestlern zum G8-Gipfel in Heiligendamm wurde ein V-Mann enttarnt, beim G20-Gipfel in Hamburg sollen vermummte Zivilpolizisten im schwarzen Block gewesen sein, damit die Demonstration wegen Vermummung aufgelöst werden konnte. Vor Jahren wurden die erfreulichen, spontanen Montagsdemos politisch unerfahrener junger Leute gegen den Krieg in Jugoslawien mit der massiven Beschuldigung zersetzt, unter den Organisatoren seien zweieinhalb politisch höchst inkorrekte Leute, mit denen man sich nicht sehen lassen dürfe. So hat man bis heute die ganze junge Friedensbewegung kaputt gemacht, so kann man jede soziale Bewegung lahmlegen.

RM Die Vorgänge, die Sie ansprechen, bedürfen keiner Verschwörung. Sie stellen auch nicht lediglich bedauerliche Einzelfälle und Entgleisungen dar, sondern liegen in der Institutionslogik begründet. Denn die Polizei ist keineswegs eine neutrale Ordnungsmacht zum vorrangigen Wohle der Bürger. Sie ist Teil der Staatsgewalt und dient zuerst der Gefahrenabwehr und der Aufrechterhaltung der öffentlichen Ordnung. Wenn ein Staat tatsächlich durchgehend demokratisch organisiert ist, dient auch die Polizei vor allem dem Bürgerwohl. Wenn, wie gegenwärtig, der Staat in kapitalistischen Demokratien die demokratische Maske mehr und mehr fallen lässt, tritt auch die Funktion des Polizeiapparates wieder deutlicher hervor, die Stabilität des Staates zu sichern. Polizeigewalt ist latent also stets vorhanden. Hinzu kommt historisch wie psychologisch, dass der autoritäre Geist so tief in den Köpfen der Polizei und in den exekutivischen Apparaten verankert ist, dass sie auch ohne Absprache wissen, was sie zu tun haben, um bei ihren jeweiligen Oberen Gefallen zu finden – das gilt auch für die Medien.

DD Muss direkt vor dem Reichstag eine Kundgebung erlaubt werden von Anmeldern, die aus der rechten Szene bekannt sind und mit der eigentlichen Demo nichts zu tun haben? Natürlich waren dann die symbolträchtigen Bilder auf der schlecht gesicherten Treppe des Reichstages verstörend, aber wenn Symbole wie deutsche Reichsflaggen für das Ansehen im In- und Ausland so fatal sind, warum sind sie dann erlaubt? Was nicht verboten ist, gilt als vom demokratischen Spektrum legitimiert. Was also ist wehrhafte Demokratie?

Hier hat der Bundespräsident ja recht – wer neben Rechtsextremisten und Neonazis gleichgültig herläuft, ohne sich eindeutig und aktiv von ihnen abzugrenzen, macht sich mit ihnen gemein. Der Verfassungsschutzpräsident hatte zuvor im Fernsehen erklärt, dass rechtsextreme Gruppierungen vergeblich versucht hätten, die Hoheit über das Demonstrationsgeschehen zu bekommen. Wäre es da nicht naheliegend gewesen, wenn auch Linke – selbstverständlich gewaltfrei – versucht hätten, um die Hoheit in dieser Basis-Bewegung zu ringen? Mit eigenen Rednern und guten Argumenten für eine demokratische Abgrenzung gegen Rechts, die den Mitläufern ihr Recht zugesteht, gegen Corona-Maßnahmen zu sein, aber ein Abtauchen ins Unverbindliche zu verhindern sucht? Dies scheint mir zumindest eine offensivere Strategie zu sein, als mit Mini-Antidemos von außen durch undifferenziertes, diffamierendes Etikettieren aller Teilnehmer oder durch Pfeifkonzerte Aggressivität ins Geschehen zu bringen.

Nicht nur naheliegend, sondern sogar Aufgabe. Das ist ein schwerwiegendes und leider wohl auch diagnostisch aufschlussreiches Versagen auf linker Seite. Die Empörungsaffekte, die Anlass zu diesen Demonstrationen geben, können nämlich eine soziale Eigendynamik entwickeln. Sie können zur psychologischen Bewältigung der gegenwärtigen sozialen Atomisierung dienen, indem sie es möglich machen, sich gesellschaftlich noch lebendig zu fühlen und in einer Empörungsverschmelzung ein Gefühl von Gemeinschaft zu erleben. Das kann dann in alle möglichen Richtungen gehen, wie gegenwärtig zu sehen ist. Statt also die berechtigten Empörungen ihrer Begriffslosigkeit zu überlassen, die sie anfällig für anti-emanzipatorische Narrative macht, müsste es Aufgabe sein, diese Empörungen in ein emanzipatorisches Denken einzubinden und ihnen auf diese Weise Stabilität und gesellschaftliche Nachhaltigkeit zu verleihen.

Aus Sicht der Mächtigen sind die zusätzlichen gesellschaftlichen Spaltungen, die mit der Corona-Krise einhergehen, durchaus erwünscht. Aus der falschen Prämisse, dass der Staat eine moralische Verpflichtung habe, sich um das Wohl und die Gesundheit der Bürger zu kümmern, ziehen unterschiedliche Teile der Bevölkerung gegenläufige Schlussfolgerungen und bekämpfen sich dann untereinander. Eine klassische Teile-und-herrsche-Situation, die dem Staat die Stabilisierung herrschender Machtverhältnisse erleichtert. Thomas Pynchon hatte ja einmal an eine sehr grundlegende Einsicht erinnert: »Wenn sie es schaffen, dass du die falschen Fragen stellst, brauchen sie sich über die Antworten keine Sorgen zu machen.«

Wie Recht Thomas Pynchon doch hat. Unangemessene Vergleiche und unbegründete Spekulationen führten schon früh in der Corona-Krise zu falschen Fragen. Und diese bestimmen mit durchschlagendem Erfolg die öffentliche Diskussion. Die

Fragen jedoch, die an die eigentlichen Wurzeln der Missstände gehen, sind im Lärm des medialen Tamtams kaum zu hören. Stattdessen verzehren sich die Energien berechtigter gesellschaftlicher Veränderungsbedürfnisse in Kämpfen einer gespaltenen Gesellschaft. Damit ist jede Solidarität in der Spaltung verschwunden. Genau so funktioniert effiziente Stabilisierung von Macht.

DD Ob diese Widerstandsbewegung zur Verteidigung der Grundrechte tatsächlich einen emanzipatorischen Kern hat oder ob es letztlich lediglich darum geht, so schnell wie möglich zur kapitalistischen Realität zurückzukehren, wird auch davon abhängen, wie es gelingt, diese aufgebrachten Bürger für übergeordnete Ziele zu gewinnen. Wer kümmert sich heute noch um die Beseitigung von Fluchtursachen? Wo sind die Zeiten, als Demonstranten »Hoch die internationale Solidarität« skandierten und Schiffe Völkerfreundschaft hießen? Als Entspannung zum westlichen Wertekanon gehörte? Was soll ich tun? Freiheit ist eben nicht nur die Einsicht in die Notwendigkeit, sondern auch die Möglichkeit, nach dieser Einsicht zu handeln. Eine Art von Neoillusion besagt: Der Gegensatz von Kapitalismus und Sozialismus habe sich erledigt. Im 21. Jahrhundert dominiere die Gattungsfrage – das umweltverträgliche Überleben der einen Menschheit.

Was kann ich wissen? Dass der Kapitalismus nicht nur strukturell unfähig ist, dieses Überleben zu ermöglichen, sondern im Gegenteil sein zerstörerisches Werk vorantreiben muss. Wir haben einiges dazu gesagt. Was darf ich hoffen? Dass ein aus der Geschichte klug gewordener, partizipativer Sozialismus eine echte Chance für den Erhalt allen Lebens ist. Wenn die Menschheit nach den Erfahrungen mit dieser Pandemie nicht umdenkt, müsste man ihr diese Fähigkeit wohl absprechen. Ein Schluss – wert, widerlegt zu werden.

FAKSIMILES

Ankunft in der Freiheit

„Ich glaube, ich bin im Himmel"

BILD-Kommentar

Wir danken Genscher, Kohl und Gorbatschow!

Bild, 2.10.1989

Der flotte Egon

Honeckers Nachfolger: Jaguar, Marmor, gefärbte Haare – fesche Mädels aus der FDJ – und lieber ein Glas Wodka als Glasnost

„Don Promillo" Krenz – jetzt geht kein Tropfen mehr

Bild bringt am 4.11.1989 abenteuerliche Verleumdungen über den Honecker-Nachfolger Egon Krenz, ohne mit ihm gesprochen oder sein Haus gesehen zu haben. Jahre später beschrieb der Autor des Artikels, wie das Springer-Archiv damals hunderte Seiten Krenz-Materialien faxte, die zum größten Teil nicht stimmten. Siehe S. 45ff.

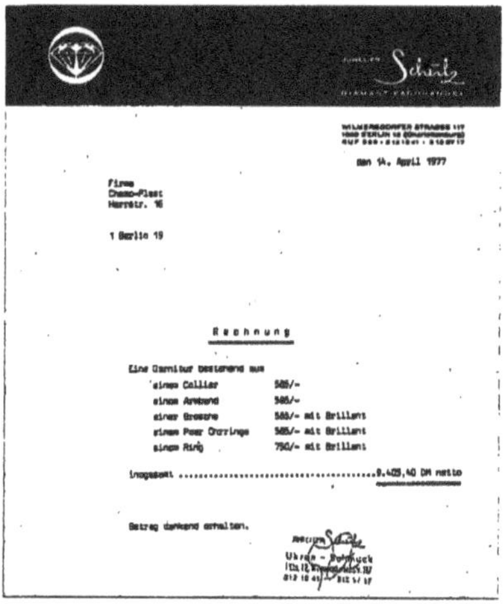

Schulz

Wilmersdorfer Strasse 117

den 14. April 1977

Firma
Chemo-Plast
Herrstr. 16

1 Berlin 19

Rechnung

Eine Garnitur bestehend aus

einem Collier	585/-	
einem Armband	585/-	
einer Brosche	585/-	mit Brillant
einem Paar Ohrringe	585/-	mit Brillant
einem Ring	750/-	mit Brillant

insgesamt .... 9.405,40 DM netto

Betrag dankend erhalten.

Margot Honecker, Collier-Rechnung: Zum 50. Geburtstag

Am 20.11.1989 berichtet *Der Spiegel* seitenlang über angebliche Machenschaften von Alexander Schalck-Golodkowski. Eine namenlose Schmuck-Rechnung neben einem schmucklosen Foto gilt als Beweis - doch Margot Honecker hat ein Diamanten-Collier nie besessen. Siehe S. 53ff.

DER SPIEGEL

DAS DEUTSCHE NACHRICHTEN-MAGAZIN

Datum: 11. Dezember 1989 Betr.: Schalck, Uni-Test

Bönisch und der Ost-Berliner SPIEGEL-Korrespondent Ulrich Schwarz waren die Autoren des Berichts über Schalcks Geschäfte, der am 20. November im SPIEGEL erschien und erstmals das ganze verzweigte Handelsimperium durchleuchtete, das der SED-Devisenbeschaffer als ein "Fanatiker der Verschwiegenheit" kontrollierte. Der Bericht machte in der DDR Furore: Tausendfach fotokopiert, von Hand zu Hand gereicht, in Betrieben ausgehängt, wurde er zur Volkslektüre – kein Zweifel, daß er Schalcks Abgang beschleunigt hat (Neues über Schalck & Co. Seite 30).

Der Spiegel, 50/1989 frohlockt in seiner Hausmitteilung, dass der Artikel über Schalck zur »Volkslektüre« geworden ist und schiebt neue Denunziationen nach. Siehe S. 54f.

Schweiz: „Wie die Stasi"

Auf 900 000 Registraturkarten haben Beamte der Schweizer Bundespolizei jahrelang angeblich staatsfeindliche Aktivitäten notiert – gedeckt vom Bundesanwalt. Eine Viertelmillion Personen, darunter 200 000 Schweizer, sind in dem gigantischen Staatsschutz-Archiv verzeichnet. Das fand die Parlamentskommission heraus, die im vergangenen halben Jahr die Amtsführung der zum Rücktritt gezwungenen Justizministerin Elisabeth Kopp untersuchte. Statt Drogenhändlern und Geldwäschern, stellten die Volksvertreter fest, schnüffelten die blindwütigen Observanten allem hinterher, das sie als links oder grün betrachteten. Rechtsextremisten ließen sie als bloße „Schlägertypen" ungeschoren, da diese „nicht subversiv tätig" seien. Ungeprüft übernahmen sie Mitteilungen von Denunzianten in ihre Kartei. Sogar wer elementare demokratische Rechte wahrnahm, galt als verdächtig: Bei Stichproben fanden sich in einzelnen der als geheim klassifizierten Dossiers auch Unterschriftsbogen für ein Referendum. „Wie die Stasi", brachten die schockierten Abgeordneten ihren Schrecken auf einen Nenner. 70 Nationalräte, allesamt auch als Verdächtige registriert, verlangten letzte Woche unverzüglich Akteneinsicht. Und viele Bürger folgten ihnen: Innerhalb von vier Tagen gingen 1000 Anträge ein.

Der Spiegel, 49/1989. Siehe S. 62f.

Einzelhandel sucht DDR-Standorte

B.K. DÜSSELDORF, 29. November. Im Einzelhandel der Bundesrepublik Deutschland bereitet man sich offensichtlich auf neue Absatzmärkte in der DDR vor. Wie die auf die Vermittlung von einzelhandelsgenutzten Immobilien spezialisierte Kemper's GmbH in Düsseldorf mitteilt, liegen schon konkrete Anfragen von Großfilialisten für verschiedene Einzelhandelsstandorte in der DDR vor, und zwar für den Fall, daß dort entsprechende wirtschaftliche Reformen folgen sollten. Mitarbeiter des Maklerunternehmens hätten vor diesem Hintergrund schon mit ersten Untersuchungen begonnen, wo und wie Immobilien für den Einzelhandel nutzbar gemacht werden könnten. Man sei bei den Informationsersuchen auch bei den DDR-Behörden auf überraschend viel Offenheit und Interesse gestoßen, so heißt es. Nach Beoabachtungen von Kemper's gibt es in den Großstädten der DDR zur Zeit erhebliche Leerstände an Ladenflächen, über die allerdings nur mit staatlicher Erlaubnis verfügt werden kann.

FAZ, 30.11.1989

DDR: Erweiterung der Autoeinfuhr

BERLIN, 29. Dezember (AP). Vom 1. Januar 1990 an dürfen mehr Fahrzeugtypen als bisher in die DDR eingeführt werden, darunter ganze Baureihen von BMW und Mercedes. Wie die Nachrichtenagentur ADN unter Berufung auf die DDR-Zollverwaltung berichtete, wurde die Liste der zur Einfuhr zugelassenen Kraftfahrzeugtypen um mehr als 30 Positionen erweitert. Darüber hinaus setzten die Behörden das zulässige Alter für Gebrauchtwagen von ursprünglich vier auf nunmehr zehn Jahre herauf. Der Außenwirtschaftsminister habe diese Liste aufgrund zahlreicher Vorschläge aus der Bevölkerung ausgedehnt, meldete ADN. Die Fahrzeuge könnten als Geschenk oder über den Kauf aus Devisenguthaben eingeführt werden. Die Betriebs- und Verkehrssicherheit der Autos muß dem Bericht zufolge mit einem aktuellen Zertifikat einer Prüfinstitution des Herkunfts- oder Ausfuhrlandes nachgewiesen werden, in dem das Fahrzeug bisher zugelassen war.

FAZ, 30.12.1989

Neues Deutschland, 29.11.1989

FÜR UNSER LAND

Unser Land steckt in einer tiefen Krise. Wie wir bisher gelebt haben, können und wollen wir nicht mehr leben. Die Führung einer Partei hatte sich die Herrschaft über das Volk und seine Vertretungen angemaßt, vom Stalinismus geprägte Strukturen hatten alle Lebensbereiche durchdrungen. Gewaltfrei, durch Massendemonstrationen hat das Volk den Prozeß der revolutionären Erneuerung erzwungen, der sich in atemberaubender Geschwindigkeit vollzieht. Uns bleibt nur wenig Zeit, auf die verschiedenen Möglichkeiten Einfluß zu nehmen, die sich als Auswege aus der Krise anbieten.

Entweder

können wir auf der Eigenständigkeit der DDR bestehen und versuchen, mit allen unseren Kräften und in Zusammenarbeit mit denjenigen Staaten und Interessengruppen, die dazu bereit sind, in unserem Land eine solidarische Gesellschaft zu entwickeln, in der Frieden und soziale Gerechtigkeit, Freiheit des einzelnen, Freizügigkeit aller und die Bewahrung der Umwelt gewährleistet sind.

Oder

wir müssen dulden, daß, veranlaßt durch starke ökonomische Zwänge und durch unzumutbare Bedingungen, an die einflußreiche Kreise aus Wirtschaft und Politik in der Bundesrepublik ihre Hilfe für die DDR knüpfen, ein Ausverkauf unserer materiellen und moralischen Werte beginnt und über kurz oder lang die Deutsche Demokratische Republik durch die Bundesrepublik Deutschland vereinnahmt wird.

Laßt uns den ersten Weg gehen. N o c h haben wir die Chance, in gleichberechtigter Nachbarschaft zu allen Staaten Europas eine sozialistische Alternative zur Bundesrepublik zu entwickeln. N o c h können wir uns besinnen auf die antifaschistischen und humanistischen Ideale, von denen wir einst ausgegangen sind.

Alle Bürgerinnen und Bürger, die unsere Hoffnung und unsere Sorge teilen, rufen wir auf, sich diesem Appell durch ihre Unterschrift anzuschließen.

Berlin, den 26. November 1989

Götz Berger, Rechtsanwalt; Wolfgang Berghofer, Kommunalpolitiker; Frank Beyer, Regisseur; Volker Braun, Schriftsteller; Reinhard Brühl, Militärhistoriker; Tamara Danz, Rocksängerin; Christoph Demke, Bischof; Siegrid England, Pädagogin; Bernd Gehrke, Ökonom; Sighard Gille, Maler; Stefan Heym, Schriftsteller; Uwe Jahn, Konstruktionsleiter; Gerda Jun, Ärztin/Psychotherapeutin; Dieter Klein, Politökonom; Günter Krusche, Generalsuperintendent; Brigitte Lebentrau, Biologin; Bernd P. Löwe, Friedensforscher; Thomas Montag, Mediziner; Andreas Pella, Bauingenieur; Sebastian Pflugbeil, Physiker; Ulrike Poppe, Hausfrau; Martin Schmidt, Ökonom; Friedrich Schorlemmer, Pfarrer; Andree Türpe, Philosoph; Jutta Wachowiak, Schauspielerin; Heinz Warzecha, Generaldirektor; Konrad Weiss, Filmemacher; Angela Wintgen, Zahnärztin; Christa Wolf, Schriftstellerin; Ingeborg Graße, Krankenschwester

Walter Janka, der – wie bekanntgegeben wurde – aus organisatorischen Gründen an der Pressekonferenz nicht teilnehmen konnte – stimmt dem Aufruf zu, hat diesen noch nicht unterzeichnet.

EG-Kommissar:

Abkommen mit DDR vor Wahl möglich

Brüssel (NZ/ADN). EG-Kommissar Martin Bangemann hält den Abschluß eines Wirtschafts- und Kooperationsabkommens zwischen der DDR und den Europäischen Gemeinschaften noch im Februar für möglich. Dies wäre ein gutes Signal für die Wahlen in der DDR.

Falls die DDR als selbständiger Staat EG-Mitglied werden wolle, könnten die Beitrittsverhandlungen in den nächsten ein bis zwei Jahren abgeschlossen werden. Es sei dann aber unmöglich, daß die DDR weiter Mitglied des Warschauer Vertrages bleibe.

Neue Zeit, 31.1.1990. Siehe S. 71

Stimmen der Anderen

Der letzte Bonner Trumpf

In der „Neuen Osnabrücker Zeitung" liest man zur Währungsunion:

„Bonn wagt mit seinem Angebot an Ostberlin einen Riesenschritt, für den es kein Beispiel gibt und für den keine Erfahrungen vorliegen. Man prescht auf ein Niemandsland vor. Nirgendwo sind bisher zwei Staaten ökonomisch und monetär zusammengeschlossen worden, deren wirtschaftliche und ökonomische Kluft so tief und breit war wie die zwischen der Bundesrepublik und der DDR. Mit diesem kühnen Experiment spielt die Bundesregierung ihren letzten Trumpf aus. Wenn dieses Signal der Hilfsbereitschaft bei den DDR-Bürgern keine neue Zuversicht weckt, ist Bonn praktisch am Ende mit seinem deutschlandpolitischen Latein."

FAZ, 9.2.1990

DDR, 18. März – 38 Tage bis zur Freiheitswahl

DDR-Staatsanwalt enthüllt
Honecker hatte 100 Millionen auf dem Konto

Der Sumpf an Korruption und Machtmißbrauch um Honecker und seine Helfershelfer wird immer tiefer. Prof. Dr. Lothar Reuter, Vize-Generalstaatsanwalt der DDR, enthüllte gestern neue haarsträubende Einzelheiten. Honecker verlangte zum Beispiel, daß auf seinem Konto täglich mindestens 100 Millionen D-Mark zu sein hatten. Wenn er vom Konto etwas ausgab, mußte Staatssekretär Schalck-Golodkowski es sofort wieder auffüllen. Honecker kaufte die Taschenuhr Lenins für 750 000 Mark, gab Millionen für Computer aus, aber auch für Bananen, mit denen er die Bevölkerung beglücken wollte. DDR-Staatsanwalt Reuter: „Er spielte den Weihnachtsmann der Nation.“ ● Wie andere SED-Führer sich bereicherten – **Weiter Seite 2.**

Fake-News in *Bild* vom 8.2.1990. Siehe S. 84f.

Von wegen nett und bieder

Modrow ließ das Volk prügeln

Noch [illegible] bis zur Freiheits-Wahl

Von ANDREAS MÖLLER

Ost-Berlin – Hans Modrow, Ministerpräsident der DDR, wird sich auch heute in Bonn wieder als Gast von Kanzler Kohl nett und bieder geben. Der wahre Modrow war ganz anders. Und das ist erst ein paar Wochen her: Da ließ er als SED-Bezirkschef von Dresden auf das Volk einprügeln und brüstete sich auch noch: „Ich übernehme die volle Verantwortung.“ BILD und „Spiegel“ haben Unterlagen, die beweisen: Modrow war in den heißen Tagen der Revolution zwischen dem 3. und dem 8. Oktober der treueste Genosse Honeckers. Er ließ nicht nur die Stasi-Prügler für Frauen und alte Menschen [illegible] – als einziger von 15 SED-Bezirkschefs – Polizei und Armee die Waffen durchladen. Erst Egon Krenz beendete Modrows Kriegsspiel.

● **Die ganze Wahrheit über den Biedermann Modrow – auf der Seite 4.**

Ministerpräsident Hans Modrow

Fake-News in *Bild* vom 13.2.1990. Siehe S. 95

Modrow beklagte einen „dramatischen Verfall der Staatlichkeit". Scharenweise erschienen Polizeieinheiten nicht mehr zum Dienst. Ganze Verwaltungen lägen lahm. Die Nationale Volksarmee zerbrösele.

Vor allem aber sei sein Land wirtschaftlich am Ende. Die Produktion sacke ab. Immer mehr müßte importiert werden. Doch dafür sei kein Geld da. Die Kreditwürdigkeit der DDR nehme ab, Zahlungsunfähigkeit drohe.

„Bei uns ist es aus", erklärte der DDR-Premier dem Bonner Kanzler. „Wir sind am Ende. Unser Geld reicht noch bis Mitte des Jahres."

Die Menschen in seinem Lande, berichtete Modrow weiter, säßen auf gepackten Koffern. Wenn nicht schnell etwas geschehe, dann werde es explosionsartig einen Massenexodus geben. Und den wollen auch die Bonner nicht.

So stand Kohls Entschluß fest: Ein Kabinettsausschuß mit dem Namen „Deutsche Einheit" sollte sofort mit der Vorbereitung einer deutsch-deutschen Währungsunion beginnen – koste es, was es wolle.

Der Spiegel vom 12.2.1990 legt DDR-Ministerpräsident Modrow Worte in den Mund, die dieser niemals gesagt hat. Um Autorisierung der Zitate wurde nie gebeten. Diese vielzitierte, angebliche Bankrott-Erklärung des eigenen Regierungschefs hat wesentlich zum Stimmungsumschwung in der DDR beigetragen. Siehe S. 90ff.

Bild, 9.2.1990 , siehe S. 84

Betet! Morgen machen sie Deutschland

Von RICHARD VOELKEL

Moskau – Kanzler Kohl steht bei seiner Blitzreise morgen in die Sowjetunion vor der größten, schwersten Aufgabe seines Lebens. Er führt mit Michail Gorbatschow die entscheidenden Gespräche über die Wiedervereinigung Deutschlands. Die ganze Welt wird nach Moskau blicken – US-Präsident Bush hat seinen in der russischen Metropole weilenden Außenminister Baker gleich dortgelassen, um sofort handlungsbereit zu sein. Betet, drückt die Daumen – wie viele unserer Freunde in aller Welt! Ein Schicksals-Wochenende – Kohl und Gorbatschow machen jetzt das neue Deutschland. Letzte Widerstände sind auszuräumen, Hindernisse zu beseitigen. Kohl hat ein großes Angebot im Gepäck: sofort mit einer Super-Spezial- und Expertengruppe der wirtschaftlich kaputten Sowjetunion auf die Beine zu helfen. Der Kanzler wird klarstellen, daß von Deutschland nie wieder eine Bedrohung der Sowjetunion ausgeht. ▶ **Lesen bitte Sie weiter auf der Seite 5.**

DDR vor dem Zusammenbruch

- Lage immer dramatischer
- Menschen laufen in Scharen davon
- Modrow entgleitet die Macht
- Staat nächste Woche zahlungsunfähig
- Gemeinden erklären sich für autonom
- Wahlen noch früher?

Kohl heute bei Gorbatschow: Rettet, was zu retten ist

Ost-Berlin – Die Lage in der DDR hat sich gestern dramatisch zugespitzt. In [illegible]meldungen jagten die großen Presseagenturen die Nachricht um die Welt: Die DDR steht vor der Zahlungsunfähigkeit, vor dem totalen Zusammenbruch. Nach „vertraulichen Informationen aus Bonn" laufen immer größere Scharen davon. Ministerpräsident Modrow entgleite die Macht. Ganze Gemeinden und Kreise sollen sich schon für „autonom" erklärt haben. Die DDR könne aus Devisenmangel schon nicht mehr genügend Obst und Gemüse einkaufen. Die Volkskammer-Wahl (geplant 18. März) werde wahrscheinlich schon vorher stattfinden. Zwar wiegelte Kohls Sprecher Klein wenig später ab, dementierte man in Ost-Berlin („Unsinn"), doch dann bestätigte Ost-CDU-Chef de Maizière gegenüber BILD die [illegible] Not. Millionen DDR-Bürger hoffen jetzt auf Kohl und Gorbatschow: Rettet, was zu rettenist! ► Weiter auf Seite 2.

Bild, 10.2.1990. Siehe S. 89f.

Bitte, bitte, eßt ihnen nichts mehr weg

DDR in Not

- Versorgungslage verschlechtert sich dramatisch
- Panik-Käufe: Mehl, Zucker, Teigwaren, Fleisch, Wurst, Butter, sogar Marmelade
- Armee muß helfen

Angst vor Hunger

Berlin – Die Lage in der DDR spitzt sich dramatisch zu. Aus Angst vor Hunger stürmen die Menschen in Panik die Geschäfte, kaufen die Regale leer. Handelsminister Manfred Flegel gestand gestern abend ein: „Die Versorgungslage hat sich alarmierend verschlechtert." Selbst die Grundnahrungsmittel wie Mehl, Zucker, Teigwaren, Fleisch, Wurst, Butter und Marmelade werden knapp. Bundesbürger sollten deshalb DDR-Bürgern helfen – anstatt ihre billigen Waren in den Grenzläden wegzukaufen. Das Notstandsprogramm der Regierung – Seite 7.

Bild, 23.2.1990. Siehe S. 103

So stehen sie denn in Schlangen vor den Sparkassenfilialen – etwa am Ost-Berliner Alexanderplatz –, schließen zu Tausenden ihre Konten oder eröffnen dutzendweise neue Sparbücher, weil die Gerüchte flüstern, die Sparguthaben würden entwertet oder nur bis zu bestimmten Ostmark-Beträgen in Westmark umgetauscht; auf einen Schlag zahlen sie Kredite oder Hypotheken zurück, um schuldenfrei in die Westmark-Ära treten zu können.

In seinem Bekanntenkreis, so berichtet ein DDR-Rentner, gebe es nur noch ein Thema: die Folgen von Währungsunion und Wiedervereinigung. „Keiner liest mehr ein Buch, keiner geht ins Kino – nur noch Panik.“ Wenn das so weitergehe, „bricht hier Hysterie aus“.

Das von Kanzlerhelfer Horst Teltschik konstruierte Bonner Szenario vom vorvergangenen Wochenende, die DDR-Regierung stehe vor dem finanziellen Offenbarungseid und selbst der Wahltermin am 18. März sei in Gefahr, hatte die Unsicherheit bereits vor dem Modrow-Besuch gesteigert. Als dann das deutsch-deutsche Regierungstreffen endete, ohne daß die DDR-Bürger die erwarteten Zusagen zur sozialen Abfederung der Mark-Wirtschaft gehört hatten, reagierten sie erbost und schockiert.

„Für 'n Appel und 'n Ei woll'n die uns koofen, schußreif machen woll'n die die DDR“, schimpfte am Mittwoch ein 45jähriger Ost-Berliner, der auf einer Sparkasse am Alex sein Geld durch Abheben in Sicherheit bringen wollte.

„Überall in der DDR gibt es Existenzangst“, so ein Ost-Berliner Jurist über die Bonner Zermürbungsstrategie. „Sie wird nicht dadurch gemildert, daß uns im Westen regierungsamtlich der wirtschaftliche Zusammenbruch prophezeit wird – ohne daß man sagt, wie der soziale Kollaps verhindert werden soll.“

Der Spiegel schildert am 19.2.1990 die Folgen des von Teltschik konstruierten Bankrott-Szenarios und der Bonner Zermürbungsstrategie in der DDR: Existenzangst, Panik, Hysterie. Siehe S. 100f.

DDR-weites Plakat der Vereinigten Linken im Volkskammer-Wahlkampf 1990.
Quelle: Sozialistische Alternative DDR 89, Materialien 34 der Rosa Luxemburg Stiftung, S. 74.

DDR-Wahlkundgebung (in Magdeburg): „Die Angst nimmt zu"

„Durchhalten, Herr Modrow, wir sind gleich am Ziel"

Berliner Zeitung, 20.2.1990

Kohlumbus Zeichnung: Tomicek

Der Spiegel, 8/1990

Berliner Zeitung, 21.2.1990

Zeichnung: Henry Büttner

Keine gesetzliche Grundlage

Hamburg/Berlin (ADN/SVZ). Die vier Großverlage Springer, Gruner und Jahr, Burda und Bauer wollen vom kommenden Montag an ihre Objekte sowie Tages- und Wochenpresse aus anderen Verlagen in der DDR gegen DDR-Mark zum Kurs von eins zu drei verkaufen. Das bestätigte der Sprecher von Gruner und Jahr, Christoph Keese, laut dpa am Freitag in Hamburg.

Der Presse- und Informationsdienst der Regierung der DDR weist in dem Zusammenhang darauf hin, daß es für diese einseitige Maßnahme noch keine gesetzliche Grundlage gibt. Zudem handle es sich um eine großangelegte Aktion zum massenweisen Vertrieb ihrer Erzeugnisse in der DDR unter Ausschaltung der Deutschen Post und des Zeitschriftenhandels der DDR.

Schweriner Volkszeitung, 3.3.1990

Rita Süssmuth: DDR soll Recht auf Arbeit aufrechterhalten

Bonn (ADN-Korr.). Die „verbrieften Rechte der Frauen in der DDR, zum Beispiel das Recht auf Arbeit", sollten aufrechterhalten werden, forderte die stellvertretende CDU-Vorsitzende, Bundestagspräsidentin Rita Süssmuth, in einem Interview der Kölner Zeitung „Express" (Montagsausgabe). Sie appellierte „dringend" an den Runden Tisch in der DDR „jetzt sofort Maßnahmen einzuleiten", die diese Rechte auch weiterhin garantieren.

Die Frauen drohen die „Verliererinnen der Neugestaltung in der DDR zu werden", befürchtet Frau Süssmuth. „Ihre Rechte, ja die Existenzen vieler Frauen, sind in der DDR heute ganz dramatisch bedroht. Es besteht die Gefahr, daß Zehntausende Frauen in den nächsten Wochen ihren Arbeitsplatz verlieren."

Es gebe unzählige Beispiele dafür, daß die Zusammenarbeit von DDR-Betrieben mit westlichen Firmen nur unter der Bedingung zustande komme, „daß Alleinerziehende gekündigt werden", erklärte Frau Süssmuth. Als Begründung werde angeführt, die Beschäftigung Alleinerziehender sei zu teuer und „wegen der Belastung durch die Kinder zu riskant". Die Situation sei dramatisch, betonte die Bundestagspräsidentin, „weil ein Viertel aller Familien in der DDR von Alleinerziehenden getragen werden".

Schweriner Volkszeitung, 5.3.1990

Weizsäcker: Deutsche nicht nur durch harte Währung vereinen

Union pocht auf Artikel 23 / SPD für Volksabstimmung

Bonn (dpa/ADN/SVZ). In Bonn hat sich der Streit über den richtigen Weg zur deutschen Einheit zugespitzt.

Weizsäcker wandte sich laut „Financial Times" in einem Gespräch mit ausländischen Korrespondenten entschieden gegen eine überhastete Vereinigung und gegen einen einseitigen ökonomischen Druck in diese Richtung. Die Deutschen würden nicht nur durch eine harte Währung vereint. Er äußerte sich verwundert über die „sehr eskalierte Debatte" über die verfassungsrechtlichen Wege zur Einheit. Allein die DDR habe das Recht, über die Anwendung des Artikels 23 zu entscheiden.

Der Bundespräsident widersprach mit seinen Äußerungen damit direkt Bundeskanzler Helmut Kohl, der den Beitritt der DDR nach Artikel 23 als „Königsweg zur deutschen Einheit" bezeichnet hatte.

Der SPD-Vorstand verabschiedete am Mittwoch einen Fahrplan zur deutschen Einheit, in dem der Ausarbeitung einer neuen Verfassung für ganz Deutschland der Vorzug gegeben wird. Zu den wichtigsten Forderungen der SPD gehören eine Entscheidung der Bevölkerung der BRD und der DDR über Einheit und neue Verfassung, die soziale Absicherung einer Währungs- und Wirtschaftsunion, die endgültige Anerkennung der Außengrenzen der beiden deutschen Staaten, insbesondere der polnischen Westgrenze, die Einfügung eines deutschen Bundesstaates in ein europäisches Sicherheitssystem anstelle der bestehenden militärischen Bündnisse sowie die alsbaldige Bildung eines Rates zur deutschen Einigung durch beide Staaten.

Bonn läuft Sturm gegen FDGB-Gesetz

Bonn (ADN/SVZ). Fast ausnahmslos kritisch haben Bonner Parteien und Unternehmerverbände am Mittwoch das neue DDR-Gewerkschaftsgesetz aufgenommen, während der Deutsche Gewerkschaftsbund (DGB) von einem „Schritt in die richtige Richtung" sprach. Mit dem Verbot der Aussperrung sei, so DGB-Chef Breit, eine vorbildliche Regelung auch im Vergleich zur Bundesrepublik geschaffen worden.

In der Aussprache im Bonner Parlament warf der CDU-Abgeordnete Alfons Müller dem FDGB vor, der noch immer „SED-PDS-gelenkte" Gewerkschaftsbund wolle sein Monopol retten. Der SPD-Abgeordnete Rudolf Dreßler sprach dem DDR-Gewerkschaftsbund das Recht und die Fähigkeit ab, Regelungen für die Arbeit freier Gewerkschaften zu entwikkeln. Ein „Antiinvestitionsgesetz", kommentierte der FDP-Abgeordnete Rainer Funke.

Arbeitgeberpräsident Klaus Murmann meinte am Mittwoch in Köln, damit „wird der Weg zu einer modernen Wirtschafts- und Sozialverfassung erheblich erschwert".

Schweriner Volkszeitung, 8.3.1990

BRD-Schnüffelei bestätigt

Bonn (ADN/SVZ). Der Bundesnachrichtendienst (BND) hat bis in die Februartage hinein ungebeten in DDR-Briefen herumgeschnüffelt. Damit bestätigte Staatsminister Lutz Stavenhagen am Dienstag in Bonn offiziell den „Spiegel"-Bericht. Die „Briefkontrolle" sei mit dem Zweck geführt worden, Sachinformationen zu erfassen, um daraus rechtzeitig die „Gefahr eines bewaffneten Angriffs auf die Bundesrepublik Deutschland" zu erkennen.

Schweriner Volkszeitung, 7.3.1990

Attacke Kohls:

„Nicht wesentlich, was Modrow sagt"

Hamburg (ADN/SVZ). „In scharfer Form hat Bundeskanzler Helmut Kohl (CDU) die Initiative von DDR-Ministerpräsident Hans Modrow (PDS) zurückgewiesen, die in der DDR entstandene Eigentumsordnung zu sichern", berichtete dpa am Mittwochabend bei der Wiedergabe eines Interviews von Kohl für die „Bild"-Zeitung (Donnerstag-Ausgabe).

„In 10 Tagen wird in der DDR gewählt. Dann gehört die Amtszeit Modrows der Vergangenheit an. Ich finde nicht so wesentlich, was Modrow jetzt sagt", so der Bonner Kanzler.

Schweriner Volkszeitung, 8.3.1990

Sprecher der Union:

Volkseigentum ist kein gangbarer Weg

Bonn (ADN-Korr.). Als einen nicht gangbaren Weg zur Neuordnung des Eigentums in der DDR im Hinblick auf die Einheit Deutschlands hat der deutschlandpolitische Sprecher der CDU/CSU-Bundestagsfraktion, Eduard Lintner, den Beschluß der Volkskammer kritisiert, die Nutzungsrechte von DDR-Bürgern an volkseigenem Grund und Boden festzuschreiben. Das System der sozialen Marktwirtschaft setze unabdingbar die freie private Verfügungsbefugnis über das Eigentum und das Erbrecht voraus.

Schweriner Volkszeitung, 9.3.1990

Einheit um jeden Preis?

Für den notwendigen, grundlegenden Wandel unserer Gesellschaft, brauchen wir nicht nur entschlossenes Handeln, sondern vor allem einen klaren Kopf.

Der von vielen favorisierte Sofort-Anschluß ist kein Allheilmittel. Wir sind überzeugt, ohne unabhängige politische Kräfte besteht die große Gefahr, daß eine hastig vollzogene Wirtschaftsunion wenige Gewinner und viele bittere Verlierer nach sich ziehen wird. Deshalb wollen wir keinen überstürzten, für die meisten Bürger nicht kontrollierbaren Zusammenschluß.

Wir sind für ein organisches Zusammenwachsen, in dem sich in einem wechselseitigen Reformprozeß Wirtschaft, Arbeitsleben und Lebensstandard schrittweise aufeinanderzubewegen. Diese Entwicklung muß ökologisch, sozial und demokratisch abgesichert werden.

Eine Eingemeindung unseres Landes in die Nato lehnen wir strikt ab. Die militärischen Blöcke sollen sich auflösen. BRD und DDR auf Bewaffnung verzichten.
Keine Einheit um jeden Preis.

GRÜNE PARTEI

UNABHÄNGIGER FRAUEN VERBAND

Pressekonferenz des Ministerrates

BRD-Angriffe auf Gesetze der DDR zurückgewiesen

WEITERE THEMEN:

- Reform des Bankwesens
- Ostermontag wieder Feiertag
- Konzeption für Umweltpolitik

Berlin (ADN/SVZ). Anfeindungen von BRD-Seite auf die jüngsten von der Volkskammer beschlossenen gesetzlichen Regelungen hat der Ministerrat zurückgewiesen. Auf der gestrigen Pressekonferenz unterstrich Regierungssprecher Wolfgang Meyer die Auffassung des Kabinetts, alles getan zu haben, was den Bürgern der DDR Zuversicht und Sicherheit geben kann. In diesem Zusammenhang sei die Sozialcharta besonders zu erwähnen.

Nach Einschätzung der Regierung bedürfe es noch größter Anstrengungen bei der Vorbereitung der Volkskammerwahl, sagte Meyer weiter. Konstatiert werde mangelnde Bereitschaft der Bürger, daran mitzuwirken. Er fügte hinzu, das Kabinett verwahre sich gegen alle Versuche von außen, in die demokratische Vorbereitung der Wahlen einzugreifen.

Der von der Regierung gefaßte Beschluß zur Reform des Bankwesens schaffe die Bedingungen für die zügige Entwicklung eines zweistufigen Bankensystems in der DDR, teilte Staatsbank-Präsident Heinz Kaminski auf der Pressekonferenz mit. Das zweistufige Bankensystem sieht eine Staatsbank mit der Funktion einer Zentralbank als von der Regierung unabhängiges Organ vor, das ausschließlich den Erfordernissen der Ökonomie mit der Verantwortung vor allem für die Stabilität und den Schutz der Währung verpflichtet ist. Außerdem wird — beginnend am 1. April 1990 — mit der Bankenreform ein System selbständiger Geschäftsbanken mit unterschiedlichen Eigentumsformen wirksam.

Die Regierung Modrow hat ferner beschlossen, daß der Ostermontag von diesem Jahr an wieder gesetzlicher Feiertag ist. Das Kabinett sei übereingekommen, daß die neue Regierung über die Wiedereinführung auch des Himmelfahrtstages als Feiertag entscheiden möge.

Eine bis ins Jahr 2000 reichende Konzeption zur Entwicklung der Umweltpolitik stellte der zuständige Minister Dr. Peter Diederich der Presse vor. Die Konzeption sieht den konsequenten ökologischen Umbau der Gesellschaft vor.

Die DDR-Regierung beschloß ferner umfassende materielle und finanzielle Voraussetzungen zur Pflege des humanistischen Erbes deutscher Juden.

Wissenschaftsminister Dr. Peter-Klaus Budig informierte über den Entwurf einer Forschungskonzeption für die DDR. Die Regierung verabschiedete eine Verordnung über die Rechte und Pflichten der Arbeitsämter. (Weitere Informationen von der Sitzung des Ministerrats auf Seite 2)

Schweriner Volkszeitung, 9.3.1990

Streit um Weg zur deutschen Einheit

Koalition bekräftigt Artikel 23 als „besten Weg" / SPD und Grüne für Volksbefragungen

Bonn (ADN). In der Bundesrepublik hat sich am Wochenende der Streit um mögliche Schritte im Vereinigungsprozeß der beiden deutschen Staaten verschärft. Während führende Vertreter der Regierungskoalition von CDU/CSU und FDP ihre Ansicht bekräftigten, daß sich der Anschluß der DDR an die BRD über Artikel 23 des Grundgesetzes zu vollziehen habe, plädierten Oppositionspolitiker von SPD und Grünen für vorausgehende Volksbefragungen in beiden deutschen Staaten. Auch in der DDR rege sich Widerstand gegen einen „bedingungslosen" Beitritt des östlichen Staates nach Artikel 23, schrieb dazu dpa.

Sowohl Bundesjustizminister Hans Engelhard (FDP) als auch Verteidigungsminister Gerhard Stoltenberg (CDU) und Finanzminister Theo Waigel (CSU) sprachen sich eindringlich für den Weg über Artikel 23 aus. Waigel nannte dies den „überzeugendsen Weg für alle". Die Erarbeitung einer neuen Verfassung nehme zu viel Zeit in Anspruch. Ebenso wie Stoltenberg meinte der CSU-Politiker, nach dem Beitritt der DDR seien Ergänzungen und Änderungen des Grundgesetzes möglich. Stoltenberg lehnte den von der SPD bevorzugten Weg einer gesamtdeutschen Verfassung nach Artikel 146 des Grundgesetzes klar ab. „Wir können nicht einen Weg wählen, in dem das Grundgesetz praktisch abgeschafft wird", sagte er in Unna.

Dagegen lehnten die niedersächsischen Grünen einen „bloßen Anschluß" der DDR nach Artikel 23 ab und forderten getrennte Volksabstimmungen in beiden deutschen Staaten. Ebenso forderte die stellvertretende SPD-Vorsitzende Herta Däubler-Gmelin, Volksbefragungen zu organisieren. Darin sollten die Bürger beider deutscher Staaten zu ihrer Meinung über den Weg zur deutschen Einheit und die Gestaltung eines künftigen Gesamtdeutschlands befragt werden.

Rainer Eppelmann vom Demokratischen Aufbruch erklärte am Sonntag im Deutschlandfunk, der Vereinigungsprozeß werde sich auf den verschiedenen Gebieten unterschiedlich schnell vollziehen. Die DDR werde sich nicht mehr verändern müssen als die Bundesrepublik. Es gebe auch in der Bundesrepublik keinen Politiker, der ernsthaft zu behaupten wage, daß die Bundesrepublik der ideale Staat sei.

Schweriner Volkszeitung, 12.3.1990

West-Wahlhilfe mit Männern und Moneten

Millionen aus Bonn

Bonn (ADN). Das Bundesinnenministerium für Innerdeutsche Beziehungen hat 7,5 Millionen D-Mark über die parteinahen Stiftungen in den DDR-Wahlkampf gesteckt. Dies geht laut dpa aus einer am Donnerstag veröffentlichten Antwort des Staatssekretärs im Ministerium, Walter Priesnitz, auf eine parlamentarischen Anfrage hervor.

Die größte Unterstützung erhielt die Union mit 4,5 Millionen D-Mark. Diese Mittel flossen an die CDU-nahe Konrad-Adenauer-Stiftung, die CSU-nahe Hanns-Seidel-Stiftung sowie an die Jakob-Kaiser-Stiftung. Laut Priesnitz erhielten auch die FDP-nahe Friedrich-Naumann-Stiftung und die SPD-nahe Friedrich-Ebert-Stiftung je 1,5 Millionen DM. Die Grünen gingen leer aus.

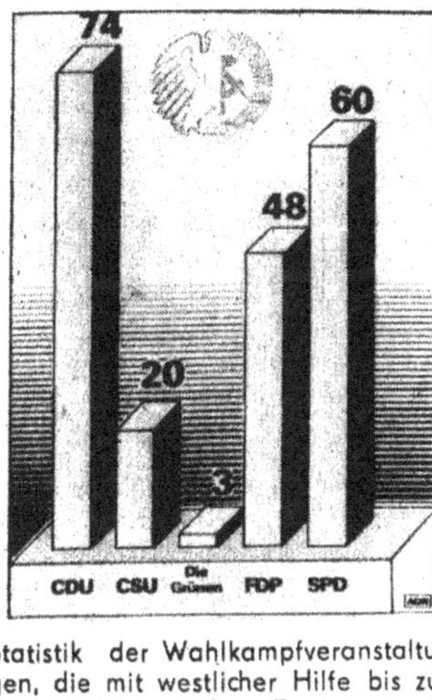

Statistik der Wahlkampfveranstaltungen, die mit westlicher Hilfe bis zum 16. 3. 1990 auf dem Territorium der DDR durchgeführt wurden. Grafik: ZB

Schweriner Volkszeitung, 16.3.1990. Siehe S. 110

Schweriner Volkszeitung, 12.3.1990

Empfehlungen zum Nachdenken

Kleine Nachlese über anregende Gespräche mit einem großen Gast

Günter Grass hat sich nie nur als Schriftsteller in seiner Zeit verstanden, sondern immer auch eingebracht als Akteur in die politische Szene. Das hat ihm Erfahrungen eingebracht, mit denen er uns in der DDR jetzt nutzen will. So verstand er sich und so verstand ihn auch das Publikum bei der Matinee am Sonntag im Mecklenburgischen Staatstheater: ein Künstler, ein Demokrat (ein Sozialdemokrat, wie er sich bekannte), der helfen will, Schaden zu begrenzen, wenn es um die Vereinigung der beiden deutschen Staaten geht.

Da war sein deutsches Trauerspiel „Die Plebejer proben den Aufstand" sehr beziehungsreich gewählt. Den 17. Juni 1953, der dem Stück zugrunde liegt, jetzt in einem neuen Verständnis einzubringen als Vorspiel zur Selbstbefreiung 1989 war nur einer von vielen bemerkenswerten Gedanken, mit denen er Nachdenken und Selbstbewußtsein befördern wollte.

Das Stück selbst lehnt sich an Vorgänge und Haltungen von und um Bertolt Brecht, der zu dieser Zeit am Coriolan von Shakespeare arbeitete. „Mir kam es darauf an, zu zeigen, wir sich die intellektuelle Position aus dem Besserwissen heraus, aus der besseren Information, aus der besseren Vorbildung heraus sehr rasch in ein hochmütiges Verhalten hinein drängen läßt. Ich habe mich bei der Arbeit von der Person Brechts gelöst und versucht, in diesem Chef, seiner Einerseits-Andererseits-Position, die Schwierigkeit der Intellektuellen insgesamt in solchen Situationen, darzustellen, auch meine eigene Situation mitzuspielen.

Später, in der Journalistenrunde, gesteht Grass: „Es ist für mich auch eine Überraschung gewesen, als ich das Stück dann wieder mal zur Hand nahm, nach den Ereignissen des letzten Herbstes, wie aktuell es bis hinein in die einzelnen Formulierungen geblieben ist. Auch diese Wankelmütigkeit und sich absichernde Haltung der Intellektuellen, hat ja eine gewisse Entsprechung bis in die Gegenwart hinein. Ich glaube, daß sich das Stück gehalten hat und neues Interesse findet."

Nun sucht Günter Grass einen Regisseur in der DDR, der die Erfahrungen vom Herbst 89 mit einbringt in die Neuinszenierung. Das Angebot an die Schweriner Theaterleute war eindeutig, die Antwort noch nicht. Vielleicht aber haben die Schweriner Theaterfreunde doch noch das Glück, nach Heiner Müllers „Wolokolamsker III" eine weitere Geschichtsaufarbeitung dieses Stoffes auf ihrem Theater zu erleben. Auf die Resonanz der Lesung ließe sich gründen. Zumindest aber können die neuen Freunde des Stücks damit rechnen, daß der Aufbau-Verlag, der sich jetzt der Werke von Günter Grass angenommen hat, es noch in diesem Jahr auf den Büchermarkt bringt wie auch eine Reihe weiterer Titel.

Günter Gross in Schwerin

Foto: SVZ/Kewitz

Jahre der Einheit waren Deutschlands unglücklichste

Viele Fragen der Besucher und der Journalisten erheischten Antwort zur Vereinigung beider deutscher Staaten. Grass ist da bereits als Mahner vor übereilten Schritten bekannt, damit der Zug, wie er sagt, der bereits abgefahren ist, nicht geradewegs in ein Zugunglück rast. Er stellt das deutsche Problem immer wieder sehr nachdrücklich in den europäischen Rahmen, verweist auf die Besorgnisse, die sich rund um Deutschland aufbauen.

Beifall für eine solche Warnung: „Ich kann nur sagen: Wehe, wenn es Kohl und der CDU gelingt, sei es Thüringen, sei es Mecklenburg-Vorpommern, vom Artikel 23 Gebrauch zu machen, das heißt, Tatsachen zu schaffen bevor die Sechserkonferenz das Gespräch begonnen hat und bevor — wie vorgesehen — im September die KSZE-Konferenz zusammentritt. Dann haben wir zwar etwas ertrotzt, aber wir sind wieder und abermals isoliert, umgeben von Mißtrauen. Das ist ein sehr hoher Preis, den wir dafür bezahlen."

Dann an anderer Stelle ein Rückblick in die Geschichte: „Da läßt sich rasch erkennen, diese Phase von 1871 bis zur bedingungslosen Kapitulation des Großdeutschen Reiches im Mai 1945, das sind knappe 75 Jahre Einheit. Und das ist die unglücklichste Phase in unserer Geschichte. Wir haben bessere, glücklichere Phasen in der Geschichte, die nicht auf Einheit beruhten, wo der föderale Hintergrund eine größere Rolle spielte, und wir sollten uns darauf beziehen. Ich wäre sehr dafür, daß es nicht über den Artikel 23 geschieht, sondern lieber 146, daß wir eine neue Verfassung bekommen. Da kann die sehr gute Verfassung der Bundesrepublik eine Grundlage sein. Aber vieles, was auch in der DDR zum Besitz dieses Landes, dieses Volkes gehört, muß in diese Verfassung hinein. Es kann nie ein Anschluß bloß sein.

Dümmer wurde Freiheit nie definiert

Zum Auftritt bundesdeutscher Politiker in der DDR befragt, sagte Grass u. a.: Die Schutzlosigkeit, wenn westdeutsche Demagogen auftreten, ist bemerkenswert und beängstigend. Der Begriff freie Wahlen sei für ihn bereits fragwürdig geworden, da CSU-Demagogie in den Wahlkampf gelangt sei und die Atmosphäre vergifte. Wie Bundeskanzler Kohl und Wirtschaftsminister Hausmann in der DDR auftreten, das erinnere sehr an die Haltung von Kolonialherren. Die F. D. P. habe die Losung „Freiheit ist Leistung" ausgegeben. Überall in der DDR könne man das lesen. „Dümmer ist Freiheit wohl nie formuliert worden", meinte Günter Grass sarkastisch zu diesem Spruch.

Die Kulturleute müßten ein Gegenangebot machen zum Tanz ums goldene Kalb, ermunterte Grass die Gesprächsrunde. In Deutschland habe der Vulgärmaterialismus nach seiner Meinung immer eine besondere Rolle gespielt. Kultur kann nicht die Dominante sein, wohl aber Korrektiv.

Ein Kompliment bleibt nachzutragen: Ihm sei in der DDR keine einzige rhetorische Frage gestellt worden, sagte Günter Grass und wertete das als eine Form politischer Reife.

Egbert Gustmann

„Tempolimit in der DDR aufheben"

BONN (AP). Der Vorsitzende des Verkehrsausschusses des Bundestags, Dionys Jobst (CSU), hat die Regierung der DDR aufgefordert, „das Tempolimit auf den Straßen der DDR generell aufzuheben". Für die Übergangszeit müsse „zumindest Tempo 130 auf den Autobahnen von und nach Berlin erlaubt werden". Jobst sagte in einem Zeitungsinterview, in der Bundesrepublik habe sich die Richtgeschwindigkeit von 130 Kilometer pro Stunde auf den Autobahnen bewährt. Es sei erwiesen, daß Autofahrer, die ständig Tempo 100 einhalten müßten, ermüdeten oder abgelenkt würden.

FAS, 18.3.1990

Schwierigkeiten mit der DDR-Verfassung

Keine Übereinstimmung mit den Gesetzen der Marktwirtschaft

F.W. FRANKFURT, 19. März. Ob die Einführung der Marktwirtschaft in der DDR nur mit einer Verfassungsänderung „drüben" möglich ist, und sei es auch nur für eine Übergangszeit bis zu einer definitiven deutschen Verfassung, darüber ist rechtliche Klarheit nicht zu gewinnen. Viele der noch schnell vor den Wahlen verabschiedeten Gesetze und Verordnungen sind nach westdeutschem Verständnis mit dem geltenden Wortlaut der DDR-Verfassung nicht zu vereinbaren. Das gilt zunächst einmal für die Niederlassungsfreiheit, die – soweit bekannt – jüngst schlechthin zugelassen worden ist, obwohl Artikel 14a der DDR-Verfassung, eigens für die Gründung von Gemeinschaftsunternehmen eingeführt, nur Beteiligungen an DDR-Unternehmen kennt, nicht aber vollständig „ausländische" Betriebe. Artikel 16 der DDR-Verfassung, ein weiteres Beispiel, sieht Enteignungen nur gegen Entschädigung vor, obwohl nie nach dieser Bestimmung verfahren worden ist. Die rechtlichen Konsequenzen sind unklar. Artikel 24 im dritten Kapitel der DDR-Verfassung garantiert das Recht auf Arbeit durch sozialistisches Eigentum, eine Bestimmung, die mit der Einführung der Marktwirtschaft ebensowenig vereinbar ist wie mit dem kürzlich verabschiedeten Gewerkschaftsgesetz, das sich – bei westdeutschem Verständnis – mit dem Gewerkschaftsparagraphen im dritten Kapitel der Verfassung nicht reimt. Auch einen Verzicht auf die Staatsbürgerschaft der DDR, wie er bei Übersiedlungen namentlich vor der Öffnung erst der osteuropäischen Grenzen, dann der Mauer praktiziert worden ist, sieht die DDR-Verfassung nicht vor. Vor allem aber sind die Verfassungsbestimmungen über Grund und Boden nicht mit einer Wirtschaftsordnung vereinbar, die marktwirtschaftlich genannt werden dürfte. Wenn westdeutsche Juristen versuchen, mit DDR-Diplomjuristen solche Fragen zu klären, merken sie schnell, daß beide Seiten erhebliche Verständigungsschwierigkeiten haben. Gabriele Lutschosch, eine seit einiger Zeit in Frankfurt tätige DDR-Juristin, bringt die Diskrepanz zwischen der westdeutschen Vorstellung, das Grundgesetz habe stets Vorrang vor einfachen Gesetzen, und der „verfassungswidrigen" Handhabung der Gesetzgebung im anderen Teil Deutschlands auf einen immerhin verständlichen Nenner: „Bei uns gibt es eben kein Verfassungsgericht und darum auch keinen Verfassungsgehorsam."

FAZ, Nr. 67, 20.3.1990, Seite 19

Zuwachs des Bruttosozialprodukts in der DDR und der Bundesrepublik Deutschland (jährliche reale Zunahme in vH)

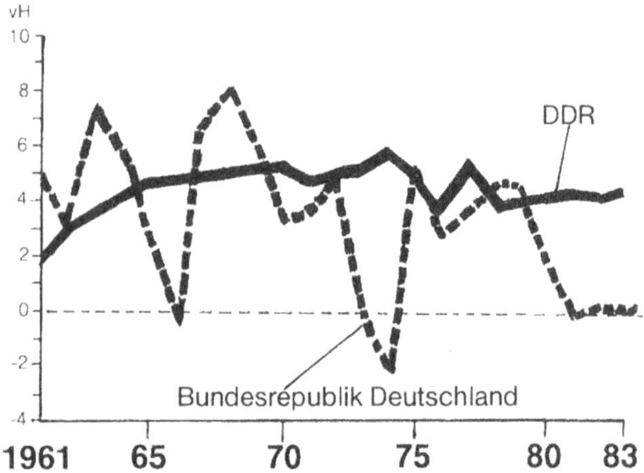

Quelle: nach Angaben des DIW, Berlin

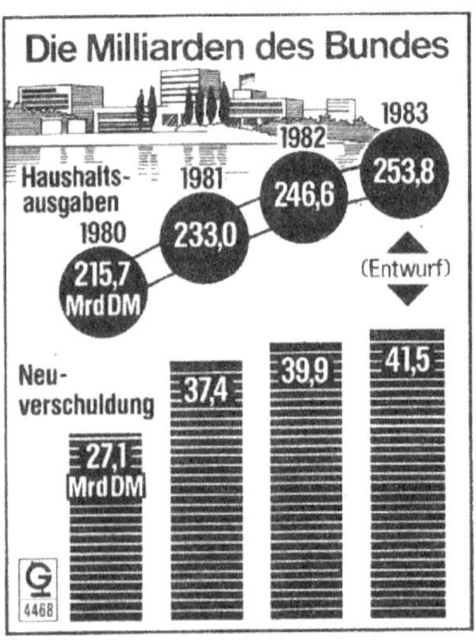

Quelle: Globus Kartendienst, Hamburg

aus: Karl-Heinz Eckhardt: *Die DDR im Systemvergleich*, Reinbek 1984

Mehr über unsere Autor:innen und Bücher:
www.westendverlag.de

Die Deutsche Nationalbibliothek verzeichnet diese Publikation in der Deutschen Nationalbibliografie; detaillierte bibliografische Daten sind im Internet über http://dnb.d-nb.de abrufbar.

FSC
www.fsc.org
MIX
Papier | Fördert gute Waldnutzung
FSC® C083411

ISBN 978-3-86489-915-7
Taschenbuchausgabe 2022

Gestaltung: Buchgut, Berlin
Druck und Bindung: CPI – Clausen & Bosse, Leck
Printed in Germany

DANIELA DAHN war zunächst Fernsehjournalistin, 1981 kündigte sie und ist seither Schriftstellerin und Publizistin. Sie hat die Vereinigung in Büchern kritisch begleitet. Gastdozenturen führten sie in die USA und nach Großbritannien, ihre Themen sind auch die globale Bedrohung der Demokratie und des Friedens. Sie ist Trägerin u.a. des Fontane-Preises, des Kurt-Tucholsky-Preises für literarische Publizistik und des Ludwig-Börne-Preises.

RAINER MAUSFELD ist Professor an der Universität Kiel und hatte bis zu seiner Emeritierung den Lehrstuhl für Wahrnehmungs- und Kognitionsforschung inne. Mit seinen Vorträgen (u.a. »Wie werden Meinung und Demokratie gesteuert?« und »Die Angst der Machteliten vor dem Volk«) erreicht er Hunderttausende von Zuhörern. Sein Buch *Warum schweigen die Lämmer?* erschien 2018 im Westend Verlag.